复杂环境下多机协同多目标攻击智能决策方法

孙永芹　著

中国海洋大学出版社
·青岛·

图书在版编目(CIP)数据

复杂环境下多机协同多目标攻击智能决策方法/孙永芹著. —青岛:中国海洋大学出版社,2022.6
ISBN 978-7-5670-3178-4

Ⅰ.①复… Ⅱ.①孙… Ⅲ.①空战—多机系统—多目标跟踪—攻击—决策方法 Ⅳ.①E844

中国版本图书馆 CIP 数据核字(2022)第 101804 号

FUZA HUANJING XIA DUOJI XIETONG DUOMUBIAO GONGJI ZHINENG JUECE FANGFA

复杂环境下多机协同多目标攻击智能决策方法

出版发行	中国海洋大学出版社			
社　　址	青岛市香港东路 23 号		邮政编码	266071
出 版 人	杨立敏			
网　　址	http://pub.ouc.edu.cn			
电子信箱	flyleap@126.com			
订购电话	0532-82032573(传真)			
责任编辑	张跃飞		电　　话	0532-85901984
装帧设计	青岛汇英栋梁文化传媒有限公司			
印　　制	青岛国彩印刷股份有限公司			
版　　次	2022 年 6 月第 1 版			
印　　次	2022 年 6 月第 1 次印刷			
成品尺寸	185 mm×260 mm			
印　　张	9			
字　　数	210 千			
印　　数	1～1 000			
定　　价	49.00 元			

发现印装质量问题,请致电 0532-58700166,由印刷厂负责调换。

前言
Preface

　　多机协同多目标攻击空战决策是一个随机、非线性、不确定过程。它利用人工智能技术将决策问题进行智能化设计，并以贝叶斯网络、神经网络等为实现基础，以对付日趋严峻的具有不确定性和复杂性的战场环境，是多机协同多目标攻击空战决策系统发展的必由之路。本书以人工智能技术为工具，主要从态势评估、威胁评估、单机多目标攻击决策、多机协同多目标攻击空战决策和机动决策5个方面对多机协同多目标攻击智能决策的方法展开研究。

　　在态势评估方法研究中，在分析了模糊理论与动态贝叶斯网络结合的理论基础，以及模糊理论实现态势评估事件检测和分群技术的基础上，提出采用离散模糊动态贝叶斯网络实现多机协同多目标攻击空战态势评估的方法。基于D-S证据理论与贝叶斯网络在态势评估中的应用优势存在争论，分析了模糊理论和D-S证据理论结合的理论基础，建立了态势评估的模糊D-S证据理论结构模型。在威胁评估方法的研究中，从超视距空战的角度出发构造空战优势函数，主要威胁因素增加了威胁行为事件和目标战役价值的影响；考虑到评估过程的主观性和不确定性，从动态的角度提出基于离散模糊动态贝叶斯方法的多机协同多目标攻击空战威胁评估模型，提出一种新的多机协同多目标攻击空战威胁评估方法，提高了威胁评估的准确性和适应性。在对单机多目标攻击决策方法研究中，利用模糊多属性决策的方法，研究超视距空战条件下的单机多目标攻击排序问题。在多机协同多目标攻击决策方法研究中，研究了协同优先权模型，考虑了空战效能优势指数，建立了大规模群机作战转化为小规模集团作战的分组决策模型，提出了基于LSRBF-SOFM组合神经网络的多机协同多目标攻击空战决策算法。最后研究了多机协同多目标攻击空战机动决策方法，建立了基于多级影响图对策的近距协同空战机动决策模型和基于多目标多级影响图对策的中远距空战多目标攻击机动决策模型；并针对多机协同空战是一个多Agent系统，各战机是单个Agent，采用影响图分析多Agent的模型，将复杂的多机协同空战机动决策问题分解为若干子问题，以期实现在不确定空战环境下做出结果最佳的决策。

　　本书的使用对象主要是从事人工智能技术研究应用、决策系统研究的人员以及院校相关专业的师生。

孙永芹

2021 年 3 月

目录
→ *Contents*

1

绪 论

1.1 研究背景与意义

"落后就要挨打",放之四海皆真理。拥有强大的现代化国防是当代国人的心愿。在现代局部战争中,空中战场的地位日益突出。海湾战争、科索沃战争以及伊拉克战争等已经充分证明了"无航空便无领空,无空防便无国防"。未来战争中空战对抗将成为攻防双方的主要作战手段之一。谁拥有空中力量的优势,谁就拥有作战的主动权。空中力量的对比成为战争胜负的关键。飞机、机载电子设备和武器是决定航空武器系统作战效能的三要素[1]。现代战争的事实证明,空中对抗实际上就是作战双方武器系统间的对抗。机载武器系统是军用作战飞机为完成作战任务而配备的各种武器、火力控制系统和相关的武器发射装置所构成的综合体[2]。为了与新一代战斗机的发展相适应,各军事强国都加快了机载武器系统关键技术的研究,其主要体现在机载武器系统一体化综合技术、航空电子/火力控制系统技术和新一代空空导弹技术[3]。多机协同多目标攻击决策技术即是其关键技术之一。

在现代空战中,战斗机需要对多个目标进行攻击,同时又面临着多个威胁的攻击,而单机的搜索能力、携带的武器及干扰资源有限。传统的编队攻击以双机为最小作战单元,僚机位于长机的后方,长机与僚机之间通过语音进行指挥和联络。这种方法不能充分发挥僚机的主动性,只适用于视距内从目标的侧后方使用航炮攻击。这将导致在攻击过程中,各机的搜索范围不能有效结合,攻击及防御资源不能合理分配,对目标及威胁的搜索范围有限,并造成重复攻击,导致资源浪费与生存力下降。因此,充分发挥各机的自主攻击能力,加强和提高参战各机的相互协同配合能力,是提高我机整体作战效能的有效途径。同时,随着空战的空间扩大到了全球范围,空战留给飞行员的决策时间却大大缩短了。如果完全依靠飞行员自己来实现多机协同多目标攻击,就使得飞行员需要在极短时间内处理信息战环境下的大量战场信息,然后迅速、正确地做出攻击决策或退出攻击,这对于绝大多数飞行员来说都是很难做到的。飞行员急需一个助手系统,将其从过量的任务负担中解脱出来,并协助其完成一些较低层次的决策,使其能够集中精力进行更高层次的判断。也就是说,新一代歼击机必须要有一个高度智能化的多机协同多目标攻击决策系统平台,以支持在空战中紧张、繁忙的飞行员,使飞行员能做到先敌发现,先敌协同瞄准各自的目标,先敌攻击,极大程度地消灭敌人,保卫自己。因此,辅助战术决策系统的概念被提出来。另一方面,人是最宝贵的,经过多年培养的飞行员更宝贵。战争中飞行员的牺牲无法估计,但战争不会因飞行员的短缺而停止,这就要求我们必须研制高度智能化的多机协同多目标攻击决策系统。而现代科技发展表明,要解决上述这样一种随机、非线性、不确定系统的决策和控制问题,智能控制技术是最为有效的。正是出于这个原因,近 20 年来,智能控制技术在空战决策系统中的应用引起了世界各国航空军事部门的高度重视。智能控制技术全面、系统地应用并构成智能决策系统,是多机协同多目标攻击决策系统发展的必由之路。

综上所述,本书的研究工作旨在为复杂战场环境下的多机协同多目标攻击决策解决关键的理论和技术问题,以此提高我战机的综合作战效能。在现代智能化战争环境的恶劣条件下,能先敌发现、先敌开火和先击毁敌机,将具有重要的理论意义和军事价值。

1.2 基本概念以及要解决的关键技术

1.2.1 多机协同多目标攻击基本概念

随着 C^5ISR 系统的到来,在现代高技术空战中出现了全新的空战模式和技术——多机协同空战以及多目标攻击技术。多机协同空战[4-5]是指两架或两架以上战斗机相互配合、相互协作执行战斗任务的方式。它是多机空战在现代高技术空战中的主要发展方向之一,是一种全新的空战样式,是现代陆、海、空、天、电一体化作战模式在多机空战中的具体反映,并将成为未来机群作战的基本样式。多目标攻击(Multi-Target Attack)[6-7],就是一架飞机同时攻击空中多个目标或两架以上飞机协同同时攻击空中多个目标。"同时攻击"是指在同一时间内,驾驶员对目前最优先的目标进行攻击,并继续对将要攻击的目标进行跟踪;或者对先前发射的导弹保持指令传输控制;或者跟踪以对其发射了导弹但仍需指令修正的目标[8]。多机协同多目标攻击是指通过地面、空中指挥系统、友机之间进行的信息支援和战术、火力的协调,从而在不重复攻击的情况下,多架战斗机协同攻击空中多个分散的目标。多目标攻击和单目标攻击不同,它要求对空中多个目标同时进行跟踪、识别、火控计算和对多枚导弹同时进行制导。在多机协同进行多目标攻击时,还要对攻击空域和目标进行合理分配。分配的结果应当是使整体杀伤概率最大并尽可能避免重复攻击与遗漏。

1.2.2 多机协同多目标攻击智能决策及其关键技术

所谓多机协同多目标攻击空战智能决策,就是将人工智能技术与空战决策相结合,利用人工智能技术将空战决策问题进行智能化设计,并以贝叶斯网络、神经网络、模糊控制、遗传算法等为实现基础,以对付多机协同多目标攻击空战日趋严峻的不确定性和复杂性。

1.2.2.1 人工智能技术

人工智能（Artificial Intelligence, AI）[9]，也称机器智能。1956 年由 McCarthy、Minsky 等发起，美国的几位心理学家、数学家、计算科学家、信息论学家在达特茅斯学院举办夏季讨论会，正式提出人工智能的术语，开始了真正意义上的人工智能研究[10]。它是当今世界的三大尖端技术之一，是计算机科学、信息论、控制论、心理学、生理学、数学、物理学、化学、生物学、医学、哲学、语言学、社会学等多种学科互相渗透而发展起来的一门综合性学科。不同学科的科学家对人工智能[11-12]有不同的理解。关于人工智能的严格定义更是众说纷纭，莫衷一是。斯坦福大学人工智能研究中心的 Nilsson 教授认为："人工智能是关于知识的科学——怎样表示知识、获得知识和使用知识的科学。"麻省理工学院的 Winston 教授认为："人工智能就是研究如何使计算机去做过去只有人才能做的工作。"这些说法反映了人工智能学科的基本思想和基本内容。从广义上讲，一般认为用计算机模拟人的智能行为就属于人工智能的范畴。即人工智能是研究人类智能活动的规律，构造具有一定智能的人工系统，研究如何让计算机去完成以往需要人的智力才能胜任的工作，也就是研究如何应用计算机的软硬件来模拟人类某些智能行为的基本理论、方法和技术。

人工智能经过半个多世纪的发展，已形成了多个研究方向。从整体上看，可以将它分为符号智能和计算智能两大类。

符号智能即所谓的传统人工智能，主要研究基于知识的智能，它包括三个方面：知识表示、知识运用和知识获取。传统人工智能研究的思路是"自上而下"，它将知识通过符号进行表示和运用，并具体化为规则等形式，而思维活动则通过这些公式和规则来定义，使机器产生像人类一样的思维能力。这一理论指导了早期人工智能的研究。然而，知识并不都能用符号来表示，智能也不都是基于知识的，因此，这样的研究方法存在着一定的局限性。

20 世纪 80 年代，人工神经网络研究出现了新的突破，基于结构演化的计算智能迅速成为人工智能研究的发展方向。计算智能是研究基于数据的智能，包括神经网络、遗传算法、模糊技术和人工生命等，它以数据为基础，通过训练建立联系，进行问题求解。这一"自下而上"的新的研究方法引起来自各方面越来越多的关注，成为现代人工智能新的研究热点与方向。

人工智能在军事领域主要发展的关键技术有机器人、专家系统、智能机及智能接口、机器视觉与图像理解、语音识别与自然语言理论、武器精密控制与灵巧武器、目标自动识别、无人驾驶载体、神经网络及其应用等。这些技术的持续发展，必将带来一场智能技术革命。

1.2.2.2 多机协同多目标攻击空战决策及其关键技术

随着航空科技的进步和军事斗争需求的牵引，多目标攻击能力已经成为现代机载武器系统的研究方向和衡量现代战斗机的一个重要标准；同时，多机协同多目标攻击也是未来空战的主要形式和发展趋势。多机空战与一对一空战相比，最显著的差别就是面对多个敌方目标，需要根据我方资源为各个友机进行目标分配和火力分配，而威胁评估和空战态势评估是目标分配和火力分配的基础。威胁评估的前提是态势评估，它们都是数据融合的组成部分。空战态势评估、威胁评估和排序、目标分配和火力分配等一起构成了多机协同多目标攻击空战决策的核心内容。多机协同多目标攻击的空战决策以多源传感器融合、多机间的通信与信息资源共享、目标识别、协同冲突与最小信息共享等关键技术为基础，通过判别战场几何态势数据与机载武器火控系统来确定目标对我攻击各载机的危险价值系数和我各载机对各个目标的危险程度大小,从而合理地把作战空域和敌方目标有效地分配给每一架参战战机,并随时根据战术态势排列好每一架攻击机对目标的攻击顺序,同时进行导弹分配。

基于上文,多机协同多目标攻击空战决策中存在许多关键的技术,但本书涉及的关键技术为态势评估、威胁评估、单机多目标攻击决策、多机协同多目标攻击决策、机动决策。

1.3 国内外研究现状

态势评估、威胁评估、单机多目标攻击决策、多机协同多目标攻击决策、机动决策这几个问题是智能决策所要解决的主要问题,也是国内外研究的热点。但关于上述问题,我们很难找到完整的数学模型和成套的理论体系,国外军方也对这些关键技术和方法进行严格的保密。以上这些问题都属于优化和决策问题,要解决这些问题,必然要利用优化算法以及一些智能的决策算法来实现。下面对这些关键技术的研究现状进行介绍。

1.3.1 态势评估技术的国内外研究现状

态势评估[13]问题涉及诸多领域的知识和技术,主要概括为两大类:军事领域知识、不确定性处理技术。目前研究态势评估采用的方法工具和理论有逆强化学习[14-15]、(深度)强化学习[16-17]、D-S 证据理论[18]、攻击树[19]、决策树[20-21]、区间数[22]、子空间聚类[23]、模糊推理[24]、直觉模糊理论[25]、(动态)贝叶斯网络[26-27]、神经网络[28]、自适应矩估计[29]、灰色系统理论[30]、层次分析法[31]、粗糙集[32]、多层黑板模型[33]、支持向量机[34-36]、本体[37]、SimHash算法[38]等。近几年来,往往选取多种方法进行态势评估,比如采用云模型和马尔科夫链[39]、直觉模糊推理和动态贝叶斯贝网络[40]等。

1.3.1.1 态势评估技术的国外研究现状

国外态势评估技术发展比较迅速,自 20 世纪 70 年代以来,许多国家对态势估计从理论体系和系统实现方法等方面进行了研究和开发,取得了很大的进展。美国已经有较成熟的联合作战态势估计系统,比如全源分析系统(ASAS)就是面向多源信息融合及态势评估的群体决策支持系统。ASAS 是陆军作战指挥系统(ABCS)的情报电子战系统(IEW),共有Ⅰ、Ⅱ和Ⅲ型 3 种型号。1993 年 12 月,具有初战能力的第一个Ⅰ型设备开始装备美军第 82 空降师,其余型号设备还在研制之中。从公开发表的文献,美国到目前为止已研制出至少 3 个可操作系统和 15 个原型系统,除了 ASAS,还包括美国陆军分析系统(TCAC)、战场开发与目标获取(BETA)等。1995—1998 年,美国国防部启动的 46 项先期概念技术演示验证项目之一——战场了解和数据分发系统(BADD),通过对来自一组类型各异传感器数据的融合处理,旨在增强指挥官对战场态势感知的支持。此外,比较经典的有 Smith 的态势评估组成元素及小组决策支持原型系统[41]、Cohen 的战场指挥员态势评估的认知框架[42]、Hopple 等人的 IPB(战场情报准备系统)[42]、Carling 等的海上实时知识库态势估计系统[42]、Zhang 的模板匹配态势警觉模型[42]、Ruoff 等人根据作战指挥人员进行态势评估的方法导出的态势评估行为模型[43]。此外,有影响的态势评估研究还有 Moshe Ben Bassat 的模式类态势识别系统和基于专家系统的态势模型框架[44],J. Azarewice 的多代理计划识别、模板匹配战术态势评估系统[45],Kirillov 的基于规则的专家系统模型[46],空战中的单平台多传感器决策为主(RPD)态势估计模型[47-48],主要用于军事态势仿真和计划识别的 Multi-Agent 模型,等等。这些研究都部分地实现了态势评估的某些功能,它们的发展代表了对态势评估问题研究的过程,从基于产生式规则的知识基系统到逻辑模板匹配、多代理计划识别模型的研究,说明态势评估的理论研究和工程实现正走在不断探索的道路上,但还没有一个完善的体系框架。

1.3.1.2 态势评估技术的国内研究现状

国内对态势评估理论研究始于 1990 年前后,但发展也较为迅速。在空战态势评估研究中,陈斌[49]在其毕业论文中针对空中战场中分级融合模型不能将威胁评估结果返回态势推理的问题,提出了反馈态势评估模型,并提出了基于贝叶斯网络的闭环态势推理方法,从而更加接近真实的态势。姜龙亭等[50]针对空战态势评估中,常权求和带来的信息动态性不够灵活的问题,提出了动态变权重的近距空战态势评估方法。孙庆鹏等[51]针对现有空战态势评估模型中缺乏对战斗机总体性能分析的问题,改进威力场理论,构建三维威力场模型,直观地反映了空战态势。徐安等[52]针对完全反映导弹的作战能力问题,提出了结合空空导弹战术攻击区的超视距空战态势评估方法。胡涛等[53]提出的基于改进 MGM(1,n) 轨迹预测的态势评估方法,不仅能够准确反映战场态势,而且能够有效反映空战态势的变化趋势。曹慧敏等[54]针对临战状态下态势评估,采用 BP 神经网络算法,并运用到某战术级空战仿真模拟系统。针对空战态势评估的每个过程都存在不确定信息问题,文献[55]采用改进的信度熵和经典的 dempster 组合规则进行处理,提出了一种改进的 D-S 证据理论空战态势评估方法。另有部分学者将多种算法融合解决态势评估问题,安超等[56]将威力场与遗传 BP 神经网络相结合进行态势评估。嵇慧明等[57]提出了基于改进粗糙集-云模型理论的空战态势评估方法。比较影响的还有模糊 C 均值聚类算法与半监督朴素贝叶斯结合[58]、贝叶斯网络和粒子群结合[59]等。在超视距空战态势评估中,文献[60]提出基于区间集对分析和粒子群算法的态势评估方法;文献[61]提出了基于多人层次分析法与熵法相结合的主客观组合赋权方法的态势评估方法。总体来说,国内目前对态势评估的理论研究,反映了研究者的不同视角、不同见解,还没有形成统一的、为大家普遍接受的观点。

由于数据融合中军事保密问题,一些文献上介绍的国内外态势评估大多是实验室简单原型,且其中综述性和构筑框架的多,给出理论和方法及性能评估的少,有效的定量评估的则更少。另外,在真实军事环境下的态势评估,需要有关武器装备特性数据、作战知识条例手册、军事专家经验、各种地理、地图数据及气象信息等,要全面获取这些数据并满足系统快速处理的要求,是有很大困难的。要构建一个实际成熟的态势评估系统,还需大量的理论研究和工程实践。

1.3.2 威胁评估技术的国内外研究现状

威胁评估[62-63]问题的研究,2000 年左右已有文献报道[64],但是都不是很完整和科学。近几年来,威胁评估研究成为学者研究的热点之一,并已应用多个领域,从发表的文献来看,对威胁评估的研究采用的理论、方法主要有(动态)贝叶斯网络[65-67]、多 Agen 系统[68]、威力势场[69]、直觉模糊集[70]、无监督学习[71-72]、理想点法[73]、多层多级天际线选择方法[74]、隐马尔可夫模型（HMM）[75]等。部分学者在 TOPSIS 法[76]基础上与其他方法结合，主要有 TOPSIS 法与灰色关联分析方法结合[77]，TOPSIS 法与灰色关联分析方法、前景理论结合[78]，TOPSIS 法与模糊理论、多属性决策理论结合[79]，TOPSIS 法与区间层次分析法、熵值法结合[80]，相似理想解排序方法（DITOPSIS）与 AR(p) 模型、Kullback-Leibler 散度（KLD）算法结合[81]，TOPSIS 法与直觉模糊算法、多属性决策结合[82]，TOPSIS 法与泊松分布逆形式、指标相关性的权重确定（CRITIC）方法结合[83]，TOPSIS 法与灰色关联分析（GRA）、博弈论（GT）、区间层次分析法（IAHP）结合[84]，TOPSIS 法与泊松分布法、直觉模糊算法、多属性决策结合[85]，TOPSIS 法与云模型、距离熵结合[86]，TOPSIS 法与灰色关联模型、直觉模糊集、层次分析法结合[87]，TOPSIS 法与主客观集成赋权方法结合[88]，TOPSIS 法与状态变权向量结合[89]，TOPSIS 法与直觉模糊熵、泊松分布逆形式结合[90]，TOPSIS 法与一致性判决法、聚类法、自适应变权法结合[91]等。另有部分学者在 PCA 法[92]基础上与其他方法结合，主要有 PCA 法与灰色关联理论结合[93]，PCA 法与改进粒子群算法、极限学习机结合[94]，PCA 法与扩展灰色相似关联度、AHP 法结合[95]，等等。AHP 法也是比较经典的威胁评估方法，部分学者在此基础上与其他方法结合，主要有 AHP 法与熵值法结合[96-97]，AHP 法与直觉模糊数结合[98]，AHP 法与指标重要性相关（CRITIC）法、VIKOR 方法结合[99]，AHP 法与动态贝叶斯网络结合[100]，等等。多种方法的组合是威胁评估研究的热点，其中（动态）贝叶斯网络[(D)BN] 是典型的参量方法，经常与其他智能方法组合，主要有 BN 与对偶犹豫模糊集组合[101]、DBN 与模糊理论组合[102]、DBN 与 AR(p) 模型组合[103]、BN 与决策理论组合[104]。马尔可夫模型作为预测模型，与灰色关联度法组合[105]、与决策树组合[106]。神经网络也是使用比较广泛的方法，有离散 Hopfield 神经网络与决策树组合[107]，小波神经网络与反向学习策略、灰狼算法组合[108]，自回归小波神经网络与递归神经网络组合[109]，模糊递归小波神经网络与遗传算法组合[110]，模糊小波神经网络与粒子群优化算法、BP 算法组合[111]，灰色神经网络与混沌搜索策略、海豚群算法组合[112]，等等。文献[113-114]研究了基于标准化全连接残差网络的空战目标威胁评估方法，解决了传统威胁评估方法存在缺乏自学习能力和面对大样本数据集推理能力不足的问题。文献[115]提出的超视距空战中空中目标的威胁评估方法，以能量为基础，采用时间作为统一量纲，有效提高绝对威胁评估的判定精度。文献[116]结合 AdaBoost 分类算法对 ELM 算法进行改进，提出了 ELM-AdaBoost 算法，构造了 ELM-AdaBoost 强预测器，基于自适应推进极限学习机强预测器的新方法，兼具准确性和实时性。文献[117]提出一种基于改进灰靶理论的目标威胁评估方法及介质，弥补了传统威胁评估算法未计算威胁等级、对单个目标和威胁属性缺省目标无法进行评估的缺陷。文献[118]针对当前空战威胁评估中未考虑决策者的认知局限、决策偏好难以确定，以及没有综合考虑个体遗憾和群体价值的问题，构建基于三参考点的前景理论和多准则折中排序法的威胁评估模型，建立了前景价值最大化规划模型计算指标权重，引入正负理想点作为参考点，采用模糊分析法确定决策者对不同参考点的偏好权重，并采用 VIKOR 法对目标进行威胁排序。文献[119]利用直觉模糊集熵和相对熵理论确定指标权重，利用逆泊松分布法确定时间序列的权重，得到时间加权系数，提出了一种改进的空中目标威胁动态评估的广义直觉模糊软集方法。文献[120]通过指标重要性相关（CRITIC）法确定准确信息下的目标威胁值，利用数据挖掘（MD）启发式算法求解最佳分割集合，将目标威胁值离散化处理后替代粗糙集决策信息系统中的决策属性，然后基于构建的完备粗糙集决策信息系统，通过决策矩阵实现属性约简和目标威胁评估最小决策规则提取,并将规则应用于不确定信息下的目标威胁评估,能够实现信息缺失下的目标威胁评估。文献[121]提出一种基于信息熵(IE)和粗糙集(RS)的空中目标威胁评估模型,采用信息熵方法计算各属性权重,选取最大权重的属性替代决策属性,并基于决策辨识矩阵实现属性约简和权重计算,解决了粗糙集理论在处理评估问题时无法处理决策属性缺失的信息系统的问题。文献[122]将混沌映射引入飞蛾火焰优化算法,提出了一种基于混沌飞蛾火焰优化(Chaotic Moth-Flame Optimization,CMFO)算法的投影寻踪威胁目标评估模型,提高了威胁目标评估的准确性,可以快速对威胁目标进行排序。上述方法各有所长,分别适应不同的情形。它们的有机结合可以取长补短,提高处理的效率和有效性,满足一定场合的需求。

近几年来,威胁评估研究已被激活,主要研究敌空天来袭目标对我方保卫要地、部队阵地、作战舰船、潜艇、空战中的我方战机、无人机等构成的威胁程度判断等。但由于威胁评估涉及武器装备性能和作战条令等诸多背景知识具有多方面的不确定性,总体而言研究难度较大,仍是当前信息融合的薄弱环节。

1.3.3 单机多目标攻击决策技术的国内外研究现状

对单机多目标攻击决策技术的研究已取得了不少成绩,决策所用理论多样,方法灵活,各有利弊,但是目前还没有统一的评估标准,因此,难以确定在各种决策方法下的作战效能。文献[123]主要对预警机引导现代战机进行单机多目标攻击的方案决策问题进行研究,分析了由预警机进行决策和引导的优势,在对目标进行威胁和价值评估的基础上,首先确定首攻目标和剩余各目标权重,然后构建占位决策目标函数,再根据占位决策结果求解最优攻击航线。文献[124]基于将多目标决策向单目标决策过渡转换的思想,采用线性加权法将多维价值函数合并成一维总价值函数,用层次分析法,基于专家经验,计算出各参量的加权系数;然后计算出各个满足攻击条件的目标的权函数值,根据其大小排列确定出攻击排序;最后对所确定的各影响参数的加权值进行一致性检查,避免出现矛盾的评价。文献[125]仿真验证了采用层次决策法进行多目标攻击排序的正确性。但是,一组确定的加权系数值难以适应变化的空战态势。文献[126]采用对策型多目标决策方法,根据目标雷达跟踪距离、所携带导弹数量及其攻击距离确定目标的作战能力威胁因子,由空战几何关系确定目标角度、距离和速度的威胁因子,通过加权系数将以上各威胁因子组合,确定单个目标的总的威胁因子,用以对目标进行威胁与攻击价值的判断,结合导弹攻击区中不同位置发射导弹对目标的毁伤效果分布函数,攻击逻辑转为求解一个多目标优化问题。文献[127]给出了一种用于近距空战的优势函数选取方法。文献[128]介绍了多机空战模拟的一种数值方法,并根据"进入角"指向误差来确定攻击优势,但该方法仍适用于近距空战。文献[129]利用匈牙利算法解决目标分配问题。文献[130]针对超视距空战条件下的单机多目标攻击排序问题,以多属性决策理论为基础,提出了一种多目标攻击排序的综合优势指数模型,并采用离差平方和的最优赋权方法求解了多目标攻击的综合优势指数。文献[131]提出一种基于蚁群算法思想的超视距多目标攻击的优化排序方法。该方法利用蚁群算法的并行计算和全局快速搜索能力,使超视距多目标攻击排序算法能够在限定时间内获得满意解。文献[132]在传统的目标优势函数基础上,引入实时解算空空导弹攻击区的方法,给出了改进的目标排序方法;在研究有源干扰的能量分配时,建立了基于辐射源威胁程度的能量分配算法,最后给出了单机多目标攻击时的火力/电子战综合决策算法。该方法考虑效果后的目标排序,可以使飞行员将主要精力放在攻击毁伤概率最大的目标上,从而提高了整体的作战效能。

在选定了欲攻击的多个目标后,要进行导弹攻击区计算,它是实施多目标攻击的前提。文献[133]针对传统空空导弹攻击区解算过程中解算精度和速度的矛盾,提出了基于自适应步长黄金分割法的边界搜索方法。文献[134]针对传统中远距空空导弹三线攻击区无法为飞行员提供丰富的战术决策信息,火控系统计算攻击区实时性差、精度低的问题,提出以攻击机为中心,考虑目标逃逸机动的新型导弹杀伤包线概念;将攻击区抽象为导弹的7种杀伤包线,确定8种影响杀伤包线的运动参数,构建样本库;引入深度学习方法,建立降噪自编码网络(AE)模型,采用无监督学习提取样本初级特征,获取表征样本库非线性规律的高维特征量,建立深度网络模型,采用监督学习提取高维特征量中的高级特征并进行拟合。文献[135]针对空战态势迅速变化对空空导弹攻击区模拟实时性的需求,提出基于背景插值的攻击区在线模拟方法。该方法将攻击区模拟解算放到先前计算周期中,实时性高。文献[136]为解决运用传统BP神经网络求解空空导弹攻击区时误差较大的问题,提出了一种基于灰狼优化算法的BP神经网络攻击区求解算法(GWO-BP)。该算法求解误差更小,提高了攻击区解算的准确性。文献[137]针对空战中目标受导弹威胁会做出机动的情况,研究了该条件下的空空导弹三维攻击区数学模型;考虑他机制导、协同保护、连续攻击等作战需求,基于目标不机动时导弹最远攻击距离与目标做置尾机动时导弹最远攻击距离,提出了一种双机空战纵队进攻战术构型的设想。文献[138]针对作战过程中对空导弹射后动态可攻击区的实时在线计算和解算精度等方面存在的问题,提出了一种基于遗传算法改进的BP(GA-BP)神经网络对导弹射后动态可攻击区拟合方法。该方法能够全局优化选取可攻击点的最优权值和阈值,并进行快速、高精度的可攻击区拟合。文献[139]针对传统空空导弹相互之间没有战术协同以及单发空空导弹攻击区覆盖面较小的问题,引入航空集群双机构型,在双机协同制导条件下采用攻击区边界快速搜索算法,运用黄金分割法求解攻击区远近边界。文献[140]为了分析某型空空导弹攻击区在多影响因素下的变化规律,提出了基于仿真数据建模的研究方法,使用四阶龙格-库塔法对攻击区快速模拟模型进行解算。文献[141]系统研究了空空导弹攻击区新模型显示,并进行了空空导弹四维攻击区仿真和基于复合辛普森的空空导弹杀伤概率计算,设计了攻击区以及杀伤概率显示系统的实现。文献[142]通过建立导弹三自由度模型,在双机协同条件下采用二分法和四阶龙格-库塔法进行攻击区解算。文献[143]针对传统的三线攻击区存在的问题,提出了利用空空导弹射后动态攻击区对其进行改进。文献[144]基于目标机水平逃逸角度的最大攻击区、50°攻击区、90°攻击区、水平不可逃逸攻击区、最小攻击区等5类攻击区,针对现有攻击区解算方法无法同时解算多种攻击区的问题,设计了"整体预训练＋局部微调"训练策略,提出多函数深度拟合网络(MFDFN)模型,以实现多种攻击区的同时解算。

在完成了导弹攻击区的计算之后,解决构成攻击条件区域问题。在此区域中,导弹发射点的位置不同,则导弹对目标的毁伤效果就不相同。因此希望导弹的发射对所选目标的杀伤效率最大,这就需要计算导弹"最佳发射点"问题。文献[145]对此进行了研究,认为此问题直接影响作战效能。此外,还应当考虑"最佳发射点"处的载机风险,如风险过大,应另选其他点,因此,也可作为一个多目标优化问题进行研究。

文献[146]介绍了空对空单机多目标攻击载机攻击航线的基本要求、航线选择和求解方

法,以及载机航线、瞄准偏差、操纵指令的计算逻辑图,同时还介绍了单机多目标攻击"可能攻击扇形区"交集的概念和在载机航线求解中的应用等问题,但并未对求解过程中所用到的目标、火控诸元的有关参数的计算公式、计算机流程图做详细介绍。

从发表的文献看,单机多目标攻击决策技术研究虽然已取得了不少成绩,但还有很多的理论问题和实践工作需要进一步去研究和发展,尤其是面向工程应用的大量研究工作需要去开拓与创造。未来空战信息量大,空战环境瞬息万变,稍有迟钝便会失利,因此追求的决策方法应具有实时性、合理性及预测性。

1.3.4　多机协同多目标攻击决策技术的国内外研究现状

随着现代空战的不断发展,各种理论被用于空战决策分析中。多机协同多目标攻击决策方法常用的方法有优势函数法、矩阵对策法、优化指向向量法等。由于空战的对抗性、主动性、不确定性,基于传统模型的方法难于胜任,于是出现了大量基于现代理论的研究方法,如人工智能、优化理论(狼群算法[147]、量子粒子群算法[148]、蚁群算法[149]、羊群算法[4])、信息论(如粗糙集等)、博弈论[150]以及多种方法结合的方式。

文献[151]针对不确定环境下超视距空战中多架先进四代机协同攻击多个空中敌对目标的问题进行了研究。首先,构建空战态势评估指标体系,并用区间层次分析法(IAHP)和模糊优选法确定指标的主客观权重。然后,建立相应的不确定环境下的多目标优化攻击效能评估模型,将协同多目标攻击决策问题转化为导弹攻击配对优化问题。进一步提出一种基于区间灰数的模拟退火遗传算法(ISAGA)用于该决策问题的求解,针对性地设计了新的选择操作和相应的模拟退火机制,有效防止算法过早陷入局部最优并能在有限迭代次数内得到满意的解。最后,根据寻优所得的解确定合理的攻击方案。从几何空战理论经过能量空战理论,直到角度空战理论,空战理论的发展更多的是从战斗机性能的角度来分析空战过程,忽略了作战飞行员在决策过程中起到的作用。文献[152]分析空战飞机的客观数据的变化特征,提出了一种基于隐马尔可夫的近距空战流程分析方法,使用维特比算法判断飞行员在空战过程中的状态序列,从而获得了理论上的空战决策点,提出了一种空战决策点理论用以评判飞行员飞行品质。文献[153-154]对近距空战决策过程重构进行了研究。其中,文献[153]提出基于模糊聚类的方法来计算决策序列,构建模糊粗糙决策系统,以实现对近距空战决策过程的重构;通过计算分析条件属性之间的相对重要度,对具有相似重要度的决策对象序列进行二次聚类划分,分析出关键决策点集合,并分析出关键决策点集合是产生评估结果的原因。文献[154]提出了基于高阶导数聚类和相对模糊熵聚类的二次聚类方法,计算编队协同决策集,实现编队中距协同空战决策过程重构。文献[155]基于模糊遗传算法的多机协同攻防决策问题的算法。文献[156]对采用协同制导后的空战决策问题进行了研究,在免疫算法中引入了基于边缘乘积模块(Marginal-Product-Model,MPM)的交叉和变异方式,防止优良模式的破坏,利用适应度共享机制增加种群多样性,提出一种分布估计免疫算法的空战决策模型。文献[157]结合 Petri 网强大的知识表示及并行推理能力,提出了基于区间值直觉模糊 Petri 网(Interval Valued Intuitionistic Fuzzy Petri Net,IIFPN)的空战决策方法。文献[158]为解决针对空战决策展开评估过程中出现的复杂性和不确定性问题,构建了面向空战决策的评估指标集并提出以一种基于云模型的云重心法和一致性赋权法相结合的闭环评估法,该方法避免了传统方法出现的随机性问题,真实反映了空战中决策的好坏。文献

[159]针对多机多目标协同空战复杂多变的战场态势,在基本粒子群算法中引入多智能体理论中的交互机制,并分别设计智能体邻域合作算子、变异算子和自学习算子,提出了一种改进的多智能体粒子群算法,具有良好的仿真实时性。文献[160]将变异策略和启发式策略引入到 DPSO(Discrete Particle Swarm Optimization)协同空战攻击决策算法中,提出了一种新的基于 HMDPSO(Heuristic Mutation Discrete Particle Swarm Optimization)的协同空战攻击决策算法。文献[161]针对高动态空战环境下集中式指挥控制方式易受干扰,且突发情况下重分配时效性不高的问题,基于改进组合拍卖算法,提出一种完全分布式的协同空战攻击决策模型。文献[162]针对现有空战态势显示结果不直观,不便于飞行员使用的问题,基于三维威力场,提出一种基于九宫格的态势显示与辅助决策方法。文献[163]研究了基于领域特定建模(Domain Specific Modeling,DSM)方法的空战效能仿真决策行为模型,Python仿真验证了该模型的可用性与正确性。文献[164]采用直觉模糊集研究了空战战术决策。文献[165-167]对空战决策的目标分配进行了研究。其中,文献[165]提出了 ABMS(Agent-Based Modeling and Simulation)中基于 Q 学习算法的空战目标分配方法,该方法避免了对先验知识的依赖,并且脱离了局部最优陷阱。文献[166]在变长度染色体遗传算法(Genetic Algorithm,GA)的基础上,设计了基于交叉、嫁接、分裂和拼接算子的改进合作协同进化算法,提出了一种基于合作协同进化的多机空战目标分配方法。文献[167]将偏好规划理论引入目标分配中,提出了基于偏好规划的编队协同空战目标分配模型,可以有效处理协同空战目标分配过程中出现的不确定信息。纵观各种多机协同多目标攻击决策方法和未来空战特点,决策研究应当是以多种理论为基础,综合应用设计决策方法,取长补短。

多机协同多目标攻击决策问题是一个复杂的决策问题,面对各种决策方法,如何确定统一的作战评估标准和体系,建立完善的多目标攻击仿真系统,以尽可能全面、客观地评价各种决策下的作战效能,还有待研究。

1.3.5 机动决策技术的国内外研究现状

近年来,空战机动决策一直是研究热点。文献[168]基于 Copeland 集结算法提出了一种自主协同空战机动决策方法。该方法能在敌机不机动、对抗性机动等条件下,有效产生自主协同空战机动决策。文献[169]发明了一种基于智能学习的空战对抗自主决策方法及系统,只需要利用训练好的预测模型即可计算出对应的决策策略,实现从对抗态势到决策的映射。文献[170]提出一种博弈论与深度强化学习相结合的算法,以深度 Q 网络(Deep Q Network,DQN)处理战机的连续无限状态空间,Minimax 算法构建线性规划来求解每个特定状态下阶段博弈的最优值函数。该算法具有较好的适应性和智能性,能够有效地针对空战对手的行动策略,实时选择有利的机动动作,并占据优势地位。文献[171]提出了基于启发式强化学习的空战机动智能决策方法,在与外界环境动态交互的过程中,采用"试错"的方式计算相对较优的空战机动决策序列,并采用神经网络方法对强化学习的过程进行学习,积累知识,启发后续的搜索过程。这很大程度上提高了搜索效率,实现空战决策过程中决策序列的实时动态迭代计算。文献[172]考虑到空空导弹对空战胜负的重要影响,针对空战态势状态特征连续、多维的情况以及传统方法缺乏对空战对抗中敌方策略的考虑,提出基于 Q 网络强化学习的超视距空战机动决策方法。

多机协同多目标攻击空战中,由于空战态势的不断变化,固定地选用一种机动决策方法有时并不理想,在充分掌握各种决策方法利弊的基础上,根据不同空战态势选择合适的导引方法,以求达到理想的决策结果。文献[173]针对当前空战机动决策精确度低、实时性差的缺点,增加左爬升、右爬升、左俯冲、右俯冲 4 种机动扩充机动策略库,设计了 11 种基本机动策略,非参量法构造战机机动决策综合优势函数,并针对天牛须搜索算法(Beetle Antennae Search,BAS)在全局搜索和收敛速度上存在的缺陷,引入蒙特卡洛概率迭代的方法对算法进行改进,并和战术免疫机动系统(Tactical Immune Maneuver System,TIMS)进行融合,应用于空战机动决策中。该算法在空战机动决策的收敛精度、收敛速度和全局搜索能力上更加具有优势。文献[174]针对现有机动决策模型体现空战对抗性不足的问题,基于双矩阵博弈构建空战机动决策模型,Memetic 算法由粒子群优化算法和禁忌搜索算法组成,并引入模拟退火算法以保持粒子多样性。该算法可对空战进行有效建模,满足实时性要求。文献[175]针对空战过程中的机动决策重构问题,通过引入物理学中的急动度概念,选取俯仰角、偏航角、横滚角和速度急动度 4 个指标,构造空战机动关键决策点提取模型。文献[176]针对现代战争中空战双机对抗时软硬杀伤性武器协同作战的问题,构建了基于模糊评价方法与博弈论的软硬杀伤武器协同作战的决策方法。文献[177-178]对无人机自主空战决策进行研究,也具有参考价值。其中,文献[178]提出了一种基于强化学习的无人机近程空战自主机动决策模型和一种基于人从简单到复杂逐步学习的分阶段训练方法。该方法可以帮助无人机在空战中实现自主决策,并获得有效的决策策略来对抗对手。

随着智能控制技术的发展,人们越来越多地将智能控制的思想和方法应用到空战机动决策研究中,以适应现代空战日益复杂的发展趋势,满足决策自动化、智能化的需求。

1.4 研究内容

多机协同多目标攻击智能决策是实现多机协同多目标攻击的关键和精髓,本书的研究工作围绕智能决策的关键技术展开,主要内容如下。

1.4.1 态势评估技术

本书对态势评估技术进行了深入研究,将模糊理论分别与动态贝叶斯网络和 D-S 证据理论结合,形成离散模糊动态贝叶斯网络和模糊 D-S 证据理论;并用离散模糊动态贝叶斯网络和模糊 D-S 证据理论分别对多机协同多目标攻击态势评估问题进行了建模和仿真。仿真证实这是两种解决多机协同多目标攻击态势评估问题有前景的应用模型和方法。

1.4.2 威胁评估技术

本书研究了参量法和非参量法两种威胁评估模型,并分别进行了仿真验证。针对现有的空战威胁评估非参量模型的缺点,威胁评估的主要威胁因素中增加考虑了对双方做出威胁行为的事件和目标战役价值的影响,使之更加全面合理;而且从超视距空战的角度出发构造空战优势函数,更符合多机协同多目标攻击空战的实际。提出了基于离散模糊动态贝叶斯网络的威胁评估方法。首先,把得到的不确定性数据进行模糊推理,获取威胁评估模型的训练和测试数据;量化等级后,运用动态贝叶斯网络的推理算法得出正确的结果;最后,进行了仿真验证。从两种威胁评估模型的计算和排序结果可以看出,两种模型可以满足不同的计算要求,并都可以得到比较满意的结论。

1.4.3 单机多目标攻击决策技术

本书以多属性决策理论和工程模糊集理论为基础,利用模糊多属性决策的方法研究超视距空战条件下的单机多目标攻击排序问题。该方法综合考虑了敌我双方的态势、事件、目标战役价值及空战能力对比,更加全面、客观地反映了空战的真实情况,且计算量小,有较好的实时性;研究了单机多目标攻击逻辑决策的模型与方法,实现了欲攻击的敌机目标与载机导弹火力之间的优化分配。

1.4.4 多机协同多目标攻击决策技术

本书研究了基于协同优先权的多机协同多目标攻击决策算法,在自主优先权模型与计算中考虑了空战效能优势指数;建立了大规模群机作战转化为小规模集团作战的分组决策模型;基于 LSRBF 神经网络的性能优于 BP 神经网络和 SOFM 神经网络不需要教师监督的特点,提出基于 LSRBF-SOFM 组合神经网络的多机协同多目标攻击空战决策算法;设计了多机协同多目标攻击决策仿真系统和多机协同多目标攻击仿真系统进行仿真验证。

1.4.5 机动决策技术

研究了 1:1 空战的多级影响图对策连续机动决策模型,并采用移动平均控制法对该模型求解;针对多机协同多目标攻击空战中近距空战和中远距空战的机动决策模型不同,建立了近距协同空战的多级影响图对策连续机动决策模型,并进行了仿真验证;在中远距空战的机动决策建模过程中,把多级影响图对策与多目标规划理论进行结合,形成多目标多级影响图对策理论,并运用多目标多级影响图对策理论建立了不确定环境下多目标攻击机动决策模型,给出了仿真算例;尝试将影响图决策方法和多 Agent 系统理论引入到多机协同空战机动决策研究中,并给出了仿真算例,以期实现在不确定空战环境下做出结果最佳的决策。

1.5 组织结构

本书主体共 7 章,其中第 2、3、4、5、6 章是研究重点。具体如下。

第 1 章《绪论》,概述了本书的研究背景与意义、基本概念以及要解决的关键技术,论述了国内外研究工作及本书的主要研究内容。

第 2 章《多机协同多目标攻击空战态势评估技术》,首先,概述了态势评估技术;其次,研究了模糊理论在态势评估中的应用;再次,研究了基于离散模糊动态贝叶斯网络的多机协同多目标攻击空战态势评估问题,进行了仿真验证;最后,研究了应用模糊 D-S 证据理论对多机协同多目标攻击态势评估进行了建模和仿真问题。

第 3 章《多机协同多目标攻击空战威胁评估技术》,首先,概述了威胁评估技术;然后,针对现有的空战威胁评估非参量模型的缺点,建立多机协同多目标攻击空战的非参量威胁评估模型,并进行了仿真验证;最后,从动态的角度研究多机协同多目标攻击空战的威胁评估问题,提出了基于离散模糊动态贝叶斯方法的威胁评估模型,并进行了仿真验证。

第 4 章《单机多目标攻击决策技术》,首先,阐述了单机多目标攻击决策的基本思想、单机多目标攻击逻辑决策模型以及模糊多属性决策基本理论;其次,基于工程模糊集理论知识,应用模糊多属性决策方法研究了威胁评估问题;再次,研究了单机多目标攻击逻辑决策方法;最后,进行了仿真验证。

第 5 章《多机协同多目标攻击决策技术》,首先,阐述了多机协同多目标攻击决策的基本思想、多机协同多目标攻击决策模型以及模糊多属性决策基本理论;其次,研究了基于协同优先权的多机协同多目标攻击决策算法,并提出算法的 LSRBF-SOFM 组合神经网络实现;最后,设计了多机协同多目标攻击决策仿真系统和多机协同多目标攻击仿真系统进行仿真验证。

第 6 章《多机协同多目标攻击空战机动决策技术》,首先,阐述了多机协同多目标攻击空战几何与运动方程和多级影响图对策方法;其次,研究了 1∶1 空战的多级影响图对策连续机动决策模型,并采用移动平均控制法对该模型求解。再次,建立了基于多级影响图对策的近距协同空战机动决策模型和基于多目标多级影响图对策的中远距空战的多目标攻击机动决策模型,并分别进行了仿真分析;最后,建立了基于多 Agent 影响图的多机协同多目标攻击空战机动决策模型,并给出了简单仿真算例。

第 7 章《总结与展望》对本书工作进行总结,并给出了需要进一步研究的工作。

2

多机协同多目标攻击空战态势评估技术

2.1 引 言

多机协同多目标攻击空战是多机种、多机群组成的航空综合体系之间的对抗。空战环境异常复杂,作战决策过程中需要处理的态势信息量巨大,如何在这样复杂的环境中对敌我态势进行快速有效的评估已成为亟须解决的问题。空战态势评估是空战决策的关键,是多机协同多目标攻击时的战术选择、目标分配、火力分配的基础,为威胁评估和作战指挥决策提供依据,也是现代空战理论体系的重要组成部分,对空战结果有着重大而深远的影响。因此,态势评估的研究引起世界各国军事部门的高度重视。

态势评估是 C^4I 一个重要的研究内容,特别是对态势的智能评估的研究显得尤为突出。在战场环境下所获得的战场信息,由于传感器性能以及敌方干扰、欺骗等行为,而具有高度的不确定性。同时,作战的复杂性使得用于推理的军事知识存在着不确定性。态势估计系统必须能处理这种不确定性,进行有效推理。为了正确进行态势评估,单纯地依靠某一种方法是不可能实现的,必须选取多种态势估计方法,以达到方法上的最佳组合。模糊逻辑在知识表示上优于贝叶斯网络,而贝叶斯网络在推理能力上又优于模糊逻辑。由于模糊逻辑和贝叶斯网络在知识表示和推理上的优点,本章将模糊逻辑和贝叶斯网络结合,解决多机协同多目标攻击态势评估问题。但相对于静态贝叶斯网络,动态贝叶斯网络对系统状态的评估更具有合理性,因此本书将模糊理论和动态贝叶斯网络结合用于态势评估。基于 D-S 证据推理在 C^4ISR 信息融合系统中的显著优点,本章将模糊理论和 D-S 证据理论结合,用于多机协同多目标攻击态势评估。

2.2 多机协同多目标攻击空战态势评估技术概述

2.2.1 多机协同多目标攻击空战态势评估定义

态势评估(Situation Assessment,SA),又可称为态势估计。目前对于态势评估还没有形成完整统一的定义,而且各种文献在不同的应用场合给出的概念也不一致。M. R. Endsley 将态势评估定义[179-183]为:感知特定时空环境中的元素,理解其意义,预测其未来状态。军事领域中有大量的关于态势评估的功能性描述定义,最著名的就是 JDL 的数据融合处理模型[184]中的描述:态势评估是建立在关于作战活动、事件、时间、位置和兵力要素组织形式的一张多重视图,它将所观测到的战斗力量分布与活动和战场周围环境、敌作战意图及敌机动性有机地联系起来,识别已发生的事件和计划,得到敌方兵力结构、部署、行动方向与路线的估计,指出敌军的行为模式,推断出敌军的意图,做出对当前战场情景的合理解释,并对临近时刻的态势变化做出预测,最终形成战场综合态势图。文献[185]对态势评估功能性描述定义进行总结,认为"SA 是就参战各方力量的部署、作战能力、效果对战术画面进行解释,以推断对方企图,预测将来的活动,并支持资源分配的过程"。

综合态势评估研究成果,本书对多机协同多目标攻击态势评估给出如下描述:态势评估的主要功能是聚合实体、推理实体意图和目的,据此进行态势描述,对敌方下一步行动进行预测,并为我方决策提供支持[186]。态势评估的理想结果为[184,187]:反映真实的战场态势,提供事件、活动的预测,并由此提供最优决策的依据。目前的研究结果一般只包含了这些功能的一部分,并且各功能的复杂性和适用性随着应用领域的不同而变化。

2.2.2 多机协同多目标攻击空战态势评估功能模型

M. R. Endsley[179-183]描述了高度动态变化环境下的态势信息处理过程:信息能够在不同层次上以适当的形式被多角度自动化地处理。真实环境下态势估计的对象是作战区域中随时间推移而不断动作并变化着的作战实体,态势评估实际上就是对这样一个动态变化的对象感知并提取出来的态势元素进行觉察、认识、理解和预测的处理过程。据此,我们建立多机协同多目标攻击态势评估的 3 级功能模型:当前态势觉察、当前态势理解和未来态势预测。在态势评估的每一级中,又根据问题域的不同实现不同的功能,3 个模块共同完成对态势的评估,其结果作为威胁评估及资源管理的输入。态势评估功能模型如图 2-1 所示,下面对其进行详细说明。

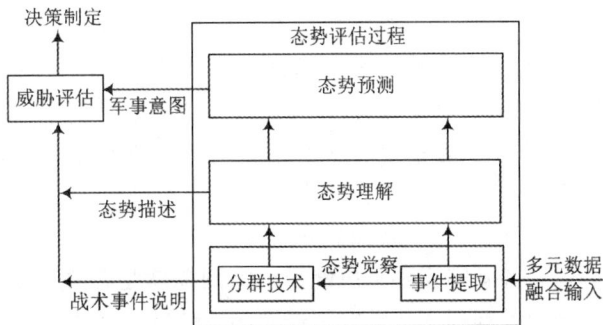

图 2-1 多机协同多目标攻击态势评估功能模型

2.2.2.1 态势觉察

态势觉察包括战场信息的捕获和输入。所获取的信息包括图形、图像、数据和报告;对平台数据要完成简单处理、相关、变换和动态信息的实时更新,为态势推理做准备,其主要内容包括态势要素提取和目标分群。

2.2.2.1.1　态势要素提取

态势要素是多机协同多目标攻击空战战场要素集合的子集,是从敌我双方依据作战目标形成的各种可能态势中提取出来的。态势要素涉及很多因素,具体如图 2-2 所示。

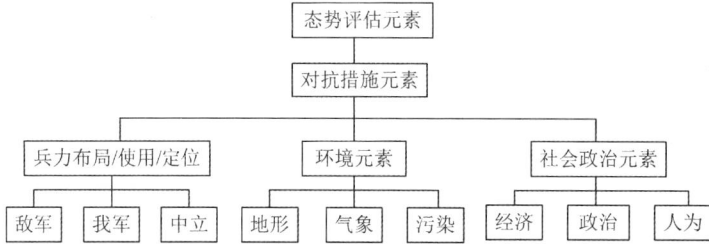

图 2-2　态势评估涉及的各种因素

(1)部队要素:敌、我、友的兵力部署、定位和运用,例如战场固定设施(如固定式指挥中心、港口、机场、导弹发射阵地、雷达站等)、动态部署(如机动指挥所、机动雷达、机动导弹发射车、自主式火炮等)。

(2)重要的动态目标:重要的空、海、天目标和陆基运动目标,以及它们的当前位置、状态、属性、威胁程度等。

(3)环境要素:包括地理信息(地形、地面水系和海洋水文)、天候气象、战场媒体介质(如电磁环境)、污染情况等。

(4)社会要素:包括政治因素、经济状况、民族及宗教、可能的支援/破坏等。

(5)对抗措施元素:可能的战场事件及作战行为,双方投入的兵力兵器等。

按照特征分,可将态势要素划分为以下几个类型:① 战场实体;② 实体的可探测性特征;③ 实体间的关系;④ 实体的行为;⑤ 实体的行为所产生的事件。

态势要素提取过程的输入源为某特定时刻 t 战场环境下的诸威胁单元(如舰艇、飞机、武器平台等)信息,可表示为

$$S(t)=\{P_1(t),P_2(t),\cdots,P_n(t)\} \tag{2-1}$$

其中,$P_i(t)(i=1,2,\cdots,n)$ 为第 i 个威胁单元在该时刻的状态信息集合,以多元组形式给出:

$$P_i=<T,N,I,E,L,S_t,R,W,\cdots> \tag{2-2}$$

其中,T 是采集到该批目标数据的时间;N 是目标批号,它是目标的唯一标识符;I 是敌我属性,包括敌、我、中立方;E 是实体类型,如战斗机、轰炸机等;L 是目标的空间位置;S_t 是目标状态,包括目标的速度和加速度矢量;R 是辐射源,包括雷达、电台和干扰机等的信息状态及相应的可信度;W 是武器载荷。

2.2.2.1.2　目标分群

态势觉察需要解决的另一个问题就是在提取态势元素的基础上,完成目标分群。目标分群即是利用态势觉察中提取的态势特征元素,把平台按照空间和功能进行分群,从而推断更高级别的战术态势描述。分群按低级到高级顺序分为 4 个层次[161]:① 空间群,按照位置关系对空间上目标进行的集合划分;② 功能群,执行类似功能的平台组集合;③ 相互作用群,由战术上相关的多个平台构成,具有类似目的攻击或防御同一目标;④ 敌、我以及中

立群,根据平台组的敌我友属性分群。态势评估分群抽象层次如图 2-3 所示。

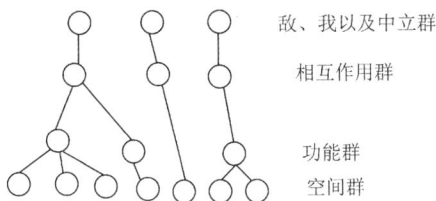

图 2-3 态势评估分群抽象层次

态势觉察将 $P_i(t)$ 与历史态势和领域中事件模式类特征模板进行比较、分析、判断,从而提取出所关心的战场态势元素。态势觉察过程得到的战场军事事件是对态势估计有意义的事件,将获得的这些军事事件输入态势理解和态势预测阶段,以实现态势估计。对作战环境下典型战场军事事件的检测,是态势评估处理过程的核心和起点。我们通过检测到的战场军事事件,分别与所构建的贝叶斯网络、D-S 证据理论进行匹配,实现态势估计过程。

2.2.2.2 态势理解

根据生成的态势特征向量结合领域专家的军事知识对当前态势进行解释,用于判断敌方战场分布(进攻、防御、行军、欺骗、集结等)和行动企图(穿插、迂回、逃跑等),是对敌方意图和作战计划的识别,进一步形成空战态势理解空间,并通过不断到来的特征向量修正态势理解空间。

态势理解过程可记作在已知军事知识和当前实时数据信息的情况下得到态势假设结果。在这个过程中,军事领域知识起着决定作用,根据知识建立态势特征与态势识别的对应关系,形成对当前态势的分类识别:设态势空间 $A = \{a, b, c, L\}$,其元素为战场空间中可能出现的全部态势分类,$M = \{x, y, z, L\}$ 为当前态势推理中得到的态势特征集合,表示战场空间中所出现的事件。

以上可以看出,态势理解过程高度依赖军事领域知识,需要依靠丰富的领域知识建立对应识别规则试探性的求解,应用基于知识的推理算法来完成。为此,建立适用的军事事例库及先验模板是必需的。

对态势的理解,既包括对于战场全局态势的理解,也包括对各个作战单元行动意图的理解。在态势理解阶段获得的军事事件,主要是敌方意图事件。态势理解过程中,更多的是对各敌方作战单元意图的处理,通过分析各作战单元的战术意图,最终获得敌方所有战场作战兵力的意图。

2.2.2.3 态势预测

态势评估过程就是基于已得出的当前态势,对未来可能出现的态势情况进行预测,即已知 t 时刻的态势 $S(t)$,求 $\{S(t+T), S(t+2T), L\}$。对应于不同级别的预测,既可以是对单个战场实体未来状态的预测,也可以是对敌方各级别兵力群未来状态的预测,还可以是对高层全局态势演变的预测(如由攻击状态变为防御状态)。实际上,对于单个作战实体组成的群未来状态的预测,就是对该战场实体的预测;而对整个敌方群未来状态的预测,就是高层全局态势的推演。

对未来高级行为的估计,是通过结合当前战场态势和敌方的军事条令条例,对未来态势进行演化而得到的。这是一个基于知识进行推理的过程。态势预测阶段获得的军事事件，既有对敌方作战单元运动状态的预测，也有对敌方行动意图的预测。敌方作战单元运动状态的变化可以根据航迹的状态方程、机动性、作战目的进行预测；而对敌方行动意图的预测，则必须根据敌方兵力当前位置、状态等信息，结合军事专家知识进行不确定性推理，根据获得的态势假设进行预测。

需要说明的是，文献[186]认为，在态势评估功能模型的 3 个阶段，对于敌方战场兵力编群的处理，不仅仅是态势觉察阶段的任务。在态势理解和态势预测阶段，同样需要对敌方的各个兵力群进行处理，只是各阶段的处理内容有所不同。如态势理解过程要根据对敌方行为和意图的理解，对态势觉察阶段形成的群进行维护，或者对已有的群进行分群、合群等操作。态势预测阶段要对敌方各级别兵力群未来状态进行预测。

2.2.3　态势评估与威胁评估

态势评估与威胁评估(Threat Assessment,TA)至今没有统一的定义，并存在概念交叉和重叠，且对于这两者所应实现的功能一直存在着争议。JDL 数据融合处理模型认为，威胁评估指的是基于当前态势推理敌军目的、意图的过程，并对可能的交战后果予以说明。从目前的研究情况看，很多都是将对敌方意图、目的的推理过程放到态势评估过程中去，而且态势评估是面向多种军事领域、多层次的，因而科研人员大多从他们所面临的实际领域出发，选择适用的技术实现了诸多实验系统。这些系统基本上都是部分实现了数据融合处理模型中描述的功能，大多同时包含态势、威胁评估这两级，两者的功能划分并没有截然分开。

态势评估是建立关于作战活动、事件、机动、位置和兵力要素组织形式的一张视图，并由此估计出可能发生和已经发生的事情，而威胁评估的任务则是估计出作战事件出现的程度或严重性。它们的区别在于，前者仅指出了敌军的行为模式，而后者对其威胁能力给出了定量估计，并指出了敌军的意图。一般说来，态势评估通过识别敌军的行为模式来推断敌军意图，并对临近时刻的态势变化给予预测，涉及按照某种概率或可信度对假设进行分类，是一个模式识别问题。而威胁评估的前提是态势评估，只有在战区态势形成后，威胁评估根据态势评估所提供的信息，依据一定的知识和规则，数值的形式指示出态势中的威胁及威胁大小，是利用态势评估产生的多层视图定量地估计威胁的程度。许多文献把态势评估和威胁评估这两种术语和处理过程混在一起，我们认为这模糊了两者的区别。本书中对态势评估和威胁评估分别进行研究。

2.3　模糊理论在多机协同多目标攻击空战态势评估中的应用

Zadeh 教授在 1965 年发表的论文 *Fuzzy Sets*[188]奠定了模糊理论的基础。模糊理论的基本思想偏重人类的经验及对问题的特性的掌握程度，也就是将传统数学从二值逻辑(Binary Logic)扩展到连续多值(Continuous Multi-value)，利用隶属度函数(Membership Function)描述一个概念特性值。近年来，模糊理论在应用方面取得举世瞩目的成功，在处理带有模糊的不确定性方面的问题时，其优势明显。文献[189]和文献[190]提出了基于模糊理论的态势评估方法。模糊逻辑可用来进行不确定及非精确性推理和分类，它提供了一种处理人类认知不确定性的数学方法。多机协同多目标攻击空战态势评估中,目标事件包括目标机动事件、新目标出现等。这些事件的发生具有不确定性,并需要对不精确的语义信息进行处理。除了包含事件发生的随机性外,战场环境中更为广泛存在的另一种不确定性就是模糊性。所谓模糊性是指客观事物在状态及其属性方面的不分明性。模糊逻辑能将低层不精确的非格式数据信息转换为中层独立作战实体的知识单元,能够用模糊性的自然语言来表示知识,表达知识非常自然,可以很容易地应用专家经验。另外,它的运算也非常简单。因此,用模糊逻辑的方法来检测事件是合理可行的。本书将模糊理论用于解决态势评估的事件检测和目标分群问题,以便进行贝叶斯网络和D-S证据理论的态势高层推理,更有效地完成态势评估全部过程。

2.3.1 多机协同多目标攻击空战的态势评估事件检测方法

2.3.1.1 事件的分类和提取

多机协同多目标攻击空战中,事件指目标在一定态势空间和时间下发生的具有一定意义的行为。对于事件所属类型,目前还存在不同划分。如文献[191]把目标出现与消失、目标分批合批等事件类型划分为机动事件;文献[192]把目标出现、消失事件划分为普通事件。为了便于进行事件的检测,本书将事件分为3类,如图2-4所示。第一类是辐射源事件,如某型号雷达开/关机;第二类属于目标机动事件,如目标加速、减速和拐弯等;第三类是与目标群结构相关的事件,如发现新目标、合批和分批等。第一类事件属于子系统的离散事件,由一级融合的输入直接做出判断,可以借助于简单的布尔逻辑来实现;第二类属于目标机动事件,事件的发生具有连续性,需要对每一种事件的发生设定相应的条件;而对于第三类事件,需要基于一定的知识检测,我们将在目标分群一节中做出叙述。

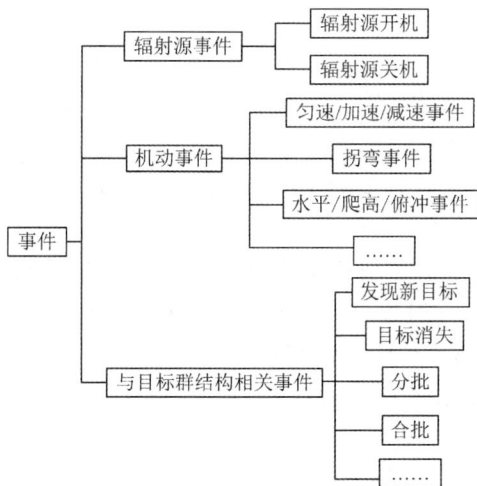

图 2-4 事件类型

2.3.1.2 基于模糊逻辑的事件检测方法

通过门限判别法可以获得目标机动事件的定性定量值。但这些事件的发生具有连续性,并且事件与其相关状态量(速度、高度等)的变化程度是有紧密联系的,也就使得这种判别方法在实际的应用中存在一定缺陷,比如,目标平缓下降和高速俯冲的战术意义往往是不相同的。因此,目标机动事件的表达需要一种比布尔逻辑更稳健可行的方法,而模糊逻辑正适应了这种需要。

在态势估计中,我们把从一级融合传来的目标速度等事件状态具体值进行模糊化,从而对事件状态进行量化。例如,设目标速度的事件状态为 $E=\{\text{low},\text{med},\text{high}\}$,分别表示目标以低、中和高速运动,对目标速度的模糊子集采用三角形隶属函数,如图 2-5 所示。图中 u 轴表示目标的绝对速度,$\mu_A(u)$ 为 u 关于模糊集 A 的隶属度。

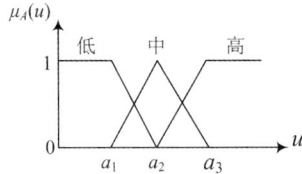

图 2-5　目标速度的模糊子集

定义目标速度的隶属度函数如下:

$$\mu_{A(\text{low})}(u)=\begin{cases}1 & u\leqslant a_1 \\ (a_2-u)/(a_2-a_1) & a_1<u\leqslant a_2 \\ 0 & u>a_2\end{cases} \tag{2-3}$$

$$\mu_{A(\text{med})}(u)=\begin{cases}0 & u\leqslant a_1 \\ (u-a_1)/(a_2-a_1) & a_1<u\leqslant a_2 \\ (a_3-u)/(a_3-a_2) & a_2<u\leqslant a_3 \\ 0 & u>a_3\end{cases} \tag{2-4}$$

$$\mu_{A(\text{high})}(u)=\begin{cases}0 & u\leqslant a_2 \\ (u-a_2)/(a_3-a_2) & a_2<u\leqslant a_3 \\ 1 & u>a_3\end{cases} \tag{2-5}$$

对于不同的应用范围,式中的参数 a_1、a_2、a_3 应选取不同的取值。如空中目标,根据攻击机、战斗机等的速度范围可以选取 $a_1=0.5\text{ Ma}$,$a_2=1.5\text{ Ma}$,$a_3=2.5\text{ Ma}$。设某平台速度为 1.2 Ma,则 $\mu_{A(\text{low})}(u)=0.3$,$\mu_{A(\text{med})}(u)=0.7$,$\mu_{A(\text{high})}(u)=0$,即该平台当前做隶属度为 0.7 的中速运动。

对于不同的事件,事件状态隶属函数的建立可以选取不同的模型参数。比如,目标做爬高/俯冲(平缓、快速)运动、拐弯(平缓、突然)、加速/减速(平缓、突然),可以建立如图 2-6 所示的模糊子集。目标距离(近、中、远)和目标高度(超低空、低空、中空、高空)可以分别建立如图 2-7、图 2-8 所示的模糊子集。

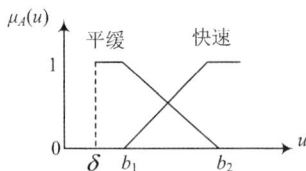

图 2-6　目标爬高/俯冲、拐弯、加速/减速的模糊子集

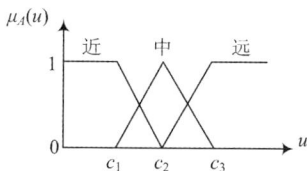

图 2-7 目标距离的模糊子集

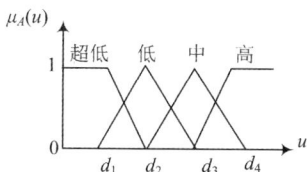

图 2-8 目标高度的模糊子集

以图 2-6 中目标做俯冲运动为例,对于该模糊子集,降半梯形隶属度函数表示目标平缓俯冲,升半梯形隶属度函数表示目标高速俯冲,b_1、b_2 为隶属度函数的参数,u 轴表示检测时间内平台变化的高度差,δ 表示俯冲检测门限。设检测时间间隔为 Δt,目标开始俯冲时高度为 z_1,俯冲结束时高度 z_2,则有

$$u = -\frac{z_2 - z_1}{\Delta t} \tag{2-6}$$

即 u 表示目标在 Δt 时间内做俯冲运动的平均高度变化率。俯冲事件的隶属度函数可定义如下:

$$\mu_{A(\text{low})}(u) = \begin{cases} 1 & \delta \leqslant u \leqslant b_1 \\ (b_2 - u)/(b_2 - b_1) & b_1 < u \leqslant b_2 \\ 0 & u > b_2 \end{cases} \tag{2-7}$$

$$\mu_{A(\text{fast})}(u) = \begin{cases} 0 & u \leqslant b_1 \\ (u - b_1)/(b_2 - b_1) & b_1 < u \leqslant b_2 \\ 1 & u > b_2 \end{cases} \tag{2-8}$$

从一级融合输入的数据通过以上的处理后,有效信息(态势元素)被提取出来。对发生的事件定量数值进行模糊化后的结果可以作为时间推理、空间推理、因果推理的输入,对态势进行分类识别,这样就将态势空间进行了一次粗集划分,从而完成对当前态势的一次判决。

2.3.2 多机协同多目标攻击空战的态势评估分群技术

在多机协同多目标攻击空战中,敌我双方的兵力都是按照一定的规则部署和聚集的,不同态势中的目标实体有不同的组织和空间结构,结构中不同的组成部分起着不同的作用,我们把形成这一结构的过程称为目标分群或聚类。目标分群问题也称为群形成(Group Formation)过程,它是态势估计需要实现的一个重要功能。目标分群策略是一种前向推理过程,其基本思想是根据一级融合输入的诸威胁单元信息,按照一定的知识采用自底向上逐层分解的方式对描述威胁单元的信息进行抽象和划分,形成关系级别上的军事体系单元假设,以便揭示可以帮助确定态势元素之间的相互关系,并据此解释感兴趣的所有元素的特性。

21

2.3.2.1 态势评估的目标分群问题描述

态势评估的输入为某特定时刻当前战场环境下的各威胁单元(目标)的信息,比如位置、状态、辐射源、平台类型和敌我属性等。设在时刻 t 经过一级融合采集到了 m 个威胁单元 $u_1, u_2, \cdots, u_m$ 的数据,令目标对象集合为 U,即

$$U = \{u_1, u_2, \cdots, u_m\} \tag{2-9}$$

其中,$u_i(1 \leqslant i \leqslant m)$ 是第 i 个威胁单元在该时刻的状态信息集合。用 n 个属性来描述 u_i,记 u_i 的第 k 个属性值为 $x_{ik}(1 \leqslant k \leqslant n)$,则可用向量

$$\boldsymbol{u}_i = (x_{i1}, x_{i2}, \cdots, x_{in}) \tag{2-10}$$

来描述第 i 个目标。显然,当属性选定并对每一个目标都赋值后,一个目标对应于 n 维空间的一个点,U 便对应于 n 维空间中的一个点集。

2.3.2.2 基于模糊理论的目标分群方法

聚类就是按照事物间的相似性进行区分和分类的过程。传统的聚类分析是一种硬划分,它把每个待辨识的对象严格地划分到某个类中,具有非此即彼的性质,因此这种分类的类别界限是分明的。然而战场中各个军事单元在性态和类属方面之间的界限不一定很清楚,因此适合用模糊数学的方法进行目标聚类分析。

态势评估基于模糊理论的目标分群问题可形式化描述为:把给定的一组模式 U 划分为 m' 个模糊子集(聚类)$U_1, U_2, \cdots, U_{m'}$,若用 μ_{ik} 表示模式 u_k 隶属于模糊子集 U_i 的程度,则得到这组模式的模糊划分 $U = \{\mu_{ik} | 1 \leqslant i \leqslant m', 1 \leqslant k \leqslant m\}$。由于目标的敌我属性、类型等分量属于定性的描述,难以用相似度来衡量,因此在聚类时应选取定量描述的属性,如位置、速度等。聚类还必须满足一定的规则,这一点是显而易见的,例如,无论目标的其他行为如何相似,只要敌我属性不同,就不能将其划为同一个群。下面就聚类的讨论是针对敌方目标进行的。

2.3.2.2.1 样本数据标准化

为了构造模糊关系矩阵,需要对样本数据进行预处理,使样本数据压缩到[0,1]闭区间内。设从式(2-8)目标的 n 个属性中选取第 $l_1, l_2, \cdots, l_{n'} l_1, l_2, \cdots, l_{n'} \in (1, 2, \cdots, n)$ 个属性进行聚类,首先求出 m 个样本的第 $j(j = l_1, l_2, \cdots, l_{n'})$ 个属性的平均值和标准差:

$$\overline{x}_j = \frac{1}{m} \sum_{i=1}^{m} x_{ij} \tag{2-11}$$

$$S_j = \sqrt{\frac{1}{m} \sum_{i=1}^{m} (x_{ij} - \overline{x}_j)^2} \tag{2-12}$$

使用式(2-9)和式(2-10),样本数据标准化值为

$$x_{ij}' = \frac{x_{ij} - \overline{x}_j}{S_j} \tag{2-13}$$

运用极值标准化公式,将标准化数据压缩到[0,1]闭区间内,则有

$$x_{ij}'' = \frac{x_{ij}' - x_{j\min}'}{x_{j\max}' - x_{j\min}'} \tag{2-14}$$

其中 $x_{j\max}'$ 与 $x_{j\min}'$ 分别表示 $x_{kj}'(k = 1, 2, \cdots, m)$ 中的最大值和最小值。

2.3.2.2.2 选择相似系数并计算相似矩阵

从直观上理解,聚类就是把 U 中比较靠近的点按某种等价关系归纳在一起,要表示点和

点的"靠近"程度,则需要建立模糊关系来进行度量。为了建立模糊相似矩阵 $\boldsymbol{R}$,引入相似系数 r_{ij},这里 r_{ij} 是表示两个样本 u_i 与 u_j 之间相似程度的变量,$\forall_{i,j}$ 满足

$$\begin{cases} 0 \leqslant r_{ij} \leqslant 1 \\ r_{ii} = 1 \\ r_{ij} = r_{ji} \end{cases} \tag{2-15}$$

当 r_{ij} 接近于 1,表明这两个样本越接近。当 U 所含的点为 m 个时,$\boldsymbol{R}$ 对应于一条对角线为 1 的 m 阶方阵,即 $\boldsymbol{R} = [r_{ij}]_{m \times m}$。

相似系数 r_{ij} 的确定方法有相关系数法和距离法等,采用目标间的距离(欧氏距离)来定义 r_{ij} 有

$$d_{ik} = \sqrt{\sum_{j=l_1}^{l_n} (x''_{ij} - x''_{kj})^2} \tag{2-16}$$

其中 $1 \leqslant i \leqslant m$,$1 \leqslant k \leqslant m$。令

$$r_{ij} = 1 - c d_{ik} \tag{2-17}$$

其中,c 为一个正常数,可以选取适当的值,使 r_{ij} 在 $[0,1]$ 区间内。

2.3.2.2.3 聚类

通过上述标定可以得到模糊相似矩阵 $\boldsymbol{R}$。$\boldsymbol{R}$ 反映了样本间的相似关系,它具有自反性和对称性,但不一定具有传递性,此时,可以通过平方法得到 $\boldsymbol{R}$ 的传递闭包 $t(\boldsymbol{R})$[188]:

$$t(\boldsymbol{R}) = \boldsymbol{R}^2 \tag{2-18}$$

这里的 $t(\boldsymbol{R})$ 就是论域上的一个模糊等价矩阵。对任意给定的 $0 \leqslant \lambda \leqslant 1$,考虑 $t(\boldsymbol{R})$ 的 λ 截矩阵

$$t(\boldsymbol{R})_\lambda = [\lambda r_{ij}] \tag{2-19}$$

其中,当 $r_{ij} \geqslant \lambda$ 时,$\lambda r_{ij} = 1$;当 $r_{ij} < \lambda$ 时,$\lambda r_{ij} = 0$。即 $t(\boldsymbol{R})_\lambda$ 是一个布尔矩阵,选择不同的 λ 值,可以得到不同的水平截集,得到动态聚类结果。当 U 的元素个数有限时,$t(\boldsymbol{R})_\lambda$ 可唯一地对应一个无向图 $G = (V, E)$,其中 $V = \{u_1, u_2, \cdots, u_m\}$ 为图中顶点的集合,$E = \{(u_i, u_j) | \lambda_{ij} = 1\}$ 为弧的集合。在图 G 上找出所有的连通分支,则每一个连通分支便对应于一个群[193]。

2.3.2.3 群结构的递增形成

经过前述的模糊聚类,选定一定的 λ 即可实现目标向空间群的聚类。目标分群的形成过程是一个数据驱动的前向推理过程,即将规则应用于有效数据以产生一个可推理的假设结构。因此,在群结构的递增形成过程中,基于一定的规则是目标分群的主要特征。

2.3.2.3.1 计算聚类重心

设经过模糊聚类得到了 m' 个空间群 $U_1, U_2, \cdots, U_{m'}$($m' \leqslant m$),$U_i = \{u_{k_i}\}$,$k_i \in \{1, 2, \cdots, m\}$,每个空间群中目标的个数为 n_i($1 \leqslant i \leqslant m'$)。使用下面的式子计算第 i 个群的平均参数:

$$\overline{u}_i = \frac{1}{n_i} \sum_{k_i} x_{k_i j} \quad j = 1, 2, \cdots, n \tag{2-20}$$

$(\overline{u}_i)$ 则是第 i 个群的聚类中心。

2.3.2.3.2 基于知识和最近邻法的群结构递增形成算法

最近邻法是一种近似方法,该方法计算量小,便于实现,在工程中有着广泛的应用。为

了形成目标分群从低级到高级逐级递增的层次结构,我们应用最近邻法:如果一个群对象与其更高层的群对象的重心在预定义的距离范围内,且其属性与该高层群对象中的成员的属性满足一定的规则,则把该对象聚类到该群。

令空间群对象集合为 U',即 $U'=\{U_1,U_2,\cdots,U_{m'}\}$,设定义编群的距离精度为 ε,现对这 m' 个群对象进行聚类,采用按最近邻规则的试探法,给出有关群对象聚类的形成的算法流程图,如图 2-8 所示。

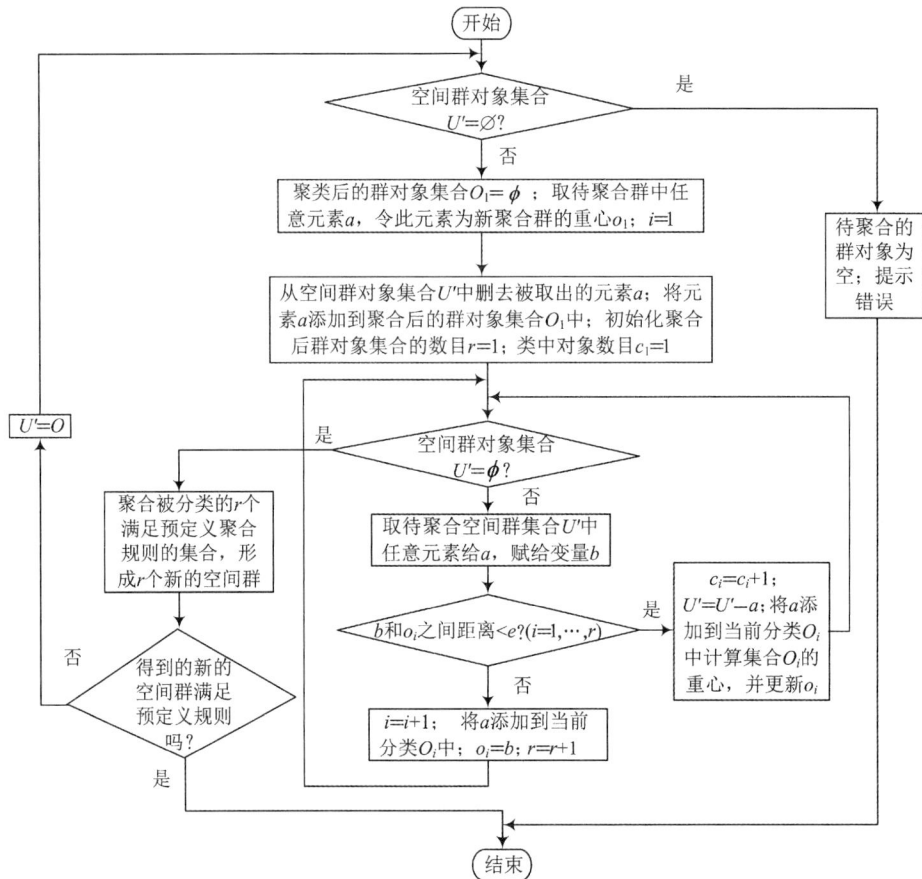

图 2-8 群对象的递增形成

对每一聚类后的群对象集合,通过上面给出的聚合算法即可形成聚类递增的体系结构。显然,为了形成分群的分层表示,针对不同的分群层次,应当设定与其相应的规则和选取不同的距离精度。

根据以上给出的聚合算法,还可以考虑在一次聚合结束以后,再次通过上面给出的流程来继续进行聚合。但一般情况下,不能继续使用前一次聚合的预定规则进行判断,而应给定比前一次聚合预定规则更高的判断条件,比如规定重心之间的距离应该小于前一轮聚合时的距离;否则,所有群对象可能会被最终聚合成很少的几个群集合。最终聚合得到的群越少,则表示在聚合过程中丢失的有用信息越多,则可能最终影响对整个态势的判断,可能出现错误。因此,在选择聚合预定规则时,一定要根据领域知识,尽量准确地给出判断规则。

2.3.2.4 群结构的动态维护

目标分群是一个周期性的形成过程,在每一个决策周期,系统都接受一级融合的输入,并使用新接收到的数据对目标的位置、状态等信息进行更新。此外,在每一周期传感器可能发现新的目标,也可能失去目标的跟踪,目标或群之间也可能因空间位置变化而发生分批或合批等事件。因此,群结构是一个随时序动态变化的过程,为了对态势元素及其之间的关系进行合理的解释,必须实现群结构的动态维护。

目标分群形成的结构是一种图形结构,群结构的动态维护实际上是对群结构进行搜索,即图的遍历的过程,并在给定的规则下对图进行一系列的操作。群结构的动态维护包括发现新目标、目标消失、分批和合批等事件,表示这些事件即要在遍历分群所形成图结构的过程中,采用一些规则对图结构进行一定的操作。算法分别描述如下。

2.3.2.4.1 发现新目标

如果从一级融合上报的目标数据列表中出现了历史数据列表中未出现的目标批号,则判定发现新目标。

Step 1:遍历分群形成的图结构,寻找与新检测到的目标类型相似的空间群。

Step 2:如果找到,则计算新目标与各个空间群重心的相似系数,转到 Step 3;否则,转到 Step 4。

Step 3:选定与新目标相似系数最大的空间群重心,如果该相似系数大于给定的 λ,则把此目标聚类到该群,并重新求该群的平均参数;否则,转到 Step 4。

Step 4:由新目标产生一个新的空间群。

2.3.2.4.2 目标消失

若历史数据列表中的目标批号在若干个融合时间周期内均未出现,则判定该目标消失。

Step 1:遍历分群形成的图结构,找到消失目标的结点;删除该结点,重新求该群的平均参数。

Step 2:如果该目标所处的空间群只有该目标结点,则删除该空间群结点,依次类推。

2.3.2.4.3 分批

分批包括空间群的分裂和相互关系群的分裂,其操作步骤相似。以空间群的分裂为例操作步骤如下。

Step 1:遍历分群形成的图结构,对每一个目标结点,计算与其所处空间群的重心的相似系数;如果相似系数小于给定的 λ,则删除该目标结点,并寻找该目标类型相似的空间群。

Step 2:如果找到,计算目标结点与各个空间群重心的相似系数;否则,转到 Step 4。

Step 3:选定相似系数最大的空间群重心,如果该相似系数大于给定的 λ,则把此目标聚类到该群,并重新求该群的平均参数;否则,转到 Step 4。

Step 4:由删除的目标产生一个新的空间群。

2.3.2.4.4 合批

合批包括空间群的合并和相互关系群的合并。以空间群为例,步骤如下。

Step 1:遍历分群形成的图结构,寻找类型相似的空间群。

Step 2:计算空间群重心之间的相似系数。

Step 3:如果某两个空间群之间的相似系数大于给定的 λ,则合并这两个群,并重新求新形成群的平均参数。

以上算法在空间群发生变化后,还需按照群结构递增形成算法调整更高层次的群结构。群结构表示一定的战术意义,由于其变化比较缓慢,对于目标的分批和合批事件,考虑到在目标数量较多时其检测的计算量较大,为了满足态势评估的实时性要求,可以按照不同的时间间隔在多个周期对各层次的群结构进行处理。如设融合数据处理周期为 τ,则每隔 4τ 进行一次空间群的分群处理。当空间群发生变化或经过 8τ 后,再进行相互关系群的划分。

2.4 基于离散模糊动态贝叶斯网络的多机协同多目标攻击空战态势评估研究

多机协同多目标攻击空战态势评估中,为了满足处理信息不确定性的要求,文献[49]和文献[194]用贝叶斯网络来处理态势评估系统中不确定性的解决方案。贝叶斯网络能够有效地将人类专家的知识与领域内真实数据结合起来,将其应用于多机协同多目标攻击空战态势评估是一个值得注意的研究方向。本节在 2.3 节基础上应用动态贝叶斯网络研究态势评估问题。

2.4.1 模糊贝叶斯网络方法

模糊贝叶斯网络方法可以对模糊域和概率域数据进行融合处理,符合人的思维推理,具有便于理解、数据表示力强、数据连续和时间累计等特性,因此具有一定的实用性。

2.4.1.1 隶属度与先验概率的融合

融合系统利用模糊集合理论,运用一定的模糊关系和模糊推理方法,获得论域上某个数据 u 对逻辑子集 E 的隶属度 $\mu_E(u)$。在将通过模糊集合理论获得的战场军事事件输入贝叶斯网络时,可以将隶属度 $\mu_E(u)$ 直接分配给证据 E,作为其在贝叶斯网络中的先验概率,即令

$$P(E)=\mu_E(u) \qquad P(\overline{E})=\mu_{\overline{E}}(u) \tag{2-21}$$

由模糊集合理论可知,$\mu_E(u)$ 满足逻辑非运算,即使式(2-21)成立。

$$\mu_{\overline{E}}(u)=1-\mu_E(u) \tag{2-22}$$

式中,$\mu_{\overline{E}}(u)$ 表示 u 不属于集合 E 的程度。由式(2-21)及式(2-22)可知,$P(\overline{E})=1-P(E)$,满足贝叶斯网络节点对先验概率的要求。

直观上看,$\mu_E(u)$ 与贝叶斯网络中节点的先验概率没有区别。因此,对于模糊事件而言,显然不妨采用模糊事件的隶属函数来定义它们的概率[195]。但实际上,隶属度和概率是性质完全不同的两个量。贝叶斯网络中,对于证据节点 E,分配的先验概率表示该证据发生的信度,而隶属度表示数据 u 属于集合 E 的程度。因此,在利用式(2-21)将隶属度分配给节点先验概率时,必须对贝叶斯网络中的节点寻找一个合适的解释,以使其与模糊集合含义一致。

例如,我们通过一级融合系统,检测战斗机飞行速度 u,对"速度快"这一模糊概念,我们以模糊集合 V_F 表示。定义隶属度函数为

$$\mu_{V_F}(u)=\begin{cases} 0 & 0 \leqslant u \leqslant 0.5 \\ u-0.5 & 0.5 < u \leqslant 1.5 \\ 1 & u > 1.5 \end{cases} \tag{2-23}$$

式中,速度 u 用马赫数(Ma)表示 。

假设某次态势评估过程中,检测到战斗机速度 $u=1.2~Ma$,则计算得到该速度属于模糊集合 V_F 的隶属度为 0.7。此时理解隶属度,其含义即为"在检测到速度为 $1.2~Ma$ 时,我们认为该战斗机速度快的可能性为 0.7"。如果将该值直接分配给用于态势评估的贝叶斯网络中表示"战斗机速度快"的节点,则我们认为"该战斗机速度快的可能性为 0.7",两者在语意上没有明显区别。因此,将隶属度直接作为先验概率分配给贝叶斯网络中的节点是合适的。

这样,利用式(2-21)即可将通过模糊集合方法获得的证据先验信息分配给 SABN 中的节点,完成模糊信息在贝叶斯网络节点中的表示。下一步,可以考虑模糊推理规则在贝叶斯网络中的表示方法。

2.4.1.2 模糊关系与条件概率的融合

模糊逻辑推理是建立在模糊逻辑基础上的,它是一种不确定性推理方法,是在二值逻辑三段论基础上发展起来的[196]。

由模糊理论可知,论域 U 与 V 上的模糊关系定义为笛卡儿积 $U \times V$ 上的一个模糊子集[197]。为讨论简单起见,设 U 和 V 是两个有限论域 $U=\{u_1,u_2,\cdots,u_m\}$,$V=\{v_1,v_2,\cdots,v_n\}$,用隶属函数表示该模糊子集,则模糊关系 $\boldsymbol{R}_{U \times V}$ 可以用以下矩阵表示:

$$\boldsymbol{R}_{U \times V}=\begin{bmatrix} \mu_{11} & \cdots & \mu_{1n} \\ \vdots & & \vdots \\ \mu_{m1} & \cdots & \mu_{mn} \end{bmatrix} \tag{2-24}$$

其中,μ_{ij} 表示元组(u_i,v_j)隶属于该模糊关系的隶属度,满足 $0 \leqslant \mu_{ij} \leqslant 1$。

设 $A=\{a_1/u_1,a_2/u_2,\cdots,a_m/u_m\}$ 是 U 上的一个隶属函数,可用向量 $\boldsymbol{A}=(a_1,a_2,\cdots,a_m)$,则称向量 $\boldsymbol{B}=(b_1,b_2,\cdots,b_n)$:

$$\boldsymbol{B}=\boldsymbol{A} \circ \boldsymbol{R}_{U \times V} \tag{2-25}$$

是 $\boldsymbol{A}$ 经过一次模糊变换 $\boldsymbol{R}_{U \times V}$ 所得的结果,它表示了论域 V 上的一个隶属函数 $B=\{b_1/v_1,b_2/v_2,\cdots,b_n/v_n\}$,其中

$$b_j=\bigvee_{i=1}^{m} \mu_{ij} \wedge a_i \quad j=1,2,\cdots,n \tag{2-26}$$

这里 $\vee$ 与 $\wedge$ 分别表示某种并型运算和交型运算。下列两种特例是很有用的。

(1) 令 $\vee=\sum$(即加法运算),$\wedge=*$(即乘法运算),则式(2-26)成为

$$b_j=\sum_{i=1}^{m} \mu_{ij} * a_i \quad j=1,2,\cdots,n \tag{2-27}$$

(2) 令 $\vee=\max$(即求最大),$\wedge=\min$(即求最小),则式(2-26)成为

$$b_j=\max_{1 \leqslant i \leqslant m} \min\{\mu_{ij},a_i\} \quad j=1,2,\cdots,n \tag{2-28}$$

由以上分析可知,模糊推理可以解释为 $a_i \rightarrow b_j$ 为真的可信度为 μ_{ij},或解释为 $a_i \rightarrow b_j$ 的真度为 μ_{ij},反映了模糊集合 A 和 B 之间的关系强度。模糊推理即是通过构建满足需求的模糊关系矩阵 $\boldsymbol{R}_{U \times V}$,将两个模糊集合元素进行映射。

2.4.1.2.1 证据确定的情况

证据必然出现时对应的贝叶斯网络表示推理规则 $E \rightarrow H$,表示证据 E 对假设 H 支持或否定的程度。贝叶斯网络理论中,是通过给定先验概率 $P(E)$ 和条件概率 $P(H/E)$、$P(H/\overline{E})$ 来计算 $P(H)$ 的。如果 E 和 H 均为模糊集合,则推理规则 $E \rightarrow H$ 就是一种模糊关系。模糊集

合理论通过给定隶属度 $\mu_E(u)$ 和模糊关系隶属度 $\mu_{E \to H}(u,v)$ 来求解隶属度 $\mu_H(v)$。

在 2.4.1.1 节,讨论了将模糊集合的隶属度分配给贝叶斯网络中相应节点的先验概率。为将模糊推理规则应用在贝叶斯网络中,需要将相应的模糊关系转换为条件概率。在模糊推理过程中,合取运算可以有多种取值方法。由于合取运算的不同,$h_i = e_i \circ R_{E \times H}$ 所得到的结果也不同,我们通过一个简单的例子对此进行说明。

假设 E 表示模糊集合"飞机速度快",H 表示模糊集合"威胁大";E 的论域为 U,表示飞机速度,单位为 Ma;H 论域为 V,表示威胁程度。E 的隶属函数与式(2-23)相同,重写为式(2-29):

$$\mu_E(u) = \begin{cases} 0 & 0 \leq u \leq 0.5 \\ u-0.5 & 0.5 < u \leq 1.5 \\ 1 & u > 1.5 \end{cases} \tag{2-29}$$

H 的隶属函数如式(2-30)所示:

$$\mu_H(v) = \begin{cases} v & 0 \leq v \leq 1 \\ 0 & \text{其他} \end{cases} \tag{2-30}$$

为讨论简便起见,将式(2-29)和式(2-30)中的元素离散化,每个隶属函数只取两个值,得到模糊集合 E 和 H 分别为 $E = \{0.7/12, 0.9/1.4\}$ 和 $H = \{0.6/0.6, 0.8/0.8\}$,则构建模糊关系 $R_{E \to H}$:

$$R_{E \to H} = \begin{bmatrix} 0.6 & 0.7 \\ 0.6 & 0.8 \end{bmatrix} \tag{2-31}$$

利用式(2-27)进行计算,得到

$$\{v_1, v_2\} = \left\{ \sum_{i=1}^{2} \mu_{i1} * u_i, \sum_{i=1}^{2} \mu_{i2} * u_i \right\} = \{0.73, 0.86\} \tag{2-32}$$

而利用式(2-28)进行计算,则得到

$$\{v_1, v_2\} = \{ \max_{1 \leq i \leq 2} \min\{\mu_{i1}, u_i\}, \max_{1 \leq i \leq 2} \min\{\mu_{i2}, u_i\} \} = \{0.6, 0.8\} \tag{2-33}$$

式(2-32)表明,尽管模糊关系 $R_{E \to H}$ 是由 $E \to H$ 得到的,但是将关系 $R_{E \to H}$ 应用于 E 时,$E \circ R_{E \times H} \neq H$。这类问题是无法避免的,因为在构造 $R_{E \to H}$ 的过程中只使用 max 和 min 运算,难免会丢失信息,这是模糊集合理论自身存在的问题。

比较式(2-32)和式(2-33)可知,由于合取运算方法的不同,导致经过模糊推理得到的结果也不同。

已知 $\mu_E(u)$,给定 $R_{E \to H}$ 则可以利用模糊推理规则获得 $\mu_H(v)$。将模糊推理规则在贝叶斯网络中表示,就是获得条件概率 $P(H/E)$ 和 $P(H/\overline{E})$ 的过程。通过条件概率所获得的节点 H 的概率 $P(H)$ 应与 $\mu_H(v)$ 保持一致。由于

$$P(H) = P(E)P(H/E) + P(\overline{E})P(H/\overline{E}) \tag{2-34}$$

所以,直观理解,只要将通过模糊推理获得的 $\mu_H(v)$ 分配给 $P(H)$,即可通过建立方程组求得 $P(H/E)$ 和 $P(H/\overline{E})$,如我们将式(2-30)所获得的结果代入式(2-34),得到

$$\begin{cases} 0.73 = 0.7 * P(H/E) + 0.3 * P(H/\overline{E}) \\ 0.86 = 0.9 * P(H/E) + 0.1 * P(H/\overline{E}) \end{cases} \tag{2-35}$$

即可求得 $P(H/E) = 0.925, P(H/\overline{E}) = 0.275$。

然而,直接将通过解方程组获得的条件概率分配给贝叶斯网络中相应节点的条件概率是不合适的。例如在构建模糊关系 $R_{E \to H}$ 时,如果我们在离散化时对集合 E 和 H 都取 3 个值,得到 $E = \{0.7/1.2, 0.9/1.4, 0.5/1.0\}$ 和 $H = \{0.6/0.6, 0.8/0.8, 0.5/0.5\}$,则重新构建模糊关系 $R_{E \to H}$,有

$$R_{E \to H} = \begin{bmatrix} 0.6 & 0.7 & 0.5 \\ 0.6 & 0.8 & 0.5 \\ 0.5 & 0.5 & 0.5 \end{bmatrix} \tag{2-36}$$

利用式(2-27)进行计算,得到 $\{v_1, v_2, v_3\} = \{0.799, 0.8929, 0.731875\}$。如果按照式(2-35)列方程组,得到

$$\begin{cases} 0.7999 = 0.7 * P(H/E) + 0.3 * P(H/\overline{E}) \\ 0.8929 = 0.9 * P(H/E) + 0.1 * P(H/\overline{E}) \\ 0.731875 = 0.5 * P(H/E) + 0.5 * P(H/\overline{E}) \end{cases} \tag{2-37}$$

式(2-37)中,对任意两个方程进行组合即可求得条件概率 $P(H/E)$ 和 $P(H/\overline{E})$,且不同的方程组合求得的结果也不同,得到的 3 组结果分别为 $\{0.939, 0.474\}$、$\{0.902, 0.562\}$ 和 $\{0.933, 0.531\}$。

各结果之间是矛盾的,造成这种矛盾的原因在于构建模糊关系和合取运算过程中,只使用 max 和 min 进行运算,从而造成了信息损失。为解决这种信息损失造成的矛盾,可以依据一定的原则,如取均值、最小均方误差等,近似求解 $P(H/E)$ 和 $P(H/\overline{E})$。如对通过式(2-37)求得的结果,采用均值法求 $P(H/E)$ 和 $P(H/\overline{E})$,则得到的结果为 $\{0.925, 0.522\}$。可以将此运算结果作为求得的条件概率,分配给 $P(H/E)$ 和 $P(H/\overline{E})$。这种近似求解的方法比较多,具体方法这里不再进行讨论。

2.4.1.2.2 证据不确定和多证据组合的情况

对于证据不确定情况,设 S、E 和 H 均为模糊集合,S 和 E 之间的模糊关系为 $R_{S \to E}$,E 和 H 之间的模糊关系为 $R_{E \to H}$,则根据模糊理论,S 和 H 之间的模糊关系 $R_{S \to H}$ 可以表示为

$$R_{S \to H} = R_{S \to E} \circ R_{E \to H} \tag{2-38}$$

设 S、E、H 对应的论域分别为 $U = \{u\}$、$V = \{v\}$ 和 $W = \{w\}$,则 $R_{S \to H}$ 的隶属函数为

$$\mu_{R_{S \to H}}(u, w) = \bigvee_{v \in V}(\mu_{R_{S \to E}}(u, v), \bigwedge \mu_{R_{E \to H}}(v, w)) \tag{2-39}$$

对于多证据组合情况,模糊理论中是先将 E_1 和 E_2 做某种交型运算,然后再与 H 做合取运算,运算规则可以表示为 $E_1 \wedge E_2 \to H$。

在对证据不确定情况和多证据组合情况分别获得模糊关系矩阵后,可以利用前述证据确定情况下的处理方法,获得先验概率与条件概率,这里不再深入讨论。这样,我们可以将利用模糊理论处理得到的信息在贝叶斯网络中进行表示。

2.4.1.3 讨论

在 2.4.1.1 节和 2.4.1.2 节,分别详细讨论了隶属度与先验概率的融合、模糊关系与条件概率的融合,完成了模糊理论与贝叶斯网络的集成,形成模糊贝叶斯网络。对于模糊贝叶斯网络,结合模糊逻辑和贝叶斯网络在知识表示和推理上的优点,我们可以引入模糊概率转换公式,运用该公式,也可以将模糊逻辑和贝叶斯网络集成为模糊贝叶斯网络。

设 $U = \{u_1, u_2, \cdots, u_n\}$ 是一个离散有限集合,X 是取自 U 中的一个变量,$p(u_i)$ 表示

$X=u_i$ 时的概率,$\pi(u_i)$ 表示 $X=u_i$ 时的可能性,$\mu_A(u)$ 是模糊集合 A 上的隶属度函数。

Zadeh 认为,可能性理论是模糊集理论的扩展,因此可能性理论中可能性分配 π 可以由模糊集上的隶属函数决定,于是得到

$$\pi_x(u)=\mu_A(u) \tag{2-40}$$

Geer 和 Klir 认为,在可能性概率转换过程中提出"信息转换保护",即信息中的不确定性在一种两种理论的相互转换过程中应保持不变。他们提出以下的转换公式[198]:

$$p(u_i)=\frac{\pi(u_i)^{1/\alpha}}{\sum_{k=1}^{n}\pi(u_k)^{1/\alpha}} \quad 0<\alpha<1 \tag{2-41}$$

其中,常量 α 的取值范围为 $0<\alpha<1$,表示可能性概率转换一致性条件满足的程度。α 趋向 0,则转换的概率 $p(u_i)$ 间差异较大;α 趋向 1,则 $p(u_i)$ 间差异较小。

将式(2-40)、式(2-41)合并,得到

$$p(u_i)=\frac{\mu(u_i)^{1/\alpha}}{\sum_{k=1}^{n}\mu(u_k)^{1/\alpha}} \quad 0<\alpha<1 \tag{2-42}$$

运用式(2-42),可以把模糊逻辑和贝叶斯网络集成为模糊贝叶斯网络,用以解决现代空战的态势评估问题。

2.4.2 离散模糊动态贝叶斯网络及其推理算法

动态贝叶斯网络[199-203] Dynamic Bayesian Network,DBN)是一种对动态系统进行建模和推理的工具。它是以概率网络为基础,将原来的静态网络结构与时间信息相结合,而形成的具有处理时序特征数据的新的随机模型。动态贝叶斯网络根据多个时刻观测值对系统的各个时刻或某一时刻的状态进行估计,因此具有强大的滤波平滑功能[199-201]。即使某些参数得不到,静态和动态贝叶斯网络照样可以进行推理,不会因为一个参数缺失而无法进行。而相对于静态贝叶斯网络,动态贝叶斯网络对系统状态的评估更具有合理性。利用动态贝叶斯网络进行空战态势评估,可以滤除传感器的误差甚至失误,保持评估过程的鲁棒性。本书在模糊贝叶斯网络方法的理论基础和模糊理论实现态势评估事件检测的基础上,采用动态贝叶斯网络进行多机协同多目标攻击态势评估。

离散静态贝叶斯网络是表示变量之间的依赖关系的一种有向无环图。离散动态贝叶斯网络是随时间发展的离散静态贝叶斯网络,它是对动态系统进行定制判断和推理的重要工具。它可以根据多个时刻的观测值来对系统的状态进行定性推理,因此相对于静态贝叶斯网络来说,离散动态贝叶斯网络能够将各个时刻的观测值相互补充和修正,处理观测值的不确定性,增强推理结果的准确性。图 2-9 为具有两个观测节点和一个隐藏结点的离散动态贝叶斯网络图。文献[204]提出了一种用离散静态贝叶斯网络的态势评估方法,但是该方法是基于单个时刻的信息进行态势评估,没有考虑前后时刻信息的关联和信息的相互补充,因此当信息缺失或者出现错误时,就会出现对态势的错误判断。模糊逻辑是一种很好的方法,它能把数字数据分成离散变量的模糊集。因此,离散模糊动态贝叶斯网络将模糊逻辑与贝叶斯网络结合起来,是对离散动态贝叶斯网络的一种改进,解决了具有连续观测值时定性推理问题。其基本思想是对于连续观测值,首先根据网络中变量的离散状态建立相应的模糊集合,然后对连续观测值通过模糊分类函数进行模糊分类,获得连续观测值属于各个模糊集

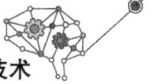

合的隶属度。模糊集和变量的离散状态对应,因此获得的隶属度就等同于变量的观测值属于各个状态的概率[205],这使得离散模糊动态贝叶斯网络的输入证据是多状态的。本书采用了直观且易于编程计算的直接推理算法[206],算法描述如下。

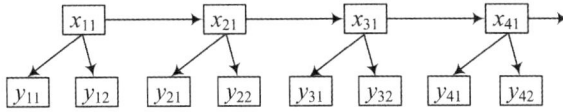

图 2-9 离散动态贝叶斯网络

贝叶斯网络和动态贝叶斯网络推理的依据就是贝叶斯公式:

$$p(x \mid y) = \frac{p(yx)}{p(y)} = \frac{p(yx)}{\sum_x p(yx)} \tag{2-43}$$

一个具有 n 个隐藏节点和 m 个观测节点的离散静态贝叶斯网络,应用贝叶斯网络的条件独立特性[195-196],得到其推理公式为

$$p(x_1, x_2, \cdots, x_n \mid y_1, y_2, \cdots, y_m) = \frac{\prod_j p(y_j \mid pa(Y_j)) \prod_i p(x_i \mid pa(X_i))}{\sum_{x_1 x_2 \cdots x_n} \prod_j p(y_j \mid pa(Y_j)) \prod_i p(x_i \mid pa(X_i))} \tag{2-44}$$

其中, $i = 1, \cdots, n, j = 1, \cdots, m$; x_i 表示 X_i 的一个取值状态; y_j 表示观测变量 Y_j 的取值; $pa(y_j)$ 表示 y_j 的双亲节点集合;分母求和符号 $\sum$ 下 $x_1 x_2 \cdots x_n$ 为隐藏变量的一种组合状态;等号右边分母的含义是对观测变量组合状态和隐藏变量组合状态的联合分布求和,实际是计算确定的观测变量组合状态的分布。

上述离散静态贝叶斯网络随时间发展就得到 T 个时间片的离散动态贝叶斯网络,由于观测值只有一种组合状态,所以在此观测值下隐藏变量的分布为

$$p(x_{11}, x_{12}, \cdots, x_{1n}, \cdots, x_{T1}, x_{T2}, \cdots, x_{Tn} \mid y_{11}, y_{12}, \cdots, y_{1m}, \cdots, y_{T1}, y_{T2}, \cdots, y_{Tm})$$
$$= \frac{\prod_{i,j} p(y_{ij} \mid pa(Y_{ij})) \prod_{i,k} p(x_{ik} \mid pa(X_{ik}))}{\sum_{x_{11} \cdots x_{21} \cdots x_{T1} \cdots x_{Tn}} \prod_{i,j} p(y_{ij} \mid pa(Y_{ij})) \prod_{i,k} p(x_{ik} \mid pa(X_{ik}))} \tag{2-45}$$

其中, $i = 1, \cdots, T, j = 1, \cdots, m, k = 1, \cdots, n$; x_{ij} 表示 X_{ij} 的一个取值状态,第一个下标表示第 i 时间片,第二个下标表示该时间片内的第 j 个隐藏节点; y_{ij} 表示观测变量 Y_{ij} 的取值; $pa(y_{ij})$ 表示 y_{ij} 的双亲节点集合;等号右边分母求和符号 $\sum$ 下 $x_{11} \cdots x_{21} \cdots x_{T1} \cdots x_{Tn}$ 为隐藏变量的一种组合状态,分母的含义同式(2-44)。这是一切离散动态贝叶斯网络推理算法的本质。

对于离散模糊动态贝叶斯网络,连续观测值经过模糊分类后,使得观测变量的组合状态 $y_{11}, y_{12}, \cdots y_{1m}, \cdots, y_{T1}, y_{T2}, \cdots, y_{Tm}$ 不是一个,而是多个。并且 $y_{11}, y_{12}, \cdots, y_{1m}, \cdots, y_{T1}, y_{T2}, \cdots, y_{Tm}$ 处于每一种组合状态的概率都不是1。需要计算隐藏变量 $x_{11}, x_{12}, \cdots, x_{1n}, \cdots, x_{T1}, x_{T2}, \cdots, x_{Tn}$ 的后验分布,应用概率原理,需要进行概率加权。因此得到模糊动态贝叶斯网络的推理公式如下:

$$p(x_{11}, x_{12}, \cdots, x_{1n}, \cdots, x_{T1}, x_{T2}, \cdots, x_{Tn} \mid y_{11o}, y_{12o}, \cdots, y_{1mo}, \cdots, y_{T1o}, y_{T2o}, \cdots, y_{Tmo})$$

$$= \sum_{y_{11}, y_{12}, \cdots, y_{Tm}} \frac{\prod\limits_{i,j} p(y_{ij} \mid pa(Y_{ij})) \prod\limits_{i,k} p(x_{ik} \mid pa(X_{ik}))}{\sum\limits_{x_{11} \cdots x_{21} \cdots x_{T1} \cdots x_{Tn}} \prod\limits_{i,j} p(y_{ij} \mid pa(Y_{ij})) \prod\limits_{i,k} p(x_{ik} \mid pa(X_{ik}))} \times \prod\limits_{ij} p(Y_{ij} = y_{ijo})$$

$$(2\text{-}46)$$

其中，$i = 1, \cdots, T$，$j = 1, \cdots, m$，$k = 1, \cdots, n$；Y_{ijo} 表示第 i 个时间片内第 j 个观测节点 Y_{ij} 的观测状态；$p(Y_{ij} = y_{ijo})$ 是 Y_{ij} 的连续观测值属于各个状态的隶属度；等号右边分母的含义同式(2-45)。

从式(2-46)可以看出，离散模糊动态贝叶斯网络推理计算的时间复杂性与节点个数和节点状态数有关。假定节点最大状态数是 S，则计算的时间复杂性为 $O(S^{Tn+k})$。k 是模糊节点的个数。从式(2-44)、式(2-45)和式(2-46)还可以看出，应用贝叶斯网络或动态贝叶斯网络必须具备两个前提：第一是网络结构，从网络结构能够得出变量之间的依赖关系，即每一个节点的双亲是哪些；第二就是条件概率表，即给定双亲时孩子的分布。

2.4.3 基于离散模糊动态贝叶斯网络的多机协同多目标攻击空战态势评估模型

本书中的态势是指在多机协同多目标攻击空战特定战场环境中，敌方、我方、中立方所具有的各种战斗力要素的当前状态和发展趋势；态势评估是指对多机协同多目标攻击空战特定战场环境中敌方、我方、中立方所具有的各种战斗力要素的当前状态描述和发展趋势预测。

空战时的态势评估，最根本的目的就是确定双方目标间的攻击关系以及一方目标内部的编队关系，因为这是战斗决策的基础。对构成攻击关系的双方目标，进行威胁计算才有意义。从威胁的大小，就可以看出双方目标的真正作战目的。进行态势评估，关键是根据双方所在位置，以及飞行动作、速度、角度上的相对关系，进行综合分析，得出双方在态势上的结论。

一般来说，攻击关系一定是存在于敌对的双方的目标之间；编队关系则一定存在于同一方目标之间。

构成攻击关系，应该具备如下条件：双方的敌我属性是敌对的，一方对另外一方有一定的攻击角度，攻击的一方经常有加速、跃升等行为，双方的距离处于雷达探测范围内。

而构成双机编队飞行关系，首要条件是这两架飞机具有相同的敌我属性，而且两架飞机的航向、速度基本相同，距离又很近，这样就可以认为是双机编队飞行。

战场上还有一种情况是中立国的飞机，其一般是沿着指定的航线飞行，敌我属性是中立。

对于敌我属性是敌对的飞机，只可能存在着攻击与被攻击的关系。

上述态势成立的条件，有时是并存的；有时是有些存在，有些不存在。有些都存在但是都不是特别明显，因此要进行准确的态势评估，不能用简单的逻辑判断，而是需要对观察到的特征进行综合。这一问题，我们可以借鉴人类抽象思维的方法，对态势成立需要的特征进行综合。而贝叶斯网络和动态贝叶斯网络正是最适合对人类的思维过程进行抽象和建模的工具。对态势评估问题，本书建立的离散模糊动态贝叶斯网络模型，如图 2-10 所示。图中使用了两种类型的结点，圆形代表态势，矩形代表事件。

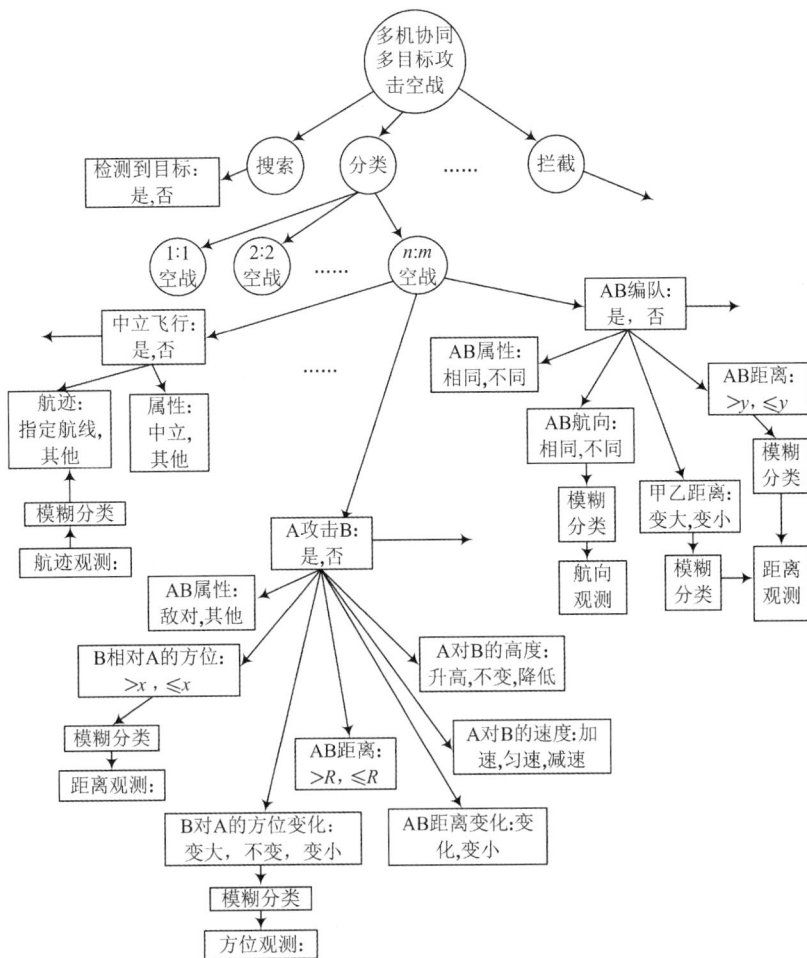

图 2-10　多机协同多目标攻击空战态势评估的离散模糊动态贝叶斯网络结构模型

在判断甲攻击乙事件中,用 AT、FO、FW、FC、JL、JC、VO 和 HC 分别表示攻击、属性、方位、方位变化、距离、距离变化、速度和高度变量,用变量名加下标表示该变量的状态,具体如表 2-1 所示。则判断攻击态势的动态贝叶斯网络的条件概率表如表 2-2 所示。

在判断 AB 双机编队飞行事件中,用 PA、FO、HX 和 JL 分别表示事件编队、属性、航向和距离。各变量名表示的变量的状态,具体如表 2-3 所示。判断编队态势的动态贝叶斯网络的条件概率表如表 2-4 所示。

在判断中立飞行事件中,用 NE、FO、HJ 分别表示事件中立飞行、属性、航迹。各变量名表示的变量的状态,具体如表 2-5 所示。判断中立飞行的离散模糊动态贝叶斯网络的条件概率表如表 2-6。

表 2-1　判断 A 攻击 B 事件中各变量名表示的变量状态

变量名	变量状态
AT	攻击关系
FO_1	敌我属性敌对

续表

变量名	变量状态
FO_2	敌我属性中立
FW_1	我机在目标飞机攻击角度的一半以内
FW_2	我机在目标飞机攻击角度之内,但在攻击角度的一半以上
FW_3	我机在目标飞机攻击角之外
FC_1	我机航向趋向目标飞机攻击角度以内变化
FC_2	我机航向相对目标飞机方位不变
FC_3	我机航向趋向目标飞机攻击角度以外变化
JL_1	我机在目标飞机攻击距离以内
JL_2	我机在目标飞机攻击距离以外
JC_1	我机趋向目标飞机攻击距离以内变化
JC_2	我机趋向目标飞机攻击距离以外变化
VO_1	目标飞机加速飞行
VO_2	目标飞机匀速飞行
VO_3	目标飞机减速飞行
HC_1	观测飞机飞行高度升高
HC_2	目标飞机飞行高度不变
HC_3	目标飞机飞行高度降低

表 2-2　判断 A 攻击 B 事件中动态贝叶斯网络的条件概率表

$P(FO/AT)$	AT_1	AT_2	$P(FW/AT)$	AT_1	AT_2	$P(FC/AT)$	AT_1	AT_2	$P(JL/AT)$	AT_1	AT_2
FO_1	0.9	0.5	FW_1	0.6	0.3	FC_1	0.5	0.3	JL_1	0.8	0.4
FO_2	0.1	0.5	FW_2	0.3	0.3	FC_2	0.4	0.3	JL_2	0.2	0.6
			FW_3	0.1	0.4	FC_3	0.1	0.4			
$P(JC/AT)$	AT_1	AT_2	$P(VO/AT)$	AT_1	AT_2	$P(HC/AT)$	AT_1	AT_2	$P(AT_{(i+1)}/AT_i)$	AT_{1i}	AT_{2i}
JC_1	0.8	0.5	VO_1	0.4	0.3	HC_1	0.45	0.3	$AT1_{(i+1)}$	0.7	0.3
JC_2	0.2	0.5	VO_2	0.4	0.3	HC_2	0.45	0.3	$AT2_{(i+1)}$	0.3	0.7
			VO_3	0.2	0.4	HC_3	0.1	0.4			

表 2-3　判断 AB 双机编队飞行事件中各变量名表示的变量状态

变量名	变量状态
PA	编队飞行
FO_1	目标飞机属性相同
FO_2	目标飞机属性不同
JL_1	目标飞机之间距离小于 2 km
JL_2	目标飞机之间距离大于 2 km
JC_1	目标飞机之间相对距离不变

变量名	变量状态
JC_2	目标飞机之间相对距离变大或变小
HX_1	航向相同
HX_2	航向不相同

表 2-4　判断 AB 双机编队飞行事件中动态贝叶斯网络的条件概率表

$P(FO/PA)$	PA_1	PA_2	$P(HX/PA)$	PA_1	PA_2	$P(JL/AT)$	PA_1	PA_2
FO_1	0.95	0.5	HX_1	0.8	0.5	JL_1	0.85	0.5
FO_2	0.05	0.5	HX_2	0.2	0.5	JL_2	0.15	0.5
$P(JC/PA)$	PA_1	PA_2	$P(PA_{(i+1)}/PA_i)$	PA_{1i}	PA_{2i}			
JC_1	0.8	0.5	$PA_{1(i+1)}$	0.7	0.3			
JC_2	0.2	0.5	$PA_{2(i+1)}$	0.3	0.7			

表 2-5　判断中立飞行事件中各变量名表示的变量状态

变量名	变量状态
NE	目标飞机中立飞行
FO_1	我机与目标飞机之间的属性关系是中立的
FO_2	我机与目标飞机之间的属性关系是敌对的
HJ_1	目标飞机飞行在指定航道上
HJ_2	目标飞机不是飞行在指定航道上

表 2-6　判断中立飞行事件中动态贝叶斯网络的条件概率表

$P(FO/NE)$	NE_1	NE_2	$P(HX/NE)$	NE_1	NE_2	$P(NE_{(i+1)}/NE_i)$	NE_{1i}	NE_{2i}
FO_1	0.95	0.5	HX_1	0.9	0.5	$NE_{1(i+1)}$	0.7	0.3
FO_2	0.05	0.5	HX_2	0.1	0.5	$NE_{2(i+1)}$	0.3	0.7

上述采用离散模糊动态贝叶斯网络模型,根本目的是滤除观测值的噪声,保持判断过程的鲁棒性。为了计算考虑,在运用上述模型进行态势评估之前,可以进行如下的预处理。

(1) 如果两个目标的属性敌对,且距离在一定的范围内,则调用攻击关系模型进行判断。

(2) 确定距离很近的同属性目标才可能存在双机编队飞行关系。

(3) 只有中立的目标才可能存在中立飞行关系。

(4) 可能存在多个目标同时攻击一个目标的情况。

(5) 一个目标不可能同时攻击多个目标的情况。

2.4.4　仿真验证与分析

设整个仿真时间 225s,仿真场景假设如下:假设在 300 km×300 km 空域内,出现 A、B、C 三个国家的飞机(其中,A、B 两国是敌对国,C 国是中立国),而且在空域的一个边缘,有国际指定航道,范围是在 $y=280$ km 和 $y=290$ km 两条直线之间。A、B、C 三方飞机的初始状态如表 2-7 所示。其中，A_1 和 A_2 两架飞机相距 500 m 平行飞行。

表 2-7 A、B、C 三方飞机的初始状态

	初始位置/km	飞行方向	飞行速度/(m/s)	导弹攻击距离/km	导弹攻击角度/(°)
A_1	(10.5,40)	平行 y 轴向上飞行	800	65	
A_2	(10,40)	平行 y 轴向上飞行	800	65	
B_1	(240,200)	与 x 轴平行向左飞行	1000	60	30
B_2	(240,201)	与 x 轴平行向左飞行	1000	60	30
C	(160,290)	与 x 轴平行向左飞行	600		

飞行 50 s 之后，C 方飞机向左转向 45°飞行，又飞行 15 s 后，向右转向 45°飞行。B_1 飞机改变航向，向左转向 30°飞行，并且速度加速到 1 200 m/s。此时，A_1 号飞机也改变航向，向右转向 60°飞行，并且加速到 1 000 m/s，B_2 和 A_2 飞机继续原航向航速飞行。

至 90 s 后，B_2 飞机也改变航向，向左转向 30°飞行，并且航速加速到 1 200 m/s。此时，A_2 飞机改变航向，向右转向 60°飞行，加速到 1 000 m/s。

至 135 s 后，B_1 飞机向左转向，沿平行于 x 轴方向向右飞行。此时，A_1 飞机向右转向，沿平行于 x 轴方向向右飞行。

至 148 s 后，B_2 飞机向左转向，沿平行于 x 轴方向向右飞行。此时，A_2 飞机向右转向，沿平行于 x 轴方向向右飞行。

当飞行至 200 s 后，A_1 飞机和 A_2 飞机，向右转向，沿平行于 y 轴方向向下飞行，并且速度减为 800 m/s。

根据上述条件，通过数学方法计算出各个时刻 A_1 和 A_2 的距离、A_1 和 A_2 的航向角差、A_1 和 B_1 的距离、B_1 相对 A_1 的方位、A_2 和 B_2 的距离、B_2 相对 A_2 的方位，并按以下模糊分类函数对距离和方位进行模糊分类处理：

$$\begin{cases} p(r \leqslant 60)=1, p(r>60)=0 & r \leqslant 55 \\ p(r \leqslant 60)=1-(r-55)/10, p(r>60)=(r-55)/10 & 55<r \leqslant 65 \\ p(r \leqslant 60)=0, p(r>60)=1 & r>65 \end{cases} \quad (2-47)$$

其中，r 是双方之间的距离，假定在小于等于 60 km 时构成攻击关系，但是在 55～65 km 之间存在模糊关系。

$$\begin{cases} p(\alpha \leqslant 30)=1, p(\alpha>30)=0 & \alpha \leqslant 29 \\ p(\alpha \leqslant 30)=1-(\alpha-29)/2, p(\alpha>30)=(\alpha-29)/2 & 29<\alpha \leqslant 31 \\ p(\alpha \leqslant 30)=0, p(\alpha>30)=1 & \alpha>31 \end{cases} \quad (2-48)$$

其中，α 是 B 相对 A 的方位角，假定在小于等于 30°时构成攻击关系，但是在 29°～31°之间存在模糊关系。

运用 2.4.3 节的离散模糊动态贝叶斯网络模型和 2.4.2 节的推理算法对整个态势进行了跟踪仿真。在不同时刻，构成了一个不同级数的离散模糊动态贝叶斯网络，以下是部分仿真的结果。坐标系横轴为时间，纵轴为相应的关系成立的概率。

图 2-11 是时间到达 225 s 时，构成的 225 级离散模糊动态贝叶斯网络对以前各个时刻 B_1 对 A_1 的攻击关系的判断。从解算 A_1 和 B_1 之间的距离和方位关系我们得到以下几点。0 s 时，A_1 在 B_1 的导弹攻击角度之内。3 s 后，A_1 不在 B_1 的导弹攻击角度之内。至 65 s 时 A_1 刚

好发现 B_1 转弯并对自己产生攻击关系,此时 A_1 也开始转弯迎击。到大约 136 s 时,B_1 发现作战能力上的劣势,于是转弯逃离战场;同时,A_1 发现 B_1 转向逃离,于是转弯对 B_1 进行追击,并且和 B_1 处于同一航线。因此,这段时间是典型的尾后追击。A_1 飞行速度上的劣势使得 A_1 与 B_1 的距离越来越远,渐渐地会失去对 B_1 的跟踪,到 200 s 时 B_1 放弃追击,转弯返回。图 2-11 准确地反映了这个过程。

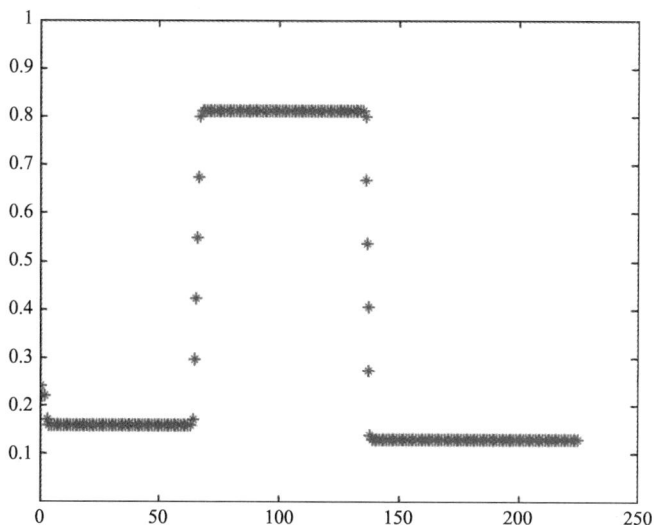

图 2-11　乙 1 对甲 1 的攻击关系

图 2-12 是时间到达 225 s 时,构成 225 级离散模糊动态贝叶斯网络对以前各个时刻甲 1 对乙 1 的攻击关系的判断。从解算甲 1 和乙 1 之间的距离和方位我们便可以得到:65 s 时,甲 1 在乙 1 向左转向的同时也向右转向 60°时,对乙 1 也构成了攻击关系;直到 200 s 时,甲 1 转向返回,放弃对乙 1 的攻击,甲 1 对乙 1 的攻击关系才撤销。图 2-12 准确地反映了这一过程。

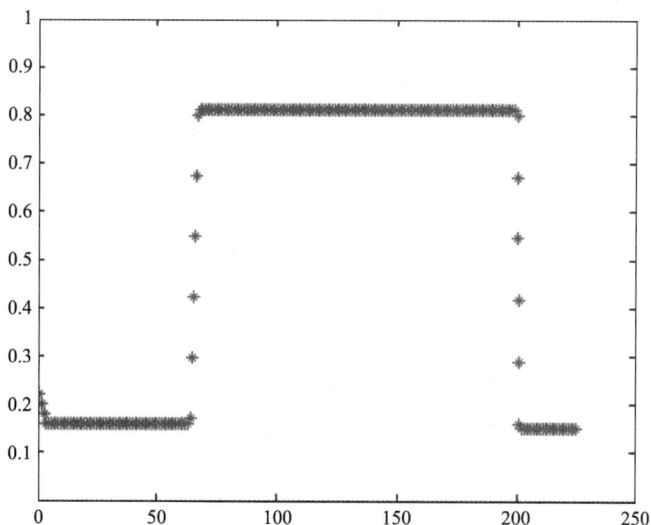

图 2-12　甲 1 对乙 1 的攻击关系

37

图 2-13 是时间到达 225 s 时,构成 225 级离散模糊动态贝叶斯网络对以前各个时刻乙 2 对甲 2 的攻击关系的判断。从解算甲 2 和乙 2 之间的距离和方位关系我们得到以下几点。0 s 时,甲 2 在乙 2 的导弹攻击角度之内。3 s 后,甲 2 不在乙 2 的导弹攻击角度之内。至 90 s时甲 2 刚好发现乙 2 转弯并对自己产生攻击关系,此时甲 2 也开始转弯迎击。到大约 147 s 时,甲 2 处于乙 2 导弹攻击范围之内,乙 2 准备对甲 2 实施导弹攻击;接着乙 2 又发现自身飞机在作战能力上的劣势,于是转弯逃离战场。同时,乙 2 已经在甲 2 的攻击距离之内,甲 2 准备攻击,发现乙 2 转向逃离,于是转弯对乙 2 进行追击,并且和乙 2 处于同一航线。因此,这段时间是典型的尾后追击。至 173 s 时,甲 2 与乙 2 之间的距离超过了乙 1 导弹的攻击距离。甲 2 飞行速度上的劣势使得甲 2 与乙 2 的距离越来越远,渐渐地会失去对乙 2 的跟踪,到 200 s 时甲 2 也放弃追击,转弯返回。图 2-13 准确地反映了这个过程。

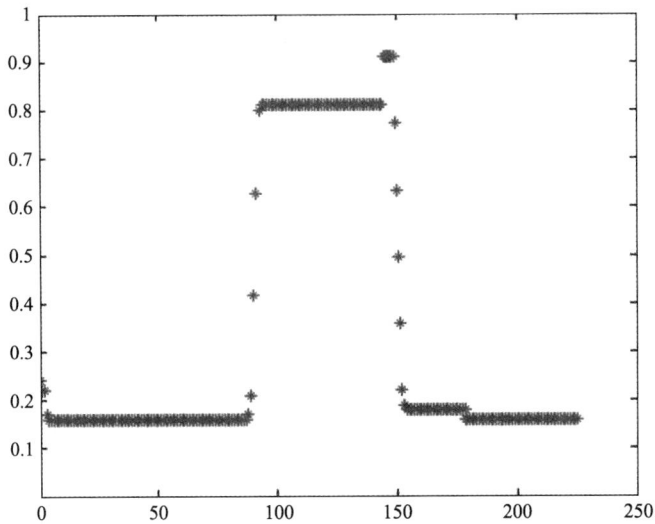

图 2-13 乙 2 对甲 2 的攻击关系

图 2-14 是时间到达 225 s 时,构成 225 级离散模糊动态贝叶斯网络对以前各个时刻甲 2 对乙 2 的攻击关系的判断。从解算甲 2 和乙 2 之间的距离和方位我们便可以得到:90 s 时,甲 2 在乙 2 向左转向的同时向右转向,对乙 2 构成了攻击关系;至 145 s 左右,乙 2 与甲 2 之间的距离在甲 2 导弹攻击距离之内;至 172 s 左右,乙 2 与甲 2 之间的距离在甲 2 导弹攻击距离之外;至 200 s 时,甲 2 放弃了对乙 2 的攻击,向右转向返回。图 2-14 准确反映了这一过程。

图 2-15 是时间到达 225 s 时,构成的 225 级离散模糊动态贝叶斯网络对以前各个时刻甲 1 和甲 2 的编队飞行关系的判断。在 1~65 s 之间,二者是编队飞行。在 66~90 s,甲 1 向右转向,与乙 1 构成攻击关系,甲 2 保持原航向飞行,二者不是编队飞行。至 91 s 时,由于这时甲 1 与甲 2 之间距离大于 2 km,二者之间虽然距离航向不变,但二者仍然不是编队飞行。由此推理,91~225 s,甲 1 与甲 2 不是编队飞行。图 2-15 准确地反映这一过程。

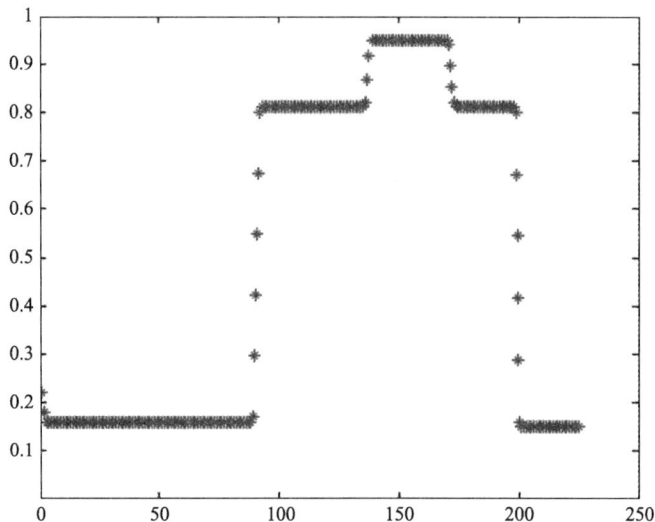

图 2-14　甲 2 对乙 2 的攻击关系

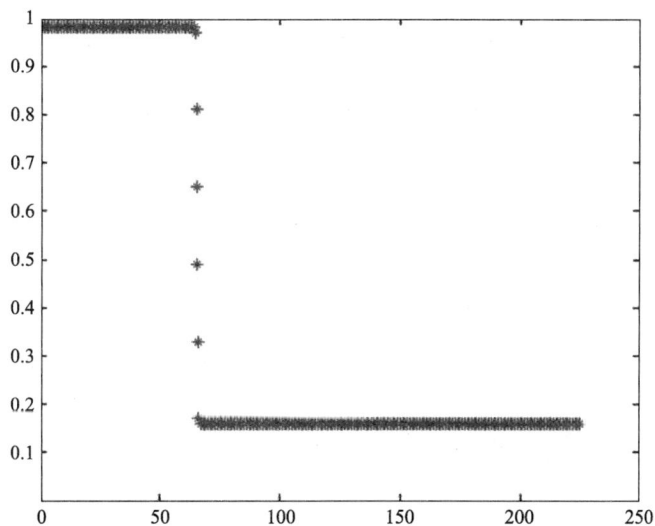

图 2-15　甲 1 与甲 2 的编队关系

　　图 2-16 是时间到达 225 s 时,构成的 225 级离散模糊动态贝叶斯网络对以前各个时刻丙方飞机中立飞行关系的判断。0 s 时,丙方飞机,虽然与甲方飞机的关系是中立关系,但没有飞行在国际推荐航道上,所以中立飞行的概率只有 0.49。至 50 s 时,丙方飞机向左转向。至 60 s 时,到达指定推荐航道,中立飞行概率为 0.98。图 2-16 准确地反映这一过程。

　　综合以上的分析,我们可以得出如下的结论:本书应用的用于空战态势评估的离散模糊动态贝叶斯网络模型和离散模糊动态贝叶斯网络的推理算法,能够准确地对空战态势进行跟踪,并且能够滤除观测值的误差甚至错误,准确地判断出飞机与飞机之间可能的关系。

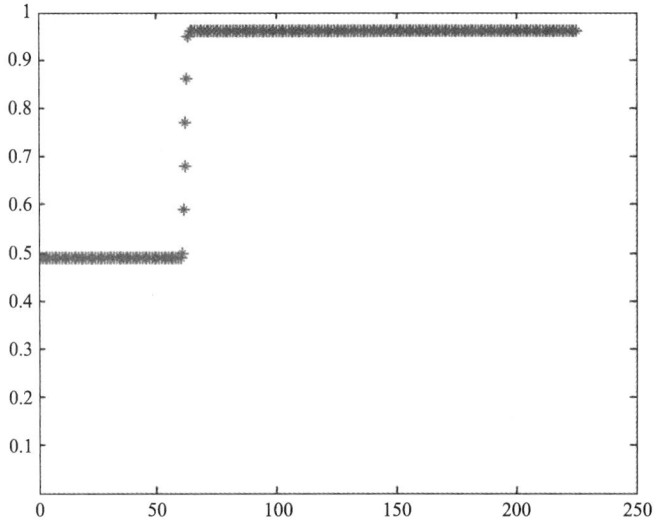

图 2-16　丙方飞机对甲方飞机的中立飞行关系

2.5　基于模糊 D-S 证据理论的多机协同多目标攻击空战态势评估研究

文献[207]和文献[208]提出了基于 D-S 证据理论的态势评估的方法。文献[55]采用改进的信度熵对态势估计信息的不确定性进行预处理，预处理后的评价信息数据融合采用经典的 Dempster 组合规则，提出了一种改进的 D-S 证据理论框架下的空战态势评估不确定信息融合方法。D-S 证据理论有较强的理论基础。与贝叶斯概率理论相比，它不但能够处理知识不确定引起的不确定性，而且能够处理由不知道引起的不确定性，能满足比概率论更弱的公理系统，在区分不确定和不知道及精确反映证据收集过程等方面显示了很大的灵活性，因而将其用于多机协同多目标攻击空战态势评估也是一个值得注意的研究方向。本节在 2.3 节基础上应用 D-S 证据理论研究态势评估问题。

2.5.1　模糊证据理论

在对问题求解和决策制定过程中，会出现信息不完全、不精确、不清晰和不肯定[209]的情况，即不确定性（Uncertainty）。近年来，对于事物的不确定性推理提出了一些新的理论，其中较有前途的是模糊集理论和证据理论的综合理论——模糊证据理论（Fuzzy Evidence Theory）[210]。证据理论[211-212]以其在不确定性的表示、量测和组合方面的优势受到广泛注意和重视。其缺陷是要求证据是独立的、不能处理模糊信息等。当通过一个证据被考察的信息是不精确、不完全、模糊时，该理论会变得很复杂。模糊集理论[213]用于处理及表示模糊信息，主要优势是采用可能性理论（Possibility Theory）处理不精确、模糊的数据。模糊集理论可弥补证据理论的缺陷，尤其是要求证据是独立的和不能处理模糊信息这两个缺陷。1982 年，Ishizuka 等人就提出，将 D-S 证据理论和模糊集理论结合起来处理不确定信息，以弥补单纯的证据理论和模糊集理论在应用中存在的不足[214]。Zadeh 也是较早将 D-S 证据理论推广到模糊集的学者之一。随后，Yager 等人也以不同的方式将 D-S 证据理论推广到模糊集上。

2.5.1.1　模糊证据理论[215-216]

把证据理论推广到模糊集定义了如下期望确定性 $E\prod$ 和可能性 $E\prod(B)$，作为证据理论中的信任函数和似真度函数的推广，即

$$EC(B) = \sum_i m(A_i)\inf(A_i \Rightarrow B) \tag{2-49}$$

$$E\prod(B) = \sum_i m(A_i)\sup(A_i \cap B) \tag{2-50}$$

其中，A 代表从条件可能性分布导出的模糊焦元，$\sup(A_i \cap B)$ 是 B 和 A_i 相交程度的测度，$\inf(A_i \geqslant B)$ 代表 B 包含 A_i 的测度。当 A_i 和 B 是非模糊集时，$EC(B)$ 和 $E\prod(B)$ 退化成证据理论中的信任和拟真度测度。继后，把证据理论推广到模糊集，通过定义包含测度 $I(A \subset B)$ 把证据理论的信任函数推广，即

$$bel(B) = \sum_A I(A \subset B)m(A) \tag{2-51}$$

Yager[217]、Ishizuka[211] 和 Ogawa[218] 分别给出了 $I(A \subset B)$ 三种不同的定义方法：

$$I(A \subset B) = \min(\mu_A(x) \vee \mu_B(x)) \tag{2-52}$$

$$I(A \subset B) = \frac{\min\{1, 1+\mu_B(x)-\mu_A(x)\}}{\max(\mu_A(x))} \tag{2-53}$$

$$I(A \subset B) = \frac{\sum_i \min\{\mu_A(x_i), \mu_B(x_i)\}}{\sum_i \mu_B(x_i)} \tag{2-54}$$

为了组合模糊焦元的基本概率赋值，Ishizuka[211] 引入两个集相交的测度 $J(A,B)$ 推广 Dempster 组合规则，即

$$m_1 \oplus m_2(C) = \frac{\sum_{A_i \cap B_j = C} J(A_i, B_j)m_1(A_i)m_2(B_j)}{1 - \sum_{i,j}[1 - J(A_i, B_j)m_1(A_i)m_2(B_j)]} \tag{2-55}$$

$$J(A_i, B_j) = \frac{\max[\mu_{A_i \cap B_j}(x)]}{\min\{\max(\mu_{A_i}(x)), \max(\mu_{B_j}(x))\}} \tag{2-56}$$

给出不确定性和模糊性的合理推理方法。

2.5.1.2　模糊理论与证据理论的融合方法

除模糊测度基础上发展起来的模糊证据理论外，用模糊集置信函数的概念[219]，通过模糊事件概率对关系函数的数学期望进行推广，得出

$$bel(A) = \sum_{B \subseteq A} m(B) \min_{x \in A} \mu_A(x) \tag{2-57}$$

接着 Yen[215] 用线性规划的方法把与概率相容的置信函数和似真度函数推广到模糊集，得出

$$bel(A) = \sum_B m(B) \sum_{a_i} (a_i - a_{i-1}) \inf_{x \in A_{ai}} \mu_A(x) \tag{2-58}$$

$$pl(A) = \sum_B m(B) \sum_{a_i} (a_i - a_{i-1}) \sup_{x \in A_{ai}} \mu_A(x) \tag{2-59}$$

并且给出了相应的组合公式[215]：

$$m_1 \bigoplus m_2(C) = \frac{\sum\limits_{(A \cap B)=C} \max\limits_{x_i} \mu_{A \cap B}(x_i) m_1(A) m_2(B)}{1 - \sum\limits_{A,B} [1 - \max\limits_{x_i} \mu_{A \cap B}(x_i) m_1(A) m_2(B)]} \tag{2-60}$$

值得注意的是，Mahler 模糊条件证据理论[220]在某些方面弥补了 Yen 理论的不足，如 Mobius 变换的对称性。Romer 提出更一般的理论，把置信函数约束到连续和离散的模糊随机变量上[221]，并与可能性分布结合得出简单的表达式：

$$\text{bel}(A) = \int \text{Necc}(A) dP(w) \tag{2-61}$$

$$\text{pl}(A) = \int \text{Pocc}(A) dP(w) \tag{2-62}$$

其中 $\text{Pocc}(A) = \sup\pi(w)$，$\text{Necc}(A) = \inf\pi(w)$。

K. Menger 最早提出了三角模理论，这是比一般模糊集合运算更一般化的描述。

刘大有教授在文献[222]中对证据理论的推广做了很好的归纳，与 Smets 和张倩生等人一样，在一个布尔代数空间 $\langle X, U, \bigcap, ', \Phi, \Psi \rangle$ 基础上研究如何利用隶属函数构造 mass 函数[212,223-224]。文献[225]在此基础之上，从实际应用的角度出发，将证据空间中的事件看成模糊集（这正符合一般情况下证据空间中的证据常用模糊语言或模糊值描述），并由各个传感器或领域专家给出相应的隶属度，然后利用隶属函数构造 mass 函数，进而利用证据理论合成公式进行融合，有效地实现了证据理论向模糊集的推广，可称之为模糊证据理论。具体如下。

一般地，对论域 U 的 n 个模式（模糊集合）$A_1, A_2, \cdots, A_n$，有 m 个传感器（或给出隶属度的领域专家）$\mu_1, \mu_2, \cdots, \mu_m$，则对任意识别对象 $\forall x \in U, m$ 个传感器分别给出它属于各个模式的隶属度：$\mu_{1,A_1}(x), \mu_{1,A_2}(x), \cdots, \mu_{1,A_n}(x), \mu_{2,A_1}(x), \mu_{2,A_2}(x), \cdots, \mu_{2,A_n}(x), \cdots, \mu_{m,A_1}(x), \mu_{m,A_2}(x), \cdots, \mu_{m,A_n}(x)$。则对象 x 属于各个模式的基本概率赋值可由下式算出

$$m_i(A_i) = \frac{\mu_{i,A_j}(x)}{\sum\limits_{j=1}^{n} \mu_{i,A_j}(x)} \quad i=1,2,\cdots,m; j=1,2,\cdots,n \tag{2-63}$$

显然由式(2-63)确定的函数 $m_i(A_j)$ 是一个证据理论中的基本概率分配函数 mass。它根据传感器给出的隶属函数值很简单地构造了一个 mass 函数。它不但解决了如何确定证据理论中的 mass 函数这一难题，而且最大限度地保留了传感器（或领域专家）给出的各个观察结果的不确定性，同时还避免了一些人为引入的映射使被处理信息失真的情况。剩下的工作只需由证据理论经过简单的融合即可。

mass 函数的获得一直是证据理论研究的热点和难点。一般来讲，证据体空间的证据往往用模糊语言来描述，文献[226]把模糊子集引入到证据体空间的方法来获得 mass 函数。对于任何命题 A 定义映射 $m: 2^\Theta \to [0,1]$ 为基本概率赋值函数。$E = \{e_1, e_2, \cdots, e_n\}$ 是一个证据体空间，$\Theta = H = \{H_1, H_2, \cdots, H_m\}$ 是辨识框架。

定义 2.6　给出映射 $u_F: E \to [0,1], e \to u_F(e)$，则 u_F 确定 E 上的一个模糊子集 F, u_F 为 F 的隶属度函数，$u_F(e)$ 为 e 对 F 的隶属度。全体 E 的模糊子集组成的集合记 $F(E)$，称 E 的模糊幂集[227]。

定义 2.7　w_i 是证据体空间上证据 e_i 的权重，则模糊事件 F 的模糊概率为

$$P(F)=\sum_{i=1}^{n}u_F(e_i)w_i \qquad (2\text{-}64)$$

定义 2.8 设 $F_1,F_2\in F(E)$,定义运算

$$F_1\bigcup F_2:u_{F_1\cup F_2}(e)=u_{F_1}(e)\bigvee u_{F_2}(e) \qquad (2\text{-}65)$$

定理 2.1 建立映射 $T:F(E)\to 2^\Theta$,对 $\forall H_j\in 2^\Theta,\exists F_i\in F,s.t.\ T(F)=H_j(i=1,2,\cdots,n;j=1,2,\cdots,m)$。且由此可定义如下映射:$T[P]:2^\Theta\to[0,1]$满足

$$T[p](H_j)=\begin{cases}\dfrac{1}{\sum\limits_{\substack{H_j\in 2\Theta\\H\neq\Phi}}p(\bigcup\limits_{\substack{F_i\in F(E)\\T(F_i)=H_j}}F_i)}P(\bigcup\limits_{\substack{F_i\in F(E)\\T(F_i)=H_j}}F_i) & H_j\neq\Phi\\[4mm]0 & H_j=\Phi\end{cases} \qquad (2\text{-}66)$$

则 $T[P](H_j)$ 是 H 上的一个 mass 函数。

证明当 $H_j=\Phi$,显然 $T[p](\Phi)=0$。而

$$\sum_{\substack{H_j\in 2\Theta\\H\neq\Phi}}T[p](H_j)=\sum_{\substack{H_j\in 2\Theta\\H\neq\Phi}}\frac{1}{\sum\limits_{\substack{H_j\in 2\Theta\\H\neq\Phi}}p(\bigcup\limits_{\substack{F_i\in F(E)\\T(F_i)=H_j}}F_i)}P(\bigcup\limits_{\substack{F_i\in F(E)\\T(F_i)=H_j}}F_i) \qquad (2\text{-}67)$$

$$=\frac{1}{\sum\limits_{\substack{H_j\in 2\Theta\\H\neq\Phi}}p(\bigcup\limits_{\substack{F_i\in F(E)\\T(F_i)=H_j}}F_i)}\sum_{\substack{H_j\in 2\Theta\\H\neq\Phi}}P(\bigcup\limits_{\substack{F_i\in F(E)\\T(F_i)=H_j}}F_i)=1$$

故它为一个 mass 函数。证毕。

这样通过把模糊子集引入证据体空间中,可求得各条证据的 mass 函数,然后根据如下的 D-S 证据合成公式:

$$m(A)=[m_1\oplus m_2\oplus\cdots\oplus m_n](A)=\begin{cases}0 & A=\Phi\\[2mm]\dfrac{\sum\limits_{A_i\cap B_j\cap C_k\cdots=A}m_1(A_i)m_2(B_j)m_3(C_k)\cdots}{1-\sum\limits_{A_i\cap B_j\cap C_k\cdots=\Phi}m_1(A_i)m_2(B_j)m_3(C_k)\cdots} & A\neq\Phi\end{cases}$$

$$(2\text{-}68)$$

即可得到综合证据体空间中的所有证据对 2^Θ 中元素的支持度,进而得到最后的评估结果。

上述介绍了几种模糊理论与证据理论的融合方法,如何成功地实现证据理论和模糊理论的融合,并使其更加符合客观实际还有待于进一步的研究,从而也使得模糊证据理论在实际中的应用变得更加容易和有效。

2.5.2 模糊 D-S 证据理论在多机协同多目标攻击空战态势评估应用

本书使用模糊理论的方法来处理事件发生的不确定性,基于一定的知识产生对当前态势的假设,并使用 D-S 方法对获得的信息进行合成,从而构造一个对多机协同多目标攻击空战战场态势进行分析、推理和预测的求解模型。

把从一级融合传来的目标速度等多机协同多目标攻击态势评估事件状态具体值进行模糊化,从而对事件状态进行量化。对于不同的事件,事件状态隶属度的建立可以选取不同的

模型参数,具体方法见 2.3 节。对发生的事件状态进行量化后,如果某个状态属性值超过了预先设定的阈值,即认为该事件发生。量化结果则作为因果推理的输入,通过推理对态势进行分类识别,从而完成对当前态势的一次判决。

对于态势评估系统来说,由军事领域知识产生的多机协同多目标攻击空战战场空间中可能出现的态势分类(备选假设)就是命题,各个传感器通过检测、处理给出的对事件发生的判断就是证据。这样,可把态势分类看作假设的原因,而从传感器获得的事件发生的数据则可以看作是已经检测到的结果。态势估计从检测事件的发生开始,在检测到事件后,由领域知识产生对某些命题的度量。这些度量即构成了证据,并利用这些证据通过构造相应的基本概率分配函数,对所有的命题赋予一个置信度。对于一个基本概率分配函数以及相应的辨识框架,合称为一个证据体,因此每发生一个事件就相当于一个证据体,而态势评估的实质是就是在当前每个态势分类的条件下,利用 Dempster 合成规则将从事件产生的不同证据合成为一个证据体,即由不同证据体的基本概率分配合并产生一个总体概率分配,然后根据决策规则进行判断,从而完成对态势的分类识别。

图 2-17 给出了模糊 D-S 证据理论用于多机协同多目标攻击态势评估系统的模型。设辨识框架共有 n 个命题,图中,$E_1,E_2,\cdots,E_k$ 表示经过 2.3 节方法模糊逻辑检测到的 k 个发生的事件,$m_1(A_i),m_2(A_i),\cdots,m_k(A_i),i=1,2,\cdots,n$ 为 k 个发生的事件对命题 A_i 的基本概率分配,$m(A_i)$ 为经过 Dempster 合成规则得到的新的基本概率分配。

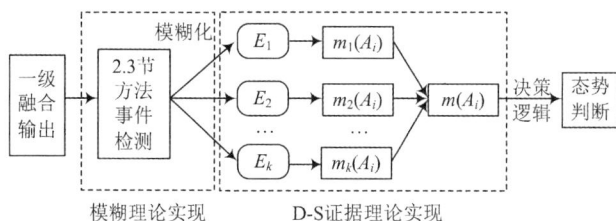

图 2-17　基于模糊 D-S 证据理论的多机协同多目标攻击态势评估模型

由于多个证据的结合与次序无关,所以图 2-17 所示的 D-S 证据理论实现部分虚线框内的证据合成计算等同于两个证据合成的计算递推得到的结构等效图[228],如图 2-18 所示。

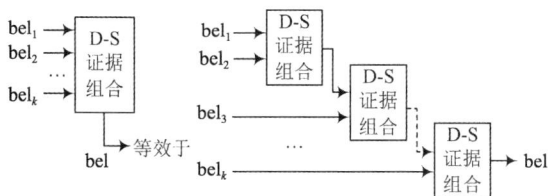

图 2-18　证据合成计算的等效形式

显然,图 2-18 所示的证据合成计算对实时性要求很高的态势评估是非常有用的。在态势评估系统中,先初始化一次对基本概率的分配,然后每收到一则事件发生的上报信息,就进行一次基本概率的分配,再使用 Dempster 合成规则得到新的基本概率分配,并把合成后的结果送到决策逻辑进行判断,将具有最大置信度的命题作为备选命题。当不断有事件发生时,这个过程便得以继续,直到备选命题的置信度超过了一定的阈值,即认为该命题成立。

2.5.3 算例分析

假设红方一编队在某空域执行任务,据报告有蓝方目标接近,要求根据逐步到来的情报推测该目标的意图。设根据领域知识得到目标的态势类别为攻击(A_1)、防御(A_2)、逃跑(A_3),即辨识框架 $\Theta=\{A_1,A_2,A_3\}$。设时刻 t_1 红方传感器发现蓝方目标以速度 $v=1.8$ Ma接近,即事件 E_1 为发现蓝方目标,设由领域专家根据此事件的发生给出基本概率分配函数为

$$m_1=(A_1,A_2,A_3,\theta)=(0.3,0.3,0.1,0.3)$$

其中,θ 为不能确定的态势类。

设时刻 t_2 发现目标突然加速到 2.1 Ma,经过 2.3 节方法模糊事件检测,得到目标速度的事件状态 $E_2=(0,0.4,0.6)$,此时目标以高速飞行,设给出基本概率分配函数为

$$m_2=(A_1,A_2,A_3,\theta)=(0.5,0.2,0.2,0.1)$$

用 D-S 证据理论合成这两个事件产生的数据,如表 2-8 所示。

表 2-8 E_1、E_2 融合过程

m_2	m_1			
	$A_1(0.3)$	$A_2(0.3)$	$A_3(0.1)$	$\theta(0.3)$
$A_1(0.5)$	$A_1(0.15)$	$\varphi(0.15)$	$\varphi(0.05)$	$A_1(0.15)$
$A_2(0.2)$	$\varphi(0.06)$	$A_2(0.06)$	$\varphi(0.02)$	$A_2(0.06)$
$A_3(0.2)$	$\varphi(0.06)$	$\varphi(0.06)$	$A_3(0.02)$	$A_3(0.06)$
$\theta(0.1)$	$A_1(0.03)$	$A_2(0.03)$	$A_3(0.01)$	$\theta(0.03)$

计算得冲突系数 $k_1=0.15+0.05+0.06+0.02+0.06+0.06=0.40$。

根据 D-S 证据组合理论,通过表 2-7 可得到融合事件 E_1、E_2 的基本概率分配函数为

$$m(A_1)=\frac{0.15+0.15+0.03}{1-k_1}=0.55;m(A_2)=0.25;m(A_3)=0.15;m(\theta)=0.05$$

即有

$$m=m_1\oplus m_2=(0.55,0.25,0.15,0.05)$$

设时刻 t_3 发现事件 E_3:蓝方火控雷达开机,将基本概率分配函数更新为

$$m_3=(A_1,A_2,A_3,\theta)=(0.7,0.1,0.1,0.1)$$

第二次应用 D-S 证据理论对 m 和 m_3 得到的数据进行合成:

$$m=m\oplus m_3=(0.833,0.096,0.061,0.010)$$

事件 E_1、E_2 和 E_3 的到来,使得 A_1 的可信度达到了 0.833,如果超过了给定的一个阈值,比如 0.8,就认为目标处于该态势,即目标完全可能发动攻击。而红方由于确定了蓝方具有攻击的意图,可及时做好防御措施,以降低威胁程度,减少不必要的损失,并适时发动反击。

综上所述,本书综合运用模糊理论和 D-S 证据推理方法,对发生事件的状态进行量化,找出事件与态势假设之间的潜在关系,并根据目标的行为序列来逐步难断其意图,推理算法和知识表达方式合理。因此,本书做提出的应用模型可有效解决态势评估问题。

2.6 讨 论

目前,D-S证据理论和贝叶斯推理是态势估计和计划识别中主要的不确定性处理工具。在这两种方法的选择和运用上,Carberry[229]认为,概率计算十分复杂,并且难于解释和证明,而一个智能系统能做出合理的解释是很重要的特性,因此她选择 D-S 推理,并指出 D-S 推理的诸多优点。Charniak[230]则更推崇贝叶斯概率推理。他认为概率比信度的根基坚实,并指出 D-S 计算和概率一样是 NP 困难问题,并且尽管 D-S 推理比贝叶斯推理更直观易于理解,但解释是对计算结果而不是针对计算而言的,因而不存在解释上的优势。

尽管对于 D-S 证据理论和贝叶斯网络推理方法在态势评估中的应用存在争论,但这两种方法是态势估计中主要的不确定性处理方法,这是无可辩驳的。态势评估概念的提出至今已有 20 多年的发展历程,在此过程中,人工智能的理论和技术的每一项进展都对这一极具挑战性的军事高科技领域的研究产生了巨大的推动作用。尽管现有的方法为态势评估的实用化提供了很有希望的技术途径,但问题领域的复杂性使得单靠一种推理途径很难达到预期效果。随着对数据融合系统性能的要求越来越高,单纯依赖某种方法是不够的,多种方法的联合使用将成为发展趋势。因此,本书将离散动态贝叶斯网络和模糊理论结合、D-S证据理论和模糊理论结合,分别研究多机协同多目标攻击态势评估问题,以此取长补短,获得两种解决态势评估问题有前景的应用模型和方法。

2.7 本章小结

本章研究了多机协同多目标攻击智能决策关键技术之一——态势评估技术。首先,介绍了态势评估的基本知识、态势评估功能模型、态势评估与威胁评估的联系与区别、态势评估中应用的几种新的人工智能方法。其次,研究了模糊理论在态势评估中的应用,划分了态势评估事件的类型,重点研究了模糊理论在态势评估事件检测和分群技术中的应用。再次,研究了离散动态贝叶斯网络和模糊理论结合的理论基础、两者结合构成的离散模糊动态贝叶斯网络的概念和推理方法,并应用离散模糊动态贝叶斯网络对空战态势评估问题进行了建模和仿真。最后,研究了模糊理论和 D-S 证据理论结合的理论基础,并应用模糊 D-S 证据理论对空战态势评估问题进行了建模,给出了算例分析。

多机协同多目标攻击空战威胁评估技术

3.1 引 言

在一对一空战中,由于对手唯一,不必考虑对手的威胁程度,空战的目的只是击落或驱逐对手,同时保证自己的安全。而在多机协同多目标攻击空战中,面对多个敌方目标,对其进行威胁评估和排序就非常重要。威胁评估是查明或预测敌方可能攻击的目标、到达时间,以及各批目标威胁程度的高低,威胁评估排序是根据威胁程度的大小对敌目标进行排序。威胁评估不但可以定量地计算出敌方目标对我重要作战平台的威胁程度,对目标的威胁等级进行排序,还可以判定这种威胁程度是来自空中还是地面,是敌方的火力攻击还是电子干扰等,为我方采取正确的决策行为提供信息。因此,威胁评估是空战决策的关键,是多机协同多目标攻击战术选择、目标分配、火力分配的基础,是现代空战理论体系的重要组成部分,对空战结果起着重大而深远的影响。科学进行目标的威胁评估,是多机协同多目标攻击空战中避免重复攻击、提高作战效能的关键因素。

本章在现有非参量法的基础上,针对现有的空战威胁评估非参量模型的缺点,结合对多机协同多目标攻击空战过程和影响参数的分析,建立多机协同多目标攻击空战的威胁评估模型,基于多机协同多目标攻击空战的实际,提出了基于离散模糊动态贝叶斯网络的威胁评估方法。首先把得到的不确定性数据进行模糊推理,获取威胁评估模型的训练和测试数据,量化等级后,运用动态贝叶斯网络的推理算法得出正确的结果。它能够综合不同时间片目标的各个特征参数值,对系统各个时刻观测值或某一时刻观测值进行威胁评估。这样通过多个时刻的目标的同一特征参数相互补充和修正,以及同一时刻目标的不同特征参数之间修正,减少了评估过程的主观性,增强了威胁评估的准确性。

3.2 多机协同多目标攻击空战威胁评估技术概述

3.2.1 多机协同多目标攻击空战威胁评估的定义

到目前为止,威胁评估还未有明确或权威的定义,各种文献在不同的应用领域给出的概念也不一致。如文献[231]认为联合防空作战中,空袭目标威胁程度是指空天来袭兵器对被保卫目标进行侵袭成功的可能性及侵袭成功时可能造成的破坏程度。威胁判断是指对于已被我直接发现或接受通报数据的各目标,按照它们不同的特征(包括目标性质、类别、数量、方位、距离、速度、高度)以及所使用武器的性能特点等,选取用以表征它们对我威胁程度的某些特征值,然后依据符合实战应用的某些原则和标准,判定它们的威胁等级以及威胁程度的大小顺序。文献[116]认为,威胁评估是指在某一空战环境中,根据对当前敌我态势和战场要素的感知推断敌方目标对我方威胁程度的大小。文献[232-233]研究现代海战的威胁评估,指出水下无人作战平台(Unmanned Undersea Vehicle,UUV)威胁评估是指UUV在执行战术任务的过程中,通过感知动态作战环境及潜在作战威胁,形成对威胁等级的主观看法。文献[234-236]研究无人机系统威胁评估,从认知学角度上将威胁等级评估定义为:根据已知的各种战场信息以及信息之间的相互关联,形成对威胁等级主观看法的思维过程。JDL数据融合处理模型中关于威胁评估的功能性描述定义是各种定义中比较著名的:威胁评估是利用态势评估产生的多层视图定量地估计威胁的程度,它根据当前战场态势评估敌方力量的杀伤力和危险性,用我方兵力有效对抗敌方的能力来说明致命性与风险估计。它一般是把我方能力估计与敌方意图估计结合起来进行处理,因此它融合了态势评估的结果,是对战场态势进一步抽象的估计。

综合上述研究成果,本书对多机协同多目标攻击威胁评估给出如下描述:威胁评估是对敌方杀伤能力及对我方威胁程度的评估,是在态势评估的基础上,依据敌我兵力和武器、电子设备性能、敌作战企图、我方重点保卫目标和敌我双方的作战策略,以定量形式对敌方威胁程度做出估计和分析,然后根据威胁程度的大小对目标进行排序。

3.2.2 多机协同多目标攻击空战威胁评估功能模型

威胁评估的目标是确定敌方武器装备、兵力结构部署等对我方形成威胁的程度或等级。可以建立多机协同多目标攻击空战威胁评估的三级功能模型:威胁要素提取、威胁度合成、威胁等级确定,如图3-1所示。

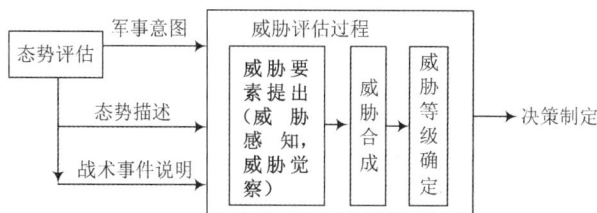

图 3-1 多机协同多目标攻击空战威胁评估功能模型

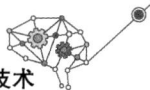

3.2.2.1 威胁要素提取

威胁要素提取,亦即威胁感知或威胁觉察。比如,空战中的威胁评估需要考虑的要素有敌机导弹威胁概率、敌电子战设备干扰效果、敌机战术机动威胁度、地面威胁指标(高炮、地空导弹等)等;地面防空作战中的威胁评估需要考虑的要素有敌空中来袭目标的类型、距离、速度、空袭样式、航路捷径或航向角、遂行任务企图、干扰能力、平台机载武器装备及突防能力等。

多机协同多目标攻击空战中,威胁程度一般是指敌机对我机进行攻击和侵犯的可能性及侵袭可能造成的破坏程度。当敌我双方空战遭遇时,双方的目标都是尽可能多地消灭对方。在复杂的空战环境中,评估威胁程度需要考虑许多内容,它不仅包括空战中敌我飞机的几何位置关系、距离和速度变化率等空战态势,还包括敌机的作战能力、敌机数量、机载武器情况、我方机载武器情况及其所处状态等。

3.2.2.2 威胁合成

威胁合成是空战威胁评估的核心内容,这个阶段主要完成对敌各威胁要素威胁概率的计算,定量地描述敌空中与地面目标对我方的威胁程度。

威胁合成除了要对敌作战能力进行计算外,还要对敌作战意图进行推理。这主要是利用态势评估结果来实现对敌作战意图的推算。将敌作战能力和作战意图进行加权处理后,就得到了各种威胁源对我方威胁程度的量化指标。

3.2.2.3 威胁等级确定

威胁等级确定是基于敌作战能力和作战意图加权处理的结果,按照威胁源产生的威胁对我方可能造成的破坏程度进行分类,判定其所属的威胁等级。

设 w_1 为敌作战能力威胁的权重,w_2 为敌作战意图威胁的权重;E 为敌机作战能力的量化值,I 为敌机意图的量化值。则空战中我方受到的总威胁程度 T 为

$$T = k \cdot (w_1 \cdot E + w_2 \cdot I) \tag{3-1}$$

其中,k 为威胁修正系数。

举例来说,假定在某次空战中,威胁等级判定门限分别为 $T_1 > T_2 > T_3 > T_4 > T_5$,根据威胁合成计算出的总威胁度 T,可以判定以下几点。

(1) $T > T_1$,判定威胁等级 1 级;威胁紧迫:被已发射的敌机导弹跟踪攻击。

(2) $T_2 < T < T_1$,判定威胁等级 2 级;威胁告警:处于敌机导弹锁定状态,但尚未发射。

(3) $T_3 < T < T_2$,判定威胁等级 3 级;威胁严重:受到敌机导弹雷达波束的不断照射,但尚未被锁定。

(4) $T_4 < T < T_3$,判定威胁等级 4 级;威胁存在:受到敌电子战武器攻击,机载通信、雷达系统受到电磁干扰。

(5) $T < T_5$,判定威胁等级 5 级;威胁轻微:未受敌干扰或攻击。

一般情况下,判定门限的选择与作战任务(如截击、跟踪、侦察、攻击等)的性质和飞行员的主观因素(积极、消极、保守、冒进等)有关。威胁等级的确定可以在机载数据库中加载与作战任务有关的数据参数,以适应不同类型的空战要求。

3.3 基于非参量法的多机协同多目标攻击空战威胁评估研究

在多机协同多目标攻击空战中,敌方目标威胁程度的大小是由多种因素决定的,在威胁评估时必须综合考虑,且要加入个人的偏好信息。目标的威胁特征可描述为目标类型、威胁属性、威胁等级等。其中,威胁属性可以从某一类威胁的距离、速度、数量、方位等多个方面进行描述。在众多属性描述中,既有定量描述,也有定性描述,而且相互之间的关系复杂。若要全面合理地考虑每个属性,就要给出一个威胁程度与各种属性的函数关系,这就是威胁等级判定的过程。实际作战过程中,敌我双方均相互保密,作为攻击方,只能通过传感器信息和平时掌握的敌方信息进行判断,一般可得到目标类型、运动速度、方位、相对无人机的距离、目标的攻击能力等信息。目标的这些威胁特征是影响威胁评估的主要因素。本书在文献[237]的基础上,结合多机协同多目标攻击空战实际,针对其不足,进行分析修改,选取来自空战态势、空战能力、对双方做出威胁行为的事件、目标战役价值为主要影响威胁评估的因素,提出一种新的威胁评估非参量方法,如图 3-2 所示。

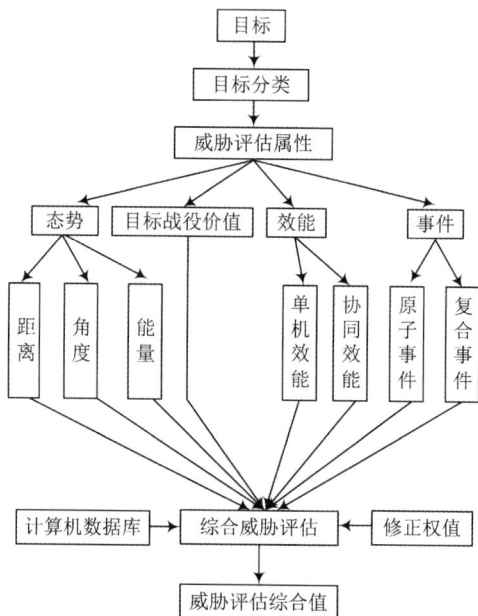

图 3-2 目标威胁评估框图

3.3.1 空战效能优势

对战场中敌机空战能力的评估,不必考虑我机的对抗影响,这样问题就转化为对敌机的空战效能评估。因此,本书对空战效能优势的分析研究实际是对敌机空战能力的评估。

从一种飞机的研制开发到投入使用,以及定型装载后到改进装载使用,都是一个相当漫长的过程。并且在相当长的一段时间内,飞机的空战能力可以看作是"静止"的。因此,用"静态"的飞机空战能力估计评估飞机空战效能是可行的;在某一战役的特定时间段内,双方的武器装备水平可以看作是"静止"的,利用静态的空战能力指数评估其空战能力是可行的。

3.3.1.1 空战能力指数

目前,基于飞机自身能力的威胁评估计算有多种方法,根据参考文献[238]大致可以分为两类,即计算评估法和专家评估法。顾名思义,计算评估方法就是通过对选定参数进行确定性的计算来评估。而专家评估法则是选定专家用打分或评定好坏级别的形式对各种参数给出初步的评估。实际上两种方法经常互补来具体解决实际效能评估的问题。作战飞机战斗能力的计算评估法按其计算特点和评估方式又可分为参数计算法、概率分析法和需要量估算法3类。概率分析法则按照完成预定任务的概率高低来评定飞机的好坏。需要量评估法是计算为完成一定任务需要的飞机数量来评比。参数计算法是根据选用的参数直接计算出作战飞机的相对作战能力,从而得出优劣的结论。参数计算法比较客观和便于编程实现,本书主要讨论了参数计算法中的对数法来分析各种类型飞机在不同作战意图下的静态效能分析。

基于对数法的静态效能分析于1987年正式发表在中国国防科技信息中心的《中国、美国国防系统分析方法学术讨论会论文集》,标题是《作战飞机的装备效能指数》。它利用相对参数作为衡量作战飞机能力的依据。基准是现代作战飞机的先进指标或标准值。数据的处理上采用自然对数来"压缩"数值大小,即用幂数作为作战能力指数而不是用自然值,所以现称之为对数法。经过反复比较计算,笔者认为,相对来说,对数法比较简便、合理,因此本书主要选用对数法来计算态势评估指数。

采用对数法计算作战态势指数,首先把各参数都处理为无量纲值,这样就避免了带量纲数字在物理概念上不便比较分析,不便计算处理的困难。

本书的主要工作是基于空空作战平台,对于飞机对地攻击能力或者特种作战能力在此不作为空战能力研究的对象,而是在后面的章节中作为目标的战役价值对威胁评估的影响进行研究。因此,本书中静态的空对空作战能力指数即是其空战能力指数。

飞机空空作战能力取决于机动性、火力、探测目标能力、操纵效能、生存力、航程和电子对抗能力等因素。则空战能力指数 C 如下:
$$C=[\ln(机动性参数)+\ln(火力参数+1)\\+\ln(f(探测能力参数,电子对抗能力影响因素))]\\\times 操纵效能系数\times 生存力系数\times 航程系数 \tag{3-2}$$
其中,各参数和系数的计算可以有多种方法,本书取参考文献[238]中的定义。为了避免各数值交互影响带来计算上的困难,所有参数都用该飞机及挂载武器的标准值或最佳值,不互相关联。

3.3.1.1.1 机动性参数

机动性参数 B 用飞机最大允许过载($n_{y\max}$)、最大稳定盘旋过载($n_{y盘}$)和最大单位重量剩余功率(SEP,单位:m/s)求得。公式为
$$B=(n_{y\max}+n_{y盘}+SEP\times 9/300) \tag{3-3}$$
计算时,稳定盘旋过载可以用典型高度、典型马赫数的数值。但是很多时候,外国作战飞机的该数值是不知道的,而现代战斗机海平面最大稳定盘旋过载往往受强度限制,即等于 $n_{y\max}$,所以用海平面最大稳定盘旋过载会方便一些。对于具有过失速机动能力的战斗机来说,要在如上计算出的 B 值上再乘以修正量($\alpha_{可用}/24)^{0.5}$。其中,$\alpha_{可用}$是过失速机动可用最

大迎角(单位:°)。

3.3.1.1.2　火力参数

火力参数 $A_{火力}$ 在求对数值之前加 l 的原因是为防止非攻击性飞机的火力参数为零,从而使得其对数值变为负数或无限大。一般飞机上都带有航炮和导弹。因此,火力参数要考虑不同的机载武器分别进行计算。如果设航炮的火力系数为 $A^{航炮}$,导弹的火力系数为 $A^{导弹}$,则总的火力参数为

$$A_{火力}=A^{航炮}+A^{导弹} \tag{3-4}$$

3.3.1.1.2.1　航炮的火力系数

航炮(或机枪)的火力系数 $A^{航炮}$ 与其每分钟发射率(r/m)即射速、弹丸初速(m/s)、弹丸重量(g)、弹丸口径(mm)及该种航炮配置数量(n)有关。具体计算公式如下:

$$A^{航炮}=K_{瞄}\times\left(\frac{射速}{1200}\right)\times\left(\frac{初速}{1000}\right)^2\times\left(\frac{弹丸重量}{400}\right)\times\left(\frac{口径}{30}\right)\times n \tag{3-5}$$

其中,各常数是标准值。$K_{瞄}$ 是瞄准具修正系数。用陀螺活动光环瞄准具时,$K_{瞄}$ 为 1.0;用固定光环瞄准,$K_{瞄}$ 是 0.4~0.5;用快速瞄准具,$K_{瞄}$ 是 1.2~1.5。

3.3.1.1.2.2　导弹的火力系数

如果飞机携带多枚导弹,则总的导弹火力系数为所有单枚导弹系数之和。空空导弹的火力参数计算考虑最大实际有效射程(km)、允许发射总高度差(km)、发射包线总攻击角(°)、单发杀伤概率(P_K)、导弹最大过载、导弹最大跟踪角速度(°/s)、总离轴发射角(超前及滞后离轴角之和,单位:°)和同类导弹挂载数量(n)。计算公式为

$$A^{导弹}=射程\times射高\times P_K\times\left(\frac{总攻击角}{360}\right)\times\left(\frac{过载}{35}\right)\times\left(\frac{跟踪角速度}{20}\right)\times\left(\frac{总离轴发射角}{40}\right)\times\sqrt{n} \tag{3-6}$$

所有的系数值都是无量纲数字。

3.3.1.1.3　探测能力参数

探测能力参数 $A_{探测}$ 包括三部分,即雷达 $A^{雷达}$、红外搜索跟踪装置 $A^{红外}$ 和目视能力 $A^{目视}$。但是,雷达跟踪装置的探测能力会受到电子对抗的影响。探测能力参数为

$$A_{探测}=f(A^{雷达},\varepsilon_1)+A^{红外}+A^{目视} \tag{3-7}$$

其中,ε_1 为电子对抗能力系数。

3.3.1.1.3.1　雷达探测能力参数

雷达探测能力参数包括最大发现目标距离(km)、发现目标概率、最大搜索总方位角(°)、雷达体制衡量系数(K_2)、同时跟踪目标数量(m_1)和同时允许攻击目标数量(m_2)。计算公式为

$$A^{雷达}=\left(\frac{发现距离^2}{4}\right)\times\left(\frac{总搜索方位角}{360}\right)\times发现概率\times K_2\times(m_1\times m_2)^{0.05} \tag{3-8}$$

其中,雷达体制衡量系数 K_2 取值为:测距器 0.3,无角跟踪能力雷达 0.5,圆锥扫描雷达 0.6,单脉冲雷达 0.7,脉冲多普勒雷达 0.8~1.0,并按下视能力强弱选值。常数 4 代表有效目视发现能力 2 km 的平方。

3.3.1.1.3.2　电子对抗能力影响因素

20 世纪 30 年代,一些国家雷达的发展使得空战从一种不精确的历险变成了科学。自

此,在夜间和恶劣天气情况下准确探测敌方情报便成为现实,使得这一切成为可能的技术进而成为现代防空系统的基石。同时,雷达的出现也成为电子战发展的主要推动力。

早在1938年,科学家林德曼(Lindemann)在英国政府的帮助下,提出散布在发射波束中的"振子"会用大量的假回波使接收机饱和而掩盖掉真正的目标回波。到1942年初,年轻的英国科学家罗伯特·科伯恩(Robert Cockburn)通过产生杂波干扰解决了这一问题。电子战的重要性在第二次世界大战中已经充分显示出来。到战争结束的时候,进攻性电子战的模式已经被确定下来。20世纪60年代以后,机载电子干扰技术开始投入使用。70年代中期后,人们对电子战在现代战争中的地位和作用有了新的认识。90年代初的海湾战争,使人们更加清楚地看出电子干扰与反干扰在决定战争胜负中所起的作用[239]。

作战飞机上安装的电子对抗设备主要有全向雷达警戒系统、消除干扰投放系统、红外导弹积极干扰器、电磁波积极干扰器、导弹临近告警系统等。电子对抗按技术应用可分为通信对抗技术、雷达对抗技术、光电对抗技术和计算机对抗技术等;按作战形式可分为电子侦察与反侦察技术、电子干扰与反干扰技术、电子摧毁与反摧毁技术等。其主要目的是干扰、欺骗对方的通信,欺骗对方雷达的探测以及降低威胁指数。

飞机的探测能力受到以下电子对抗因素的影响[240-241]。

(1) 使用雷达瞄准装置时,大气条件(自然干扰)对空中目标发现距离存在影响。

(2) 使用雷达瞄准装置时,电子干扰对发现和捕获空中目标距离存在影响。

(3) 在电子干扰条件下,飞行员实现捕获目标和发射导弹必须增加时间。

综上,可以利用下面的公式来计算雷达的发现目标距离:

$$D_{干扰} = (D_{无干扰})^{0.5} \times \left[\frac{A_1 \times (D_0 + D_1^2)}{(4\pi)^2 \times A_2} \right]^{0.125} \tag{3-9}$$

$$D_{无干扰} = D_0 \times \sqrt[4]{\sigma/\sigma_0} \tag{3-10}$$

其中,D_0为歼击机与目标机之间的距离(单位:m);D_1为歼击机到干扰机之间的距离(单位:m);$D_{无干扰}$为发现无干扰目标的距离(单位:m);$D_{干扰}$为发现用干扰隐蔽的目标的距离(单位:m);A_1为雷达瞄准装置信号的频谱密度(单位:W/MHz);A_2为干扰信号的频谱密度(单位:W/MHz);σ为根据瞬间进入角计算出的雷达反射截面积(单位:m²);σ_0为目标雷达反射截面积(单位:m²)。

A_1和A_2的计算公式如下:

$$A_1 = (P_p \times G_p)/\Delta f_p \tag{3-11}$$

其中,P_p为雷达瞄准装置辐射功率(单位:W);G_p为雷达瞄准装置天线作用方向系数(单位:MHz);Δf_p为雷达瞄准装置信号频带(单位:MHz)。雷达瞄准装置天线作用方向系数由式(3-12)确定:

$$G_p = 25000/(\theta_{p\varphi} \times \theta_{pa}) \tag{3-12}$$

其中,$\theta_{p\varphi}$是雷达瞄准装置俯仰角定向图波束宽(单位:rad);θ_{pa}是雷达瞄准装置方位角定向图波束宽(单位:rad)。

类似地,可以确定干扰信号的频谱密度:

$$A_2 = (P_{jam} \times G_{jam})/\Delta f_{jam} \tag{3-13}$$

其中,P_{jam}为干扰信号辐射功率(单位:W);G_{jam}为电子干扰装置天线作用方向系数(单位:MHz);Δf_{jam}为电子干扰装置信号频带(单位:MHz)。电子干扰装置天线作用方向系数由下式确定：

$$G_{jam} = 25\,000/(\theta_{j\varphi} \times \theta_{ja}) \tag{3-14}$$

$$f(A_{雷达}, \varepsilon_1)$$
$$= \begin{cases} \left(\dfrac{D_{无干扰}^2}{4}\right) \times \left(\dfrac{总搜索方位角}{360}\right) \times 发现概率 \times K_2 \times (m_1 \times m_2)0.05 & 无电子对抗 \\[4mm] \left(\dfrac{D_{干扰}^2}{4}\right) \times \left(\dfrac{总搜索方位角}{360}\right) \times 发现概率 \times K_2 \times (m_1 \times m_2)0.05 & 有电子对抗 \end{cases}$$
$$\tag{3-15}$$

式(3-14)中，$\theta_{j\varphi}$ 是电子干扰装置俯仰角定向图波束宽(单位：rad)；θ_{ja} 是电子干扰装置方位角定向图波束宽(单位：rad)。因此，总的来说，雷达的探测能力参数可以写为式(3-15)形式。

3.3.1.1.3.3　红外搜索跟踪装置探测能力参数

红外搜索跟踪装置的探测能力参数与上相同，只是 K_2 的选取不同：单元件亮点式红外探测器 0.3，多元固定式探测装置 0.5，搜索跟踪装置 0.7～0.9，如果配有激光测距器则 K_2 值再增加 0.05。

3.3.1.1.3.4　目视能力

目视探测能力与飞机风挡及座舱盖设计有很大关系。计算公式与雷达能力公式一样，但是系数取值不同。目视可见距离一般为 8 km，发现概率 0.59～0.75，视场角在 160°～360°之间，视不同飞机而定。

3.3.1.1.4　操纵效能参数

飞行员操纵效能系数 ε_2 与飞机座舱布局、操纵系统及显示装置等因素有关。取值的原则是：第二次世界大战时期战斗机 0.6，20 世纪 50 年代战斗机用一般仪表及液压助力操纵系统的为 0.7，有平视显示器的喷气战斗机 0.8，用电传操纵、有平显的 0.85，用电传操纵，有平显、下显、数据总线及双杆技术的 0.9。在此基础上更能发挥飞行员能力的设计从 0.9 到 1.0 之间取值。如果配有同步的头盔瞄准具，加 0.05。

3.3.1.1.5　生存力系数

作战飞机生存能力系数 ε_3 可用飞机的几何尺寸与雷达反射截面(RCS)为主要代表因素。计算公式为

$$\varepsilon_3 = \left(\frac{10}{翼展} \times \frac{15}{全长} \times \frac{5}{RCS}\right)^{0.0625} \tag{3-16}$$

其中，翼展、全长(含空速管的长度)的单位为 m。RCS 指迎头或尾后方位 120°左右之内的对应 3 cm 波长雷达的平均值，单位为 m²。

3.3.1.1.6　航程系数

战斗机留空时间与作战能力有很大关系。如只考虑空战格斗性能，这一因素可不计算。但留空时间长的飞机对综合作战能力的影响在实战情况下证明是十分明显的。特别是投掉副油箱后只靠机内油的留空时间最有用。空中加油一次可延长的作战时间或作战半径也直接受机内油量相对飞机重量的比值决定。考虑到各种战斗机的留空时间数据很缺乏，而飞机的机内油最大航程(km)数据较易查找，所以用下面的公式来计算航程系数 ε_4：

$$\varepsilon_4 = (机内油最大航程/1400)^{0.25} \tag{3-17}$$

由式(3-2)～式(3-17)可以计算出一定时期内敌方各种类型飞机的空战能力指数,制成数据库,并适时地根据敌方新装备服役和老装备改装升级情况更新数据库内容。空战中敌方飞机的特征由作战指挥系统侦察获得,并从数据库中调出相应的空战能力指数,然后由数据通信系统传递给我机(群)。

3.3.1.2 空战效能优势

将空战能力指数进行数据处理,使其归一化处于[0,1]内。这里取空战能力指数的相对值 T_{C_i}:

$$T_{C_i} = \frac{C_i}{\max(C_i)} \tag{3-18}$$

其中,i 是第 i 架飞机。

在目前的空战目标威胁评估研究中,大多仅考虑敌机的空战能力,而没有与我机进行对比分析,这样做是不全面的,有可能对作战效果造成不利的影响。例如,把极具威胁的目标分配给了我方某架战机,而我方这架战机的实际武器装备却并不具备毁伤该目标的能力。为了避免上述情况的发生,本书在综合考虑敌我双方空战能力的基础上,构造空战效能优势如下:

$$T_M = (T_{CA} - T_{CT} + 1)/2 \tag{3-19}$$

其中,T_{CA}、T_{CT} 分别为归一化后的战斗机与目标机的空战能力指数。

3.3.2 事件优势

空战实体在作战过程中会不断出现加(减)速、拐弯、爬升、辐射源开/关机、导弹符合发射条件等属性变化行为,这些行为都可能对对方空战实体产生威胁,这些产生威胁的行为即事件[242]。事件优势涉及面广,尤其是复合事件,需要经专家系统确定其优势。本书简单选取以下几个具备代表性的相关事件,并定义如下事件优势 T_I。

(1) 实体雷达辐射:未辐射时,T_I 取 0;战斗机对目标机扫描时,T_I 取 0.5;战斗机对目标机多目标跟踪时,T_I 取 0.8;战斗机对目标机连续跟踪时,T_I 取 1。

(2) 实体导弹发射:战斗机对目标机发射导弹时,T_I 取 1。

3.3.3 态势优势

多机协同多目标攻击空战主要是在超视距情况下进行的,因此本书采用文献[237]的观点,认为超视距空战以双机迎头飞行、互射导弹攻击为主,态势优势函数的构造要兼顾机载雷达、导弹性能与双方的几何态势。决定火控雷达性能的主要指标有搜索方位角 $\varphi_{R\max}$、最大搜索距离 $D_{R\max}$、发现概率等。决定中距空空导弹性能的主要指标有最大离轴发射角 $\varphi_{M\max}$、最大攻击距离 $D_{M\max}$、最小攻击距离 $D_{M\min}$、最大不可逃逸区距离 $D_{Mk\max}$、最小不可逃逸区距离 $D_{Mk\min}$、不可逃逸区圆锥角 $\varphi_{Mk\max}$ 等。多机协同多目标攻击空战中,战斗机与目标机相对几何态势如图3-3所示。

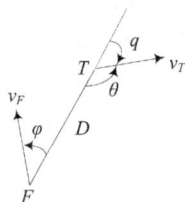

图 3-3 空战几何态势图

图 3-3 中,目标线(D)为战斗机(F)到目标机(T)的连线,目标方位角(φ)为战斗机航向与目标线的夹角,目标航向角(θ)为目标机航向与目标线的夹角,目

标进入角（q）为目标机航向与目标视线延长线的夹角。规定目标方位角和目标进入角右偏为正，左偏为负，则 $0 \leqslant |q| \leqslant 180°$，$0 \leqslant |\varphi| \leqslant 180°$，且 $|q| + |\theta| = 180°$。

军事大国均在发展战术数据链技术。战场上广泛分布的各级各类传感器使得信息共享具有良好的完整性、准确性和实时性，因此各单元获取目标信息的能力大大增强，包括目标类型、属性、性能、一般挂载武器、速度、位置、航向等。因此，可以假设本书所需的目标信息完全已知。

3.3.3.1 角度优势函数

公开发表的超视距空战威胁评估的文章中，多数采用以进入角与目标航向角的大小来判断双方的角度优势。其构造的角度优势函数为

$$S_A = 1 - (\varphi + q)/180 = (\theta - \varphi)/180 \tag{3-20}$$

构造的角度威胁指数为

$$T = (|\varphi| + |q|)/360° \tag{3-21}$$

以上角度优势函数的构造均是以态势透明与双方武器性能对等为基本假设。在此假设下，双方作战飞机的敏捷性相当，谁与目标线的夹角小，谁就有可能尽快地将机头指向对方，从而进行有效攻击。可见，上述模型在视距内有效的。但在超视距作战条件下，随着"离轴发射"等先进火控技术的发展，使得作战飞机在机头不指向目标的情况下也可以进行攻击，此时，再以双方飞机速度矢量与目标线夹角的大小来决定角度优势就没有太大意义，并有可能导致错误的判断。

对于进入角优势函数，文献[237]认为在不同的方位角条件下，其优势一样。而事实上一般认为，当双方迎头作战时，由于便于探测目标，且可以在较远距离发射中远距空空导弹，所以优势较大；相反，尾追条件下进入角优势较小。这与近距空战不同。

由图 3-3 可知，当 $\varphi = 0°$，$q = 180°$ 时，双方能构成纯粹意义上的迎头关系；除此情况外，均不能构成此条件。以 FT 为弦，作与 FE 相切的圆弧，在 T 点与该圆弧相切的直线为 TG，如图 3-4 所示。由图 3-3 所示几何关系的定义可知，FE 方向为战斗机速度 v_F 方向，则 $\angle EFT$ 即是 φ；TG、TS、TR、TH 方向分别是不同情况时目标速度 v_T 的方向，则 TG、TS、TR、TH 与目标视线延长线的夹角即是不同情况时的 q。易证明 $\angle EFT = \angle GTF$。$0° \leqslant \varphi \leqslant 90°$ 即 $0° \leqslant \angle EFT \leqslant 90°$ 时，认为当目标速度处于 TG 方向时为最大迎头关系，进入角优势最大；TS 方向为最大尾追关系，进入角优势最小；TH 和 TR 处于二者之间；TH 与 FE 平行同向，TR 与 FE 平行反向。由于是超视距条件下作战，所以本章认为，当 $0° \leqslant \varphi \leqslant 45°$ 时，TR 方向进入角优势大于 TH 方向进入角优势；当 $45° < \varphi \leqslant 90°$ 时，TH 方向进入角优势大于 TR 方向进入角优势；当 $\varphi > 90°$ 时，取 $\varphi' = 180° - \varphi$ 对应的情况。

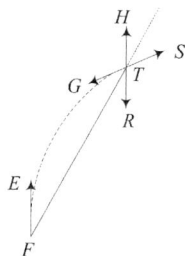

图 3-4　空战双方角度关系图

基于上述分析，构造进入角优势函数：

$$T_q = \begin{cases} e^{-\left|\frac{180° - \varphi - q}{180°/\pi}\right|} & \varphi \geqslant 0 \quad (\text{若 } q < -\varphi, q \text{ 取 } q + 360°; \text{若 } \varphi > 90°, \varphi \text{ 取 } 180° - \varphi) \\ e^{-\left|\frac{180° + \varphi + q}{180°/\pi}\right|} & \varphi < 0 \quad (\text{若 } q > -\varphi, q \text{ 取 } q - 360°; \text{若 } \varphi < -90°, \varphi \text{ 取 } -180° - \varphi) \end{cases}$$

$$\tag{3-22}$$

文献[237]将目标方位角分为雷达搜索区、导弹攻击区、不可逃逸区和雷达搜索区以外 4

个区域,但是对于雷达搜索区以外的区域简单认为其优势指数为0,这并不符合实际情况。尽管在该区域优势指数相对较小,但是不能简单地等于0,在此区域不同的方位角度下,其方位角优势不同。根据文献[243]将方位角划分为3个区域,本书给出如下方位角优势函数。

$$T_\varphi = \begin{cases} 0.1 - (|\varphi| - 85°)/\{10(180° - 85°)\} & 85° \leqslant |\varphi| \\ 0.2 - (|\varphi| - \varphi_{R\max})/\{10(85° - \varphi_{R\max})\} & \varphi_{R\max} \leqslant |\varphi| < 85° \\ 0.3 - (|\varphi| - \varphi_{M\max})/\{10(\varphi_{R\max} - \varphi_{M\max})\} & \varphi_{M\max} \leqslant |\varphi| < \varphi_{R\max} \\ 0.8 - (|\varphi| - \varphi_{Mk\max})/\{2(\varphi_{M\max} - \varphi_{Mk\max})\} & \varphi_{Mk\max} \leqslant |\varphi| < \varphi_{M\max} \\ 1 - |\varphi|/(5\varphi_{Mk\max}) & 0° \leqslant |\varphi| < \varphi_{Mk\max} \end{cases} \quad (3\text{-}23)$$

其中,$\varphi_{R\max}$ 为雷达最大搜索方位角,$\varphi_{M\max}$ 为空空导弹最大离轴发射角,$\varphi_{Mk\max}$ 为不可逃逸区圆锥角。

由于方位角优势和进入角优势中如果有一项为0,则整机的角度优势为0,所以构造整机的角度优势为二者乘积:

$$T_A = T_q^{\gamma_1} T_\varphi^{\gamma_2} \quad (3\text{-}24)$$

其中,$\gamma_1 + \gamma_2 = 1 (0 \leqslant \gamma_1, \gamma_2 \leqslant 1)$ 为权重系数,用以调整二者在乘积中的比例,该值可由非梯度随机搜索法[244]优化确定。

3.3.3.2 距离优势函数

目前公开发表的多机协同空战多目标威胁评估的文章中,构造距离优势时考虑的威胁因素并不相同。如文献[245]是根据两机的导弹射程和雷达最大探测距离分情况讨论,构造的距离威胁指数为

$$S_d = \begin{cases} 0.5 & d \leqslant d_m, d \leqslant d_{tm} \\ 0.5 + 0.2\{(d - d_{tm})/(d_m - d_{tm})\} & d_m < d < d_{tm} \\ 0.0 & d_{tm} < d < d_m \\ 0.4 & d \leqslant d_r, d \leqslant d_{tr}, \max(d_m, d_{tm}) < d \\ 0.1 & d_{tr} < d < d_r, \max(d_m, d_{tm}) < d \\ 0.4 + 0.1\{(d - d_{tr})/(d_r - d_{tr})\} & d_r < d < d_{tr}, \max(d_m, d_{tm}) < d \end{cases} \quad (3\text{-}25)$$

其中,d 为目标距离,d_m 为我机导弹最大射程,d_{tm} 为敌机导弹最大射程,d_r 为我机雷达最大跟踪距离,d_{tr} 为敌机雷达最大跟踪距离。

文献[246]在文献[230]基础上,认为红、蓝双方飞机性能不同,互相的威胁点是不一样的。例如,当红方的武器攻击距离小于蓝方的武器攻击距离时,仅从距离而言,对红方威胁最大的距离范围是大于红方武器的攻击距离而又小于蓝方武器的攻击距离,因为在这段距离上,蓝方能够攻击红方而红方不能攻击蓝方。故而考虑红蓝双方武器性能对比的各种情况,将蓝方对红方的距离威胁分为如下4种情况,并有不同的威胁计算方法。

(1)当红机有效观察距离大于蓝机有效观察距离,且红机导弹的攻击距离大于蓝机时,蓝机对红机的距离威胁为

$$T_r = \begin{cases} 0 & r \geqslant r_r \\ 0.1 - 0.1\{(r - r_b)/(r_r - r_b)\} & r_b \leqslant r < r_r \\ 0.1 + 0.1\{(r_b - r)/(r_b - r_R)\} & r_R \leqslant r < r_b \\ 0.5 - 0.3\{(r - r_B)/(r_R - r_B)\} & r_B \leqslant r < r_R \\ 0.5 + 0.25\{(r_B - r)/r_B\} & r < r_B \end{cases} \quad (3\text{-}26)$$

(2) 当蓝机有效观察距离大于红机有效观察距离,且蓝机武器大于红机武器的攻击距离时,蓝机对红机的距离威胁的计算方法将变为如下形式:

$$
T_r = \begin{cases} 0 & r \geqslant r_b \\ 0.1 - 0.1\{(r-r_r)/(r_b-r_r)\} & r_r \leqslant r < r_b \\ 1 - 0.9\{(r-r_B)/(r_r-r_B)\} & r_B \leqslant r < r_b \\ 0.5 + 0.5\{(r-r_R)/(r_B-r_R)\} & r_R \leqslant r < r_B \\ 0.5 + 0.25\{(r_R-r)/r_R\} & r < r_R \end{cases}
\tag{3-27}
$$

(3) 当蓝机有效观察距离大于红机有效观察距离,且红机武器大于蓝机武器的攻击距离时,蓝机对红机的距离威胁的计算方法将变为如下形式:

$$
T_r = \begin{cases} 0 & r \geqslant r_b \\ 0.2 - 0.2\{(r-r_R)/(r_b-r_R)\} & r_R < r \leqslant r_b \\ 0.5 - 0.3\{(r-r_B)/(r_R-r_B)\} & r_B \leqslant r < r_R \\ 0.5 + 0.25\{(r_B-r)/r_B\} & r < r_B \end{cases}
\tag{3-28}
$$

(4) 当红机有效观察距离大于蓝机有效观察距离,且蓝机武器大于红机武器的攻击距离时,蓝机对红机的距离威胁的计算方法将变为如下形式:

$$
T_r = \begin{cases} 0 & r \geqslant r_r \\ 0.2 - 0.2\{(r-r_b)/(r_r-r_b)\} & r_b < r \leqslant r_r \\ 1 - 0.8\{(r-r_B)/(r_b-r_B)\} & r_B \leqslant r < r_b \\ 0.5 + 0.5\{(r-r_R)/(r_B-r_R)\} & r_R \leqslant r < r_B \\ 0.5 + 0.25\{(r_R-r)/r_R\} & r < r_R \end{cases}
\tag{3-29}
$$

文献[247]依据攻击区的近边界和远边界、探测距离远边界的情况,构造如下的距离威胁指数:

$$
T_{ij}^r = \begin{cases} 1 & r_{min} \leqslant r_{ij} \leqslant r_{max} \\ c(R_{max} - r_{ij}) & r_{max} < r_{ij} \leqslant R_{max} \\ 0 & r_{ij} > R_{max} \end{cases}
\tag{3-30}
$$

其中,r_{max} 和 r_{min} 为攻击区的近边界和远边界,R_{max} 为探测距离远边界,c 为威胁因子,计算公式如式(3-31):

$$
c = 1/(R_{max} - r_{max})
\tag{3-31}
$$

文献[237]认为,在超视距空战中,距离对优势指数的影响主要反映在雷达发现概率和导弹的杀伤概率上,并将战斗机和目标机之间的距离 D 分为雷达最大搜索距离 $D_{R_{max}}$、导弹最大攻击距离 $D_{M_{max}}$、导弹不可逃逸区最大距离 $D_{Mk_{max}}$、导弹不可逃逸区最小距离 $D_{Mk_{min}}$。本书认为,从雷达发现概率和导弹的杀伤概率上构造距离优势指数更能反映多机协同多目标攻击空战的实际。但是,当 $D \geqslant D_{R_{max}}$ 时,文献[237]简单认为距离优势为 0。而事实上此时虽然不能依靠自身探测设备发射武器,但是随着协同作战能力的提高,可借助其他平台传送的目标信息,装订目标参数,发射远程攻击武器。即使该机未携带远程攻击武器,目标处于雷达探测区域外,战斗机经过一段时间的运动后,目标也可能处于探测区内。因此,不可简单地认为等于 0。故而构造如下距离优势函数:

$$T_D = \begin{cases} 1 & D_{Mk\min} \leqslant D \leqslant D_{Mk\max} \\ 2^{-\frac{D-D_{Mk\min}}{10-D_{Mk\min}}} & 10 \leqslant D \leqslant D_{Mk\min} \\ 2^{-\frac{D-D_{Mk\max}}{D_{M\max}-D_{Mk\max}}} & D_{Mk\max} \leqslant D \leqslant D_{M\max} \\ 0.5 e^{-\frac{D-D_{M\max}}{D_{R\max}-D_{M\max}}} & D_{M\max} \leqslant D < D_{R\max} \\ 0.183\,9 e^{-\frac{D-D_{R\max}}{D_{R\max}}} & D_{R\max} \leqslant D \end{cases} \tag{3-32}$$

3.3.3.3 能量优势函数

文献[248]仿真结果表明,在高空条件下,由于空空导弹的使用速度更大,攻击的成功概率较高,载机在较大速度时使用空空导弹对敌机具有更大的威胁。因此,本书采用能量优势函数。飞机的总能量包括动能和势能,则飞机单位能量表示为

$$E = H + V^2/2g \tag{3-33}$$

作战飞机的单位能量越高,机动能力越强,故可构造出如下能量优势函数:

$$T_E = (E_A - E_T)/E_A \tag{3-34}$$

其中,E_A 和 E_T 分别是战斗机和目标机的单位能量。

3.3.3.4 态势优势

综合角度优势、距离优势、能量优势,即可得到态势优势。三者之间并不完全独立,因此处理为乘法关系:

$$T_G = T_A^{\beta_1} \times T_D^{\beta_2} \times T_E^{\beta_3} \tag{3-35}$$

其中,β_1、β_2、β_3 分别为战斗机相对于目标机的角度优势、距离优势、能量优势的权值,且 $\beta_1 + \beta_2 + \beta_3 = 1(0 \leqslant \beta_1, \beta_2, \beta_3 \leqslant 1)$。该值可由非梯度随机搜索法优化确定。

3.3.4 目标战役价值对威胁评估的影响

任何空中战斗都是在双方各自的任务背景下进行的。执行的任务不同,相应地就会影响对目标战役价值的评价。例如在执行要地防空的截击任务时,敌机群中的对地攻击飞机(强击机、歼击轰炸机、轰炸机等)的目标战役价值就高。空战中就不能只考虑敌机群对我机(群)的威胁,还要将其对我要保护的目标的威胁(表现为目标的战役价值)考虑在内。

目标的战役价值一般由作战指挥系统确定,也可以根据目标的对地攻击能力或者特种作战能力(预警、电子干扰等)确定。目标的对地攻击能力可以由对地攻击能力指数评价。

根据文献[238],对地攻击能力指数由两部分组成,即航程指数和武器效能指数,二者之和即为空地作战能力指数值 D。航程指数是当量航程的自然对数,武器效能指数是当量载弹量的自然对数。则 D 的计算公式为

$$D = [\ln(\text{当量航程}) + \ln(\text{当量载弹量})] \times \varepsilon_1 \tag{3-36}$$

其中,ε_1 为电子对抗能力系数,取值同式(3-7),当量航程与最大航程、突防系数、远程武器系数和导航能力系数有关,当量载弹量与最大载弹量和对地攻击效率系数有关。在这里,决定当量航程和当量载弹量的因素都会受电子对抗能力的影响,因此两项都要加上电子对抗能力影响系数的修正。

3.3.5 综合优势函数的构造

综上所述,战斗机对目标机的综合优势函数直接线性加权法构造为

$$T=\begin{cases} d_1(\lambda_1 \cdot T_G + \lambda_2 \cdot T_M + \lambda_3 \cdot T_I) + d_2(0.1 \cdot V) & T_I \neq 1 \\ 1 & T_I = 1 \end{cases} \quad (3\text{-}37)$$

其中,λ_1、λ_2、λ_3分别为战斗机相对于目标机的态势优势、空战效能优势、事件优势的权值,且$\lambda_1 + \lambda_2 + \lambda_3 = 1 (0 \leqslant \lambda_1, \lambda_2, \lambda_3 \leqslant 1)$。$V$表示目标机的目标战役价值,主要由对地攻击能力指数$D$确定或由作战指挥系统指定。$V$乘以0.1是为了和其他因素的数量级一致。权系数$d_1$、$d_2$根据作战任务的不同而定。如执行要地防空任务,可以取$d_1 = 0.4$,$d_2 = 0.6$;纯空空作战可以取$d_1 = 1.0$,$d_2 = 0$。需要说明的是,一般情况下,如果战斗机对目标机发射导弹,则目标机宜规避,对目标机的空战优势应取1。

以上论述了战斗机相对目标机的空战优势,将双方参数互换即可得到目标机相对战斗机的空战优势,双方优势指数的对比可作为战术选择的依据。

3.3.6 仿真验证与分析

假设在多机协同多目标攻击空战中,我战斗机i是F-16C;8架目标敌机有F-16C、F-15E、F-5E 3种类型,其空战能力指数分别为16.8、19.8、8.2,且都在战斗机i火控雷达的跟踪范围内。考虑到方位角优势较进入角优势权重高,取$\gamma_1 = 0.7$,$\gamma_2 = 0.3$;考虑到角度、距离比能量重要,取$\beta_1 = \beta_2 = 0.4$,$\beta_3 = 0.2$;根据多机协同多目标攻击空战的特点,取$\lambda_1 = 0.4$,$\lambda_2 = \lambda_3 = 0.3$。考虑空空作战,故而$d_1 = 1$,$d_2 = 0$。8架目标敌机的相关参数、目标属性值及战役价值如表3-1所示。根据表3-1的数据,由式(3-37)的直接线性加权模型得到战斗机i对8架敌机的总体优势函数值,如表3-2所示。

表 3-1 8架目标敌机的相关参数、目标属性值及战役价值表

序号	1	2	3	4	5	6	7	8
类型	F-16C	F-16C	F-5E	F-5E	F-15E	F-15E	F-5E	F-5E
C	16.8	16.8	8.2	8.2	19.8	19.8	8.2	8.2
T_C	0.848	0.848	0.414	0.414	1.000	1.000	0.414	0.414
T_M	0.500	0.500	0.717	0.717	0.424	0.424	0.717	0.717
V	9.2	9.2	6.3	6.3	8.5	8.5	6.3	6.3
T_G	0.443	0.293	0.351	0.478	0.222	0.371	0.756	0.722
T_I	0.5	0.5	0.5	0.3	0.3	0.5	0.8	0.5

表 3-2 战斗机i对8架敌机的总体优势函数值表

序号	1	2	3	4	5	6	7	8
总体优势函数值T	0.477	0.417	0.506	0.496	0.306	0.427	0.758	0.654
优势排序	5	7	3	4	8	6	1	2

设执行要地防空任务,取$d_1 = 0.4$,$d_2 = 0.6$,8架目标敌机的相关参数、目标属性值及战役价值使用表3-1的数据,则战斗机i对8架敌机的总体优势函数值如表3-3所示。

表 3-3　执行要地防空任务时,战斗机 i 对 8 架敌机的总体优势函数值表

序号	1	2	3	4	5	6	7	8
总体优势函数值 T	0.743	0.719	0.579	0.576	0.628	0.676	0.68	0.638
优势排序	1	2	7	8	6	4	3	5

由表 3-3 得 8 架目标敌机对我战斗机 i 最终的威胁由大到小排序为 4、3、5、8、6、7、2、1。表 3-2 得到的威胁由大到小排序为 5、6、2、1、4、3、8、7。比较两个排序结果可以看出,目标战役价值对威胁排序有影响。如目标机 1 的态势、效能和事件优势之值较小,但目标战役价值比较大,当执行如要地防空的任务时,目标战役价值就影响目标的威胁排序,由第四位降低到第八位。由计算结果可见,执行的任务不同,相应地就会影响对目标战役价值的评价,继而影响威胁排序结果,所以影响威胁评估的因素中应该考虑其目标战役价值。

针对目标进入角、方位角、双机相对距离、高度、速度、效能、事件变化对总体态势优势指数的影响进行了仿真,仿真数据为 $\varphi_{R\max}=65°$,$\varphi_{M\max}=35°$,$\varphi_{Mk\max}=20°$;$D_{R\max}=140$ km,$D_{M\max}=80$ km,$D_{Mk\max}=60$ km,$D_{Mk\min}=40$ km;$\gamma_1=0.7$,$\gamma_2=0.3$;$\beta_1=\beta_2=0.4$,$\beta_3=0.2$;$\lambda_1=0.4$,$\lambda_2=\lambda_3=0.3$。图 3-5～图 3-11 分别为空空作战空战优势随不同参数的变化图。

图 3-5 中,方位角 $\varphi=0°$ 位置从下到上 3 条曲线依次是 $q=0°$、$q=60°$、$q=120°$ 时,空战优势随方位角变化情况。由图可以看出,在不同的进入角下,相同的方位角对应的空战优势不一样。

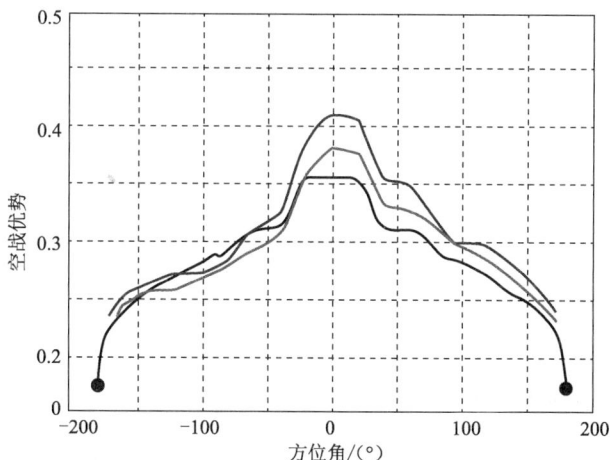

图 3-5　空战优势随方位角变化图

图 3-6 中,从上到下 4 条曲线依次是 $\varphi=0°$、$\varphi=60°$、$\varphi=120°$、$\varphi=150°$ 时,空战优势随进入角变化情况。由图可以看出,在不同的方位角下,相同的进入角对应的空战优势也不一样。

图 3-7 中从上到下 4 条曲线依次是 $\varphi=0°$,$q=180°$、$\varphi=0°$,$q=150°$、$\varphi=30°$,$q=150°$、$\varphi=30°$,$q=180°$ 时,空战优势随距离变化情况。该图反映了目标机在导弹不可逃逸区内时空战优势最大。

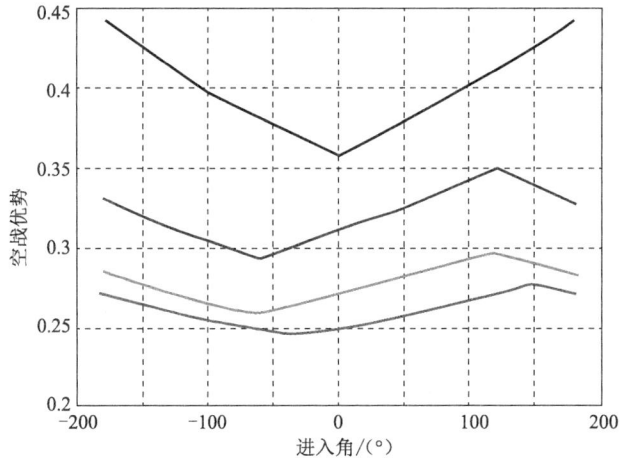

图 3-6　空战优势随进入角变化图

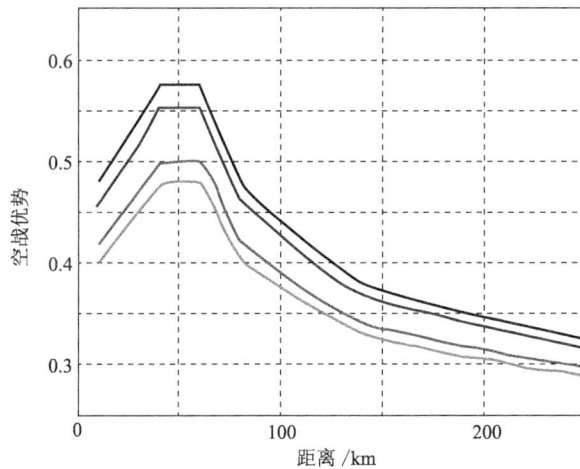

图 3-7　空战优势随距离变化图

图 3-8 中上面的曲线是目标机高度＝1 000 m,下面的曲线是目标机高度＝10 000 m时,空战优势随战斗机高度变化情况。由图 3-8 可以看出,空战优势随战斗机的高度的增大而增大。

图 3-9 中上面的曲线是目标机速度＝300 m/s,下面的曲线是目标机速度＝500 m/s 时,空战优势随战斗机速度变化情况。由图 3-9 可以看出,空战优势随战斗机速度的增大而增大。

图 3-10 中的曲线是空战优势随空战效能变化情况。由图 3-10 可以看出,空战优势随战斗机效能优势的增大而增大。

图 3-11 中曲线是空战优势随事件变化情况。由图 3-11 可以看出,空战优势随战斗机事件优势的增大而增大。

综合上述分析,本书综合考虑态势优势、效能优势、事件优势、目标战役价值以及飞行员训练水平系数修正空战能力指数,研究了多机协同多目标攻击空战威胁评估方法。针对当前威胁评估模型不足之处,做出符合实际空战的修改。经仿真计算验证,本书所建立的模型

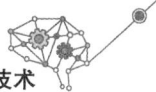

合理、可行，而且计算简便，便于计算能力不是很强的机载系统实现。

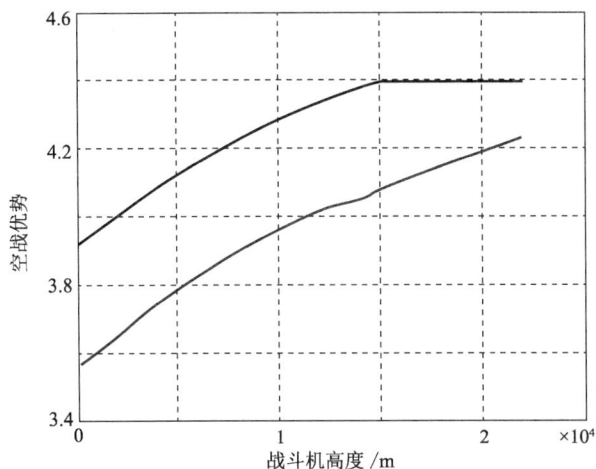

图 3-8　空战优势随战斗机高度变化图

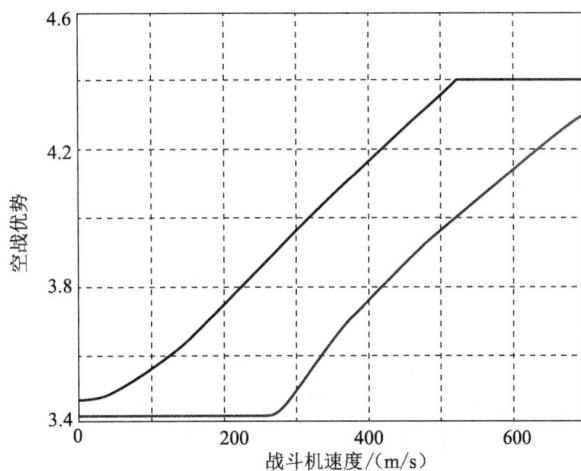

图 3-9　空战优势随战斗机速度变化图

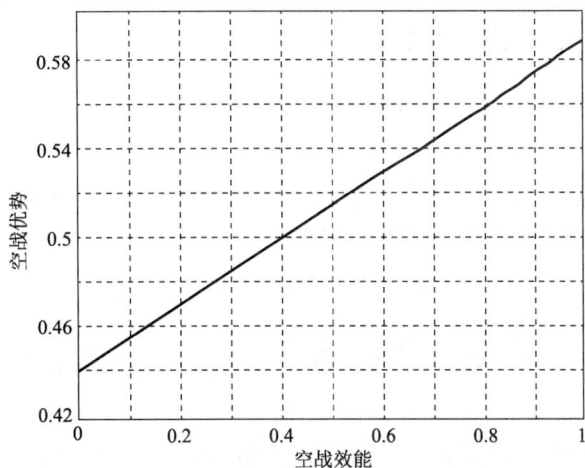

图 3-10　空战优势随空战效能变化图

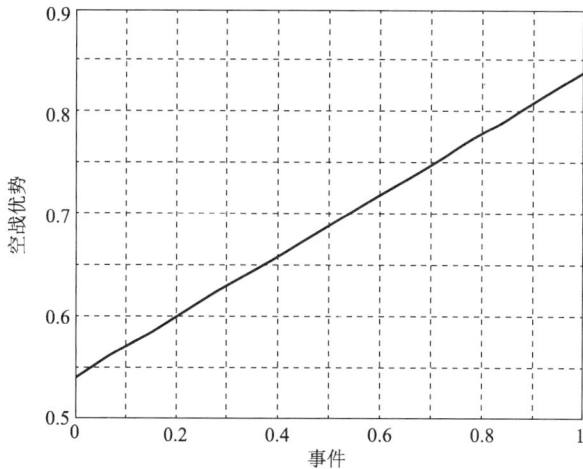

图 3-11　空战优势随事件变化图

3.3.7　讨论

由于威胁评估和态势评估是相互联系、不可分割的,所以,在计算目标威胁度时,也应该考虑态势评估的结果。如并行的战斗机比单独的两架战斗机威胁度高;有协同轰炸机进行攻击的战斗机时,其威胁度也相应提高等。所以,在计算出的各目标威胁度中应加入态势评估的结果,然后对威胁度值重新排序,这样得到的结果更加符合实际作战的情况。文献[249]在仿真算例部分用态势评估结果对威胁度值进行了修正,得到更合理、更符合实际的威胁排序结果。文献[119,250]也考虑了威胁评估的动态性、时变性问题。本书对此没有讨论,有待进一步研究。另外,事件优势的计算考虑得还不够全面,需要进一步深入的研究。

3.4　基于离散模糊动态贝叶斯方法的多机协同 多目标攻击空战威胁评估研究

3.4.1　基于离散模糊动态贝叶斯方法的多机协同多目标攻击空 战威胁评估模型

对于多机协同多目标攻击的目标,本书重点考虑对威胁程度影响较大的因素,包括目标机的动作、目标的类型、目标机速度、位置和角度。

"位置"表示距我战斗机的远近等信息。"角度"表示目标方位角和目标进入角绝对值之和。"动作"是指敌空中目标所做的战术动作。如果此时敌方是攻击机,则可能做出某些进行攻击的动作;如果是预警机等其他一些攻击能力较低的飞机,则可能以规避为主,从中就可以确定出目标威胁的高低。

本书把威胁度划(T)分为高、中和低 3 级,目标类型(K)可以分为歼击机、电子战飞机、预警机,位置(L)划分为近、中、远 3 个等级,角度(A)可以划分为大、中、小,速度(V)可以划分为快、中、慢,目标机的动作(M)分为攻击、无动作、规避。根据以上几个特征因素,多机协同多目标攻击空战威胁评估的离散模糊动态贝叶斯网络模型建立如图 3-12 所示。

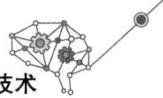

根据专家的先验知识,得到图 3-12 模型的条件概率如表 3-4 所示。两个时间片的状态转移概率如表 3-5 所示。

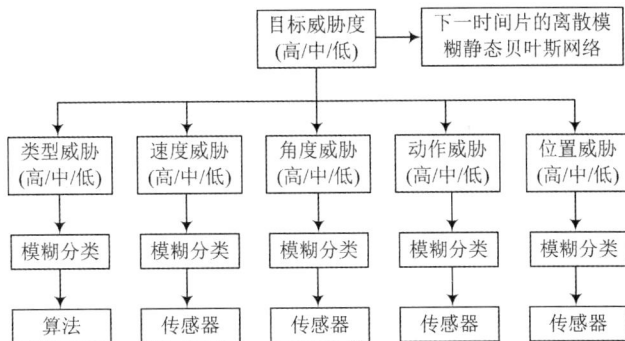

图 3-12　多机协同多目标攻击空战威胁评估的离散模糊动态贝叶斯网络模型

表 3-4　多机协同多目标攻击空战威胁评估模型条件概率表

威胁度	类型(K)		速度(V)		角度(A)		动作(M)		位置(L)	
高	H/K_1	0.6	H/V_1	0.7	H/A_1	0.65	H/M_1	0.6	H/L_1	0.7
	H/K_2	0.2	H/V_2	0.2	H/A_2	0.2	H/M_2	0.2	H/L_2	0.2
	H/K_3	0.1	H/V_3	0.1	H/A_3	0.1	H/M_3	0.2	H/L_3	0.1
中	M/K_1	0.25	M/V_1	0.25	M/A_1	0.25	M/M_1	0.3	M/L_1	0.25
	M/K_2	0.6	M/V_2	0.6	M/A_2	0.6	M/M_2	0.55	M/L_2	0.6
	M/K_3	0.2	M/V_3	0.2	M/A_3	0.2	M/M_3	0.25	M/L_3	0.2
低	L/K_1	0.15	L/V_1	0.1	L/A_1	0.1	L/M_1	0.1	L/L_1	0.1
	L/K_2	0.2	L/V_2	0.2	L/A_2	0.2	L/M_2	0.25	L/L_2	0.2
	L/K_3	0.7	L/V_3	0.7	L/A_3	0.7	L/M_3	0.55	L/L_3	0.7

表 3-5　离散模糊动态贝叶斯网络状态转移概率表

T_{i+1}/T_i	高	中	低
高	0.4	0.35	0.3
中	0.3	0.35	0.3
低	0.3	0.3	0.4

3.4.2　验证仿真与分析

假设在多机协同多目标攻击空战中,探测到 3 个目标,对于每个目标观察 3 个时刻。根据所得到的目标特征数据,连续值经过模糊分类后,得到推理参数如表 3-6 所示。经式(2-46)推理计算,可得 3 个目标分别在 3 个时刻属于高、中、低 3 个等级的威胁度概率。

表 3-6　推理的数值表

目标	时刻(T)	类型(K)	速度(V)	位置(L)	角度(A)	动作(M)
目标 1	时刻 1	(0.1,0.2,0.7)	(0.1,0.2,0.7)	(0.1,0.2,0.7)	(0.2,0.25,0.55)	(0.1,0.2,0.7)
	时刻 2	(0.1,0.2,0.7)	(0.1,0.2,0.7)	(0.1,0.2,0.7)	(0.2,0.25,0.55)	(0.2,0.6,0.2)
	时刻 3	(0.1,0.2,0.7)	(0.1,0.2,0.7)	(0.1,0.2,0.7)	(0.2,0.25,0.55)	(0.7,0.2,0.1)
目标 2	时刻 1	(0.2,0.6,0.2)	(0.1,0.2,0.7)	(0.1,0.2,0.7)	(0.2,0.25,0.55)	(0.1,0.2,0.7)
	时刻 2	(0.2,0.6,0.2)	(0.2,0.6,0.2)	(0.2,0.6,0.2)	(0.2,0.25,0.55)	(0.2,0.6,0.2)
	时刻 3	(0.2,0.6,0.2)	(0.1,0.2,0.7)	(0.65,0.25,0.1)	(0.6,0.3,0.1)	(0.7,0.2,0.1)
目标 3	时刻 1	(0.6,0.25,0.15)	(0.2,0.6,0.2)	(0.65,0.25,0.1)	(0.6,0.3,0.1)	(0.2,0.6,0.2)
	时刻 2	(0.6,0.25,0.15)	(0.7,0.2,0.1)	(0.65,0.25,0.1)	(0.6,0.3,0.1)	(0.2,0.6,0.2)
	时刻 3	(0.6,0.25,0.15)	(0.7,0.2,0.1)	(0.65,0.25,0.1)	(0.6,0.3,0.1)	(0.7,0.2,0.1)

目标 1 的参数输入模型后得出的值如图 3-13 所示。目标 1 为预警机,在 3 个时刻目标 1 的角度和动作不变,因此这两个因素所产生的威胁度在 3 个时刻均不变。目标 1 做匀速运动,因此在 3 个时刻速度所产生的威胁度也不产生变化,但是由于目标 1 距我方战机越来越近,所以威胁度应该随时间递增。图 3-13 的推理数值结果验证了推理正确、有效。

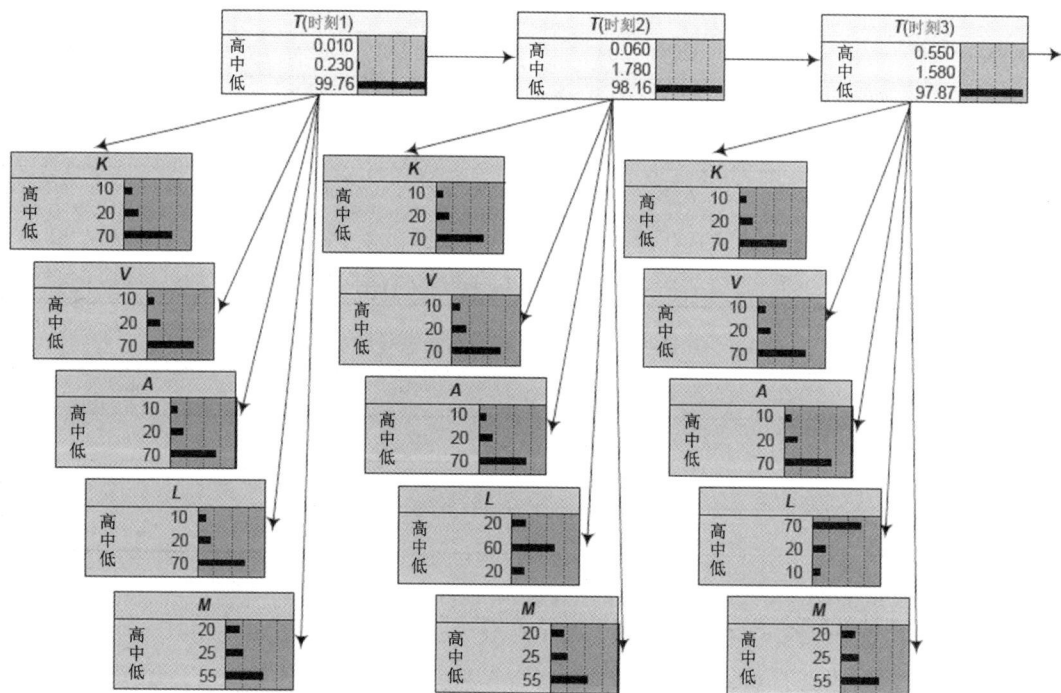

图 3-13　目标 1 的推理结果

目标 2 的参数输入模型后得出的值如图 3-14 所示。目标 2 为电子战飞机,向我方战机做加速运动,同时目标 2 的动作和角度所产生的威胁度也随时间增加,因此目标 2 的威胁度应该随时间增加。由图 3-14 的推理数值可得,时刻 1 时,低级威胁度为 96.48%;到时刻 3 时,高级威胁度达到了 95.61%。因此,推理正确、有效。

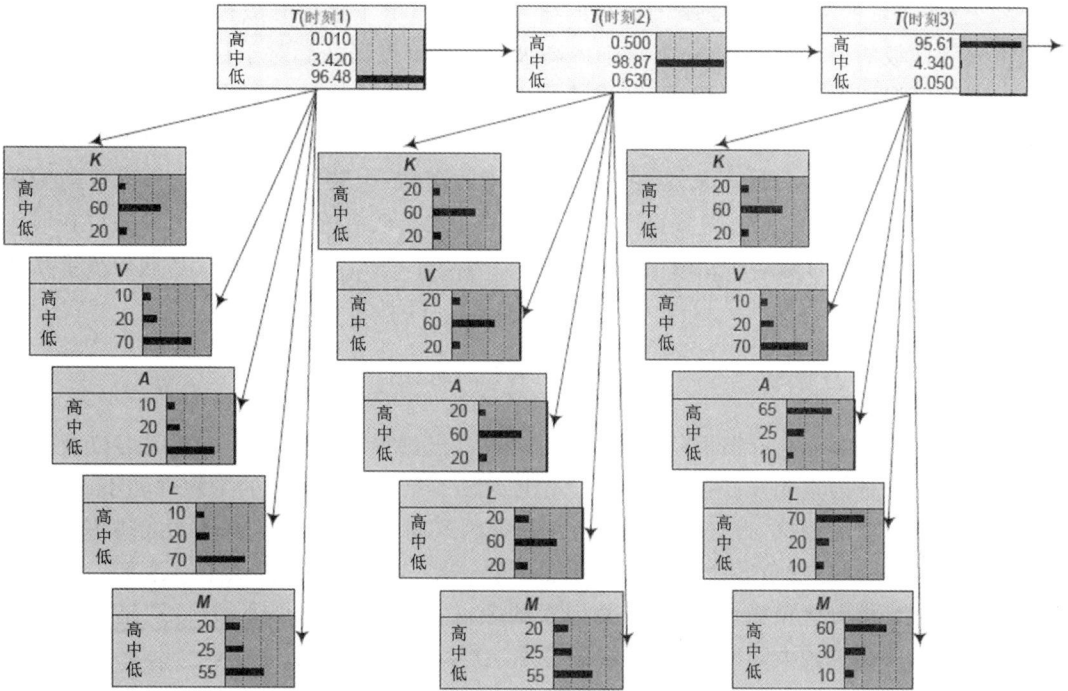

图 3-14　目标 2 的推理结果

　　目标 3 的参数输入模型后得出的值如图 3-15 所示。目标 3 为歼击机，向我方战机做加速运动，动作和角度所产生的威胁度在 3 个时刻均属于高级。由于其速度的增加以及与我方战机距离的减小，威胁度应该不断增大。图 3-15 的推理数值结果验证了推理正确、有效。

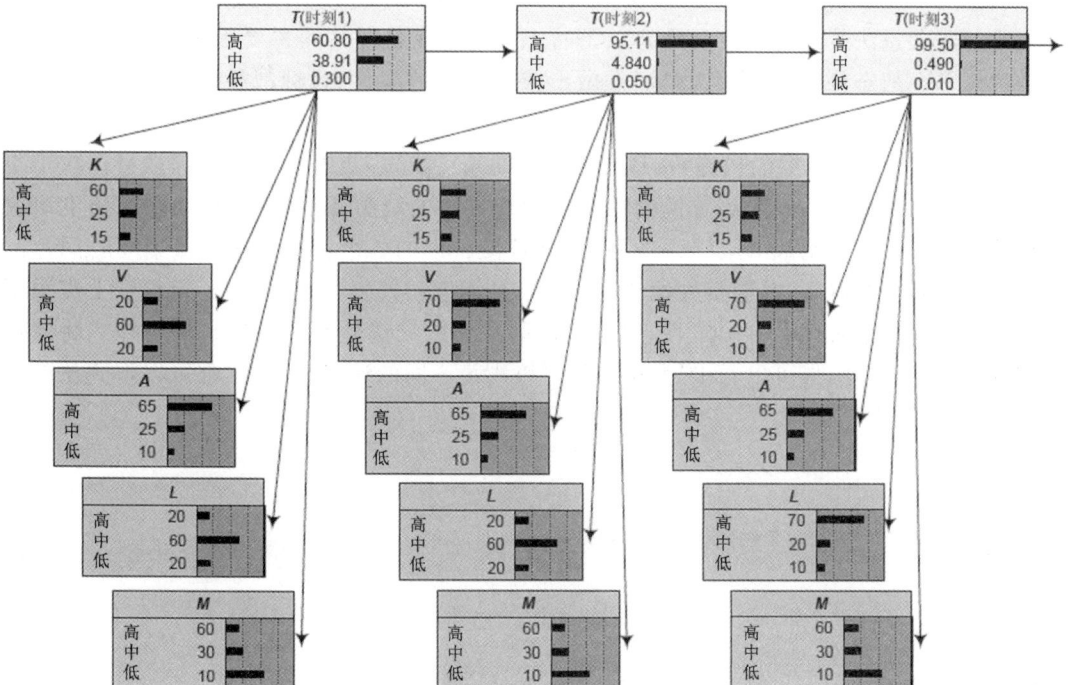

图 3-15　目标 3 的推理结果

综上所述,目标 1 的威胁度属于低级的概率最高,但由于距我方战机的距离不断减小,威胁度属于低级的概率也随之减小,属于中高级的概率略有增加。对于目标 2,在时刻 1,目标 2 的威胁度属于低级的概率最大;随着速度的增加,以及其他特征因素的威胁度的增加,目标 2 的威胁度在时刻 2 的威胁度属于中级的概率最高;在时刻 3,目标 2 的威胁度属于高级的概率最大。而对于目标 3 来说,在时刻 1 由于距离较远、初始速度较小,目标 3 的威胁度属于高级的概率为 60.8%;随着速度的增加以及与我方战机的距离的减小,威胁度在时刻 2 和时刻 3 属于高级的概率则分别增加到 95.11% 和 99.5%。由此可以看出,利用离散动态模糊贝叶斯网络进行的推理结果与实际情况是完全符合的。

3.4.3 讨论

基于离散模糊动态贝叶斯网络的威胁评估方法,能够使目标的各个特征因素以及不同时间片的同一特征因素相互修正,在一定程度上克服了专家评估带来的主观性和不确定性。评估结果与实际情况相符,很好地映射了各个特征因素间的复杂关系,提高了威胁评估的准确性和适应性,从动态的角度为多机协同多目标攻击空战威胁评估提供了一个新思路。但是本书的模型显得有些粗糙,比如对威胁因素的考虑、目标类型的划分等,特别是如空战能力等对威胁程度影响较大等因素,本书没做考虑,有待进一步研究。

3.5 本章小结

本章研究了多机协同多目标攻击智能决策关键技术之一——威胁评估技术。介绍了威胁评估功能模型,研究了参量法和非参量法两种威胁评估模型,并分别进行了仿真验证。本章提出的非参量法威胁评估模型具有以下特点:① 对威胁评估的主要因素考虑比较全面,综合考虑了空战态势、空战能力、对双方做出威胁行为的事件、目标战役价值的影响;② 扩充了对空战能力评估考虑的因素,用飞行员训练水平系数修正空战能力指数,使之更加全面合理;③ 对空战优势函数的构造,从超视距空战的角度出发,更符合多机协同多目标攻击空战的实际。本章提出的基于离散模糊动态贝叶斯方法的威胁评估模型,从动态的角度研究多机协同多目标攻击空战的威胁评估问题,能够使目标的各个特征因素以及不同时间片的同一特征因素相互修正,并能很好地映射各个特征因素间的复杂关系,在一定程度上克服了专家评估带来的主观性和不确定性,提高了威胁评估的准确性和适应性。从两种威胁评估模型的计算和排序结果可以看出,两种模型可以满足不同的计算要求,并都可以得到比较满意的结论。

单机多目标攻击决策技术

4.1 引 言

　　单机多目标攻击是指单架作战飞机同时制导多枚空空导弹在中远距攻击可攻击区域中多个分散的敌机目标。它主要包括跟踪、识别、火控计算、攻击逻辑以及对多枚导弹同时制导等主要环节。其中,攻击逻辑部分完成攻击计划的决策。在本章中,单机多目标决策是多机协同多目标攻击决策研究的基础,是实现多机协同多目标攻击空战的关键环节。

　　单机多目标攻击决策的研究中,根据目标威胁程度或我方相对综合优势信息,对攻击区内的多个目标进行超视距攻击排序是单机多目标攻击决策的关键环节。本章以多属性决策理论和工程模糊集理论为基础,利用模糊多属性决策的方法研究超视距空战条件下的单机多目标攻击排序问题,并探讨单机多目标攻击逻辑决策的模型与方法,实现了欲攻击的敌机目标与载机导弹火力之间的优化分配。

4.2 单机多目标攻击决策的基本思想

　　单机多目标攻击的目标信息由本机传感器和战术数据链提供,其作战系统主要是由飞机与飞控模型、雷达及干扰模型、允许发射区模型、目标与火力分配模型、战术规划模型、导弹杀伤目标概率模型和空战效能评估模型等构成。单机多目标攻击逻辑是一个动态过程,其流程图如图 4-1 所示。

　　图 4-1 表明,单机多目标攻击着重于目标危险价值判断与导弹火力分配,这两者构成了单机多目标攻击的决策系统。它完成着如下的制定攻击计划的功能[251]。

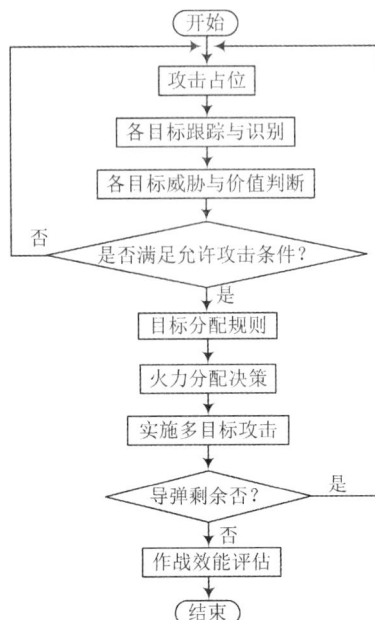

图 4-1　单机多目标攻击逻辑决策流程

（1）攻击目标选择：从已被跟踪的多个目标中按照危险与价值判断选择出最需要攻击且满足攻击条件的敌机目标。

（2）导弹火力分配：给欲攻击的已排序好的每个目标分配一定的导弹火力。

本书阐述的决策系统的目的是使载机预期的攻击效果达到最佳，并以此为攻击依据来进行武器系统的综合调度。实质上，这是一个优化决策问题，但不是单方面的确定型静态决策，而是基于双方对抗风险型的危险评估与动态决策。

4.3　单机多目标攻击决策模型与方法研究

4.3.1　模糊多属性决策基本理论概述

4.3.1.1　多属性决策理论概述

关于决策及多属性决策已有许多论著，对多属性决策国内外也有不同叫法，常见的有多准则决策（MCDM）[252]、多目标（目的）决策（MODM）[253-254]、多属性决策（MADM）[255-258]、决策分析[259]等。尽管在这些名称下描述问题的侧重点有一定差别，但基本含义是一致的。书中如不特别指出，均采用多属性决策（MADM）的叫法。

多属性决策是决策者结合自己的偏好结构对多个相互冲突的属性方案进行综合衡量后做出合理的、正确的决策过程，它主要包含有限个方案决策与无限个方案决策的问题。多属性决策问题可认为是一个求系统最优性能指标的过程，而决定系统性能好坏的所有因素构成了一个在属性函数集上的数学模型：

$$F(X)=\{f_1(x),f_2(x),\cdots,f_m(x)\} \quad x\in X \tag{4-1}$$

对应于每一个子属性函数 $f_i(x)(i=1,2,\cdots,m)$，希望按照一定的评价标准求得对应的价值函数 $y_i(x)$，从而找到一定的决策规则 DR 将 $F(X)$ 映射到 $Y(X)$ 中：

$$Y(X)=DR(F(X))=\{y_1(x),y_2(x),\cdots,y_m(x)\}\quad x\in X \qquad (4\text{-}2)$$

式 4-2 实现了不可公度的属性函数向可公度的价值函数的转化过程，即在可行域 X 内找到某个 x^*，通过 DR 使目标向量 $Y(X)$ 达到最优，此 x^* 就是决策问题答案。

目前，解决多属性决策问题的基本思想是将其变换成单属性数学规划问题，即将多维价值函数 $Y(X)$ 合并成一维总价值函数 $V(X)$，并在可行域 X 内使得 $V(X)$ 达到数值最优。决策求解的基本方法是评价函数法，根据问题的特点和决策者的意图，构造一个把 m 个属性转化为一个数值属性的评价函数 DR，通过它对 m 个属性的评价，从而把求解多属性最优化问题转化为求解与之相关的单属性最优化问题。

线性加权法是实现上述转化的最常用方法，它是指根据各个属性在决策中的重要程度而分别赋予它们一个数，并把此数对应地作为各属性的加权系数，把带系数的属性相加来构造评价函数如下：

$$V(X)=\sum_{i=1}^{m}\lambda_i \cdot y_i(x) \qquad (4\text{-}3)$$

式中，λ_i 是第 i 个属性的加权系数，$V(X)$ 是综合评价系统的数量指标。多属性权系数的赋值相当程度上决定着多属性决策的精度性、合理性和正确性，多个常冲突属性之间的权衡与度量一般取决于决策者的偏好结构如决策者的意志、经验和直觉等。权系数的确定方法有分级和赋权：前者是将多个属性分属于重要性不同的级，逐级来确定偏好；而后者是用不同的系数来组合不同的目标，用带权求和来定出偏好。而赋值方法有层次分析法（AHP）、相关度法（RDM）、熵值法（EVM）、重要性排序法（IOM）和神经网络法（ANN）等。

实现上述转化，解决多属性决策问题也有不少有效方法，现择要介绍几种典型方法。

字典序法[260]由 Luce 于 1956 年提出。它只要求决策者对各属性的重要性给出顺序，然后按照重要性顺序依次比较所有方案。如果对于最重要属性，某个方案优于其他所有方案，则该方案为最满意方案；如果在该属性下若干个方案没有明显差别，则将这几个方案作为一个方案子集，并按照次重要属性做进一步优选，直至得到所有方案的排序。该方法操作简单，不需要给定属性权重，但评判结果易受属性重要性排序的影响。

线性分配法[261]的基本思想如下：如果某个方案按照几个重要属性均排序靠前，那么总的来说，排在最前面的可能性较大，并由此构造一序权矩阵去估计每个方案的排列，然后建立二值线性规划求解最满意方案。该方法思想简单，但由于仅仅利用了优越性顺序，因而不能充分利用决策者可以给予的偏好信息。

逼近于理想解的排序方法（TOPSIS 法）[76-90,256]是一种接近于简单线性加权的排序方法，只要求各属性的效用函数为单调增（或减）即可，并利用方案与正、负理想解的距离以及相应的相对接近度衡量方案的优劣。该方法是一种非常有效的解决有限方案多属性决策问题的方法，物理概念比较清晰，计算相对简单，但需要确定虚拟的理想解，通常和其他方法结合使用。

ELECTRE 法[262-263]是一种已被广泛采用的多属性决策方法，要求决策者参与决策计算，决策者承担某种风险的程度决定了方案的淘汰与选择。其基本思想如下：根据某种指示值对方案集中各方案做级别关系检验，然后淘汰其中级别较低的部分方案，保留较好的方案,逐步淘汰,直至得到最满意方案。该方法可以分为 ELECTRE-Ⅰ、ELECTRE-Ⅱ、ELECTRE-Ⅲ和其他改进方法,后几种方法均是第一种方法的改进。该方法逻辑清晰,能充分利用方案信息,但指示值的大小会影响方案选择的结果。

多维偏好线性规划方法(LINMAP 法)[264]与 TOPSIS 法有类似之处,都是通过与理想解的比较求解最优方案。前者利用方案的有序对来估计目标权重和理想解,从而得到最满意方案,但该方法在方案个数小于属性个数时效果较差。

层次分析法(AHP)法[97-98]是目前广为应用的定性与定量相结合的方法。它允许将复杂问题分解成若干个递进层次,并通过两两对比确定属性的相对重要性,从而将决策者的方法首先是在方法论意义上创新。通常,层次分析法和其他方法结合使用。

此外,还有 PROMETHEE(Preference Ranking Oganization Methods for Enrichment Evaluations)法[265-266]、部分信息法[267]以及其他一些交互式决策方法。目前,多种方法结合、取长补短是研究的热点。

4.3.1.2 模糊多属性决策理论概述

事实上,大量的决策问题并没有最优解,而只有满意解。首先,决策问题,尤其是多属性决策问题中的属性往往是相互联系又相互矛盾的,具有不可公度性。其次,决策结果的正确性依赖于决策信息的正确性与完备性。再次,决策的属性函数、约束条件等很难用精确的数学公式来描述。最后,由于决策是一种人类的思维过程,决策的任何一个方面都跟决策者本身对决策客体的认知有着直接的联系。这种认知因人而异,并随认知的不断深化,决策思维方式和决策方法也会有所变化。因此,即便有"最优解",这种最优有可能是只限于局部的、时代的和个人的认知;认知的描述也不可能是完全精确的;强调"最优"而忽略"满意"也是不现实的,而包括"满意"在内的大量概念都是模糊的。故而,大量的决策是模糊的决策。在多属性决策过程中,决策者往往无法确定属性重要性的准确值,只能定性地认为某属性相对来说是"重要的""较重要的"或"不重要的",若用一个精确的值来表示权重信息显得过于牵强,并且会丢失很多模糊化的信息。另外,方案 A_i 对应属性 O_j 的属性值与属性权重一样具有模糊性。可见,大量的多属性决策问题呈现出模糊性的特点。从而,运用通常的多属性决策方法进行求解往往可能遇到一些困难[268]。将模糊理论与多属性决策有机结合,这样才更科学和更符合实际。

R. Bellman 和 L. A. Zadeh 首先将模糊集理论应用到了多属性决策问题中,并提出了模糊最大最小法[269]。该方法将属性看作是等权重。在此基础上,Yager 又对该算法做了改进,并将其推广到非等权重的情况[270]。这两种方法计算简单,均是悲观决策方法。

模糊加权平均法(F-SAW):文献[271-273]分别利用 α 截集将经典线性加权法推广到了模糊状态下。这几种方法能保持传统 SAW 方法的基本思想,但由于要用到截集,所以计算相对复杂。Bonissone[255]推导出了几种特殊模糊数的近似运算公式,并用这些典型模糊数近似技术改进了模糊线性加权法,既保持了 SAW 方法的良好特性,计算量也大大减少,因而是一种较为实用的方法。但这些方法都有一个共同问题,即忽略了属性特征值的归一化问题。

模糊层次分析法(F-AHP):1977 年,AHP 法的创始人提议在 AHP 法中引入模糊判断的概念;文献[274]在 AHP 法中引入了三角模糊数,将 AHP 法推广到了模糊状态;文献[275]中用梯形模糊数改造了 AHP 法。但对模糊层次分析法的研究还是有限的,同时存在许多困难,如模糊情况下决策矩阵一致性的判断等。

另外,陈守煜教授在其创建的以相对隶属度、相对隶属函数为基础的工程模糊集理论中,系统地建立了结构性、非结构性、半结构性模糊多目标决策单元系统理论、模型与方法。

4.3.1.3   工程模糊集理论概述

为了解决水文水资源系统的一系列决策问题,早在 20 世纪 80 年代初期,陈守煜教授就系统地研究和应用模糊集合论。其《工程模糊集理论与应用》(北京:国防工业出版社,1998年)的出版是工程模糊集理论的阶段性和标志性成果。该理论已经应用到了包括水文水资源、地质、环境保护、工程项目评价、区域可持续发展和军事等众多领域,并将日益显示其理论价值和应用价值。下面对该理论做简要介绍。

4.3.1.3.1   相对隶属度和相对隶属度函数

设论域 U 上的一个模糊概念 $\tilde{A}$,分别赋给 $\tilde{A}$ 处于共维差异的中介过渡段的两个端点(称极点)以 0 与 1。在 0 到 1 的数轴上构成一个 $[0,1]$ 闭区间数的连续统。对于 U 中的任意元素或 $u \in U$,都在该连续统上指定了一个数 $\mu_{\tilde{A}}^{0}(u)$,称为 u 对 $\tilde{A}$ 的绝对隶属度,简称隶属度。映射

$$\mu_{\tilde{A}}^{0} : U \to [0,1]$$
$$u \mapsto \mu_{\tilde{A}}^{0}(u) \tag{4-4}$$

称为 $\tilde{A}$ 的绝对隶属函数,简称隶属函数。

在绝对隶属度的连续统数轴上建立参考系,将其中任意两个点定为参考坐标系上的两极,赋给参考系两极以 0 与 1 的数,并构成参考系 $[0,1]$ 数轴上的参考连续统。对任意的元素 $u \in U$,都在参考连续统上指定了一个数 $\mu_{\tilde{A}}(u)$,称为 u 对 $\tilde{A}$ 的相对隶属度。映射

$$\mu_{\tilde{A}} : U \to [0,1]$$
$$u \mapsto \mu_{\tilde{A}}(u) \tag{4-5}$$

称为 $\tilde{A}$ 的相对隶属函数。

参考连续统上取定的左极点即数值 0 点,可以与描述绝对隶属度的连续统的左极点相重合。参考连续统上两极向连续统的两极无限接近,相对隶属度、隶属函数转化为绝对隶属度、隶属函数。

该定义突破了 Zadeh 模糊集论中绝对隶属度和隶属度函数的概念,并使绝对隶属度难以确定的难题得以较好解决。该定义表明,相对隶属度是以大量客观存在的相对事实为前提的,同时也不否认绝对隶属度的存在,从而打破了隶属度的"不可知论"。因此,相对隶属度和相对隶属度概念是工程模糊集理论作为一个通用理论的奠基石。

陈守煜教授还突破了经典模糊统计试验的局限,建立了直接模糊统计试验的概念与方法,从而将相对隶属度方便地拓展到实际应用上。

4.3.1.3.2   模糊优选模型

1988 年,陈守煜、赵瑛琪将系统分析与模糊集分析有机结合,提出了模糊优选模型[276]。其基本思想:确定方案集关于属性集隶属于模糊概念"优"的隶属度(称为优属度),再根据模糊优选公式求解各方案关于优的相对隶属度,从而得到方案的优劣顺序。基本方法概述如

下。首先形成方案集 $A=\{A_1,A_2,\cdots,A_j,\cdots,A_n\}$ 关于属性集 $O=\{o_1,o_2,\cdots,o_i,\cdots,o_m\}$ 的相对优属度矩阵 $(i=1,2,\cdots,m;j=1,2,\cdots,n)$：

$$\boldsymbol{R}=\begin{bmatrix} r_{11} & r_{12} & \cdots & r_{1n} \\ r_{21} & r_{22} & \cdots & r_{2n} \\ \vdots & & & \vdots \\ r_{m1} & r_{m2} & \cdots & r_{mn} \end{bmatrix}=(r_{ij})_{m\times n} \tag{4-6}$$

其中,定量目标值可根据相对优属度原理变换成相对隶属度值。对于定性目标,首先分别基于各定性目标,由决策者对方案集中各方案做关于优越性的排序,并在此基础上进行二元比较,给出关于优越性的语气助词,进而计算出各方案关于该目标的相对优属度值。然后利用模糊优选公式(每个目标相对重要程度的权重向量 $\omega=\{\omega_1,\omega_2,\cdots,\omega_m\}$)：

$$u_j=\cfrac{1}{1+\left\{\cfrac{\sum\limits_{i=1}^{m}\left[\omega_i(1-r_{ij})\right]^p}{\sum\limits_{i=1}^{m}(\omega_i r_{ij})^p}\right\}^{\frac{2}{p}}} \tag{4-7}$$

计算得到方案集的相对隶属度向量：$\boldsymbol{u}=\{u_1,u_2,\cdots,u_n\}$。最后根据一定的准则,如最大隶属度准则,对各方案做关于优越性的排序。

4.3.1.3.3　二元比较法

根据相对隶属度原理,陈守煜教授提出了基于二元比较求取属性权重的有序二元比较法,现将有关内容概述如下。

设有待进行比较的属性集为 $O=\{o_1,o_2,\cdots,o_m\}$。利用二元对比方法对属性集 O 中的所有属性做关于重要性的排序,可得符合排序一致性的 m 个目标关于重要性的顺序,不妨设为 $o_1>o_2>,\cdots,>o_m$,其中"$A>B$"表示"A 比 B 重要或一样重要",可得属性关于重要性的有序二元比较矩阵：

$$\boldsymbol{\beta}=\begin{bmatrix} \beta_{11} & \beta_{12} & \cdots & \beta_{1m} \\ \beta_{21} & \beta_{22} & \cdots & \beta_{2m} \\ \vdots & & & \vdots \\ \beta_{m1} & \beta_{m2} & \cdots & \beta_{mm} \end{bmatrix}=(\beta_{ij}) \tag{4-8}$$

其中,当 o_k 比 o_l 重要时,$0.5<\beta_{kl}\leqslant1$；当 o_l 比 o_k 重要时,$0\leqslant\beta_{kl}<0.5$,且 $\beta_{kl}=1-\beta_{lk}$；当 o_k 与 o_l 一样重要时,$\beta_{kl}=0.5$,显然 $\beta_{lk}=0.5$；并称 β_{kl} 为目标 o_k 对 o_l 的相对重要性模糊标度值。

式(4-8)为 $m\times m$ 阶矩阵,其对角线元素均为 0.5,它将矩阵分为上下两个三角。上三角中的元素值从对角线元素值 0.5 开始,每行元素值自左向右递增,每列元素自上向下递减。即

$$\left.\begin{array}{l} 0.5=\beta_{11}\leqslant\beta_{12}\leqslant\beta_{13}\leqslant\cdots\leqslant\beta_{1j}\leqslant\cdots\beta_{1m}\leqslant1 \\ 0.5=\beta_{22}\leqslant\beta_{23}\leqslant\cdots\leqslant\beta_{2j}\leqslant\cdots\beta_{2m}<1 \\ 0.5=\beta_{33}\leqslant\cdots\leqslant\beta_{3j}\leqslant\cdots\beta_{3m}<1 \\ \vdots \\ 0.5=\beta_{mm}<1 \\ \beta_{1j}>\beta_{2j}>\cdots>\beta_{mj} \end{array}\right\} \tag{4-9}$$

β_{kl} 的值可根据决策者给出的属性 o_k 比 o_l 重要程度的语气算子查表 4-1 得到。例如,o_k 比 o_l"明显"重要,则 $\beta_{kl}=0.7$。如果决策者认为表中的语气算子不够用,还可以在其中线性插入若干算子。

表 4-1　语气算子与模糊标度的对应关系

语气算子	同样	稍稍	略微	较为	明显	显著	十分
模糊标度值	0.5	0.55	0.60	0.65	0.70	0.75	0.80
隶属度值	1.0	0.905	0.667	0.538	0.429	0.333	0.25
语气算子	非常	极其	极端	无可比拟			
模糊标度值	0.85	0.90	0.95	1.0			
隶属度值	0.176	0.111	0.053	0			

4.3.2　单机多目标攻击逻辑决策模型

单机多目标攻击逻辑决策是一种基于对抗的风险型多目的决策问题,其目的在于使预期的攻击效果最好,并以此为依据进行武器系统的调度。

在某空战中,设单架我机对抗 k_t 架敌机。k_t 的数值由载机火控雷达的最大跟踪目标数目决定,这里设 $k_t \leqslant 10$。我机最多可挂带 l 枚同型中距拦射空空导弹,最多能同时攻击 l_f 个目标。

定义第 k 枚导弹的攻击点发射质量系数 pf_k 为该弹在该攻击位置所对应的攻击条件参数所确定的对目标的毁伤概率因子,该型导弹发射后的单发毁伤概率因子为 pr_k,这由导弹的综合性能所决定。同时认为每架敌机的抗毁性能相同。

我机的策略是在合适的攻击占位基础之上做出威胁判断,然后从 kt 个目标中选出满足攻击条件的目标数 kn,并从 kn 个目标中选出 kf 个目标进行导弹火力分配,其中一个目标可以分配多枚导弹。设对第 k 个目标分配的导弹数目为 m_k。当 $m_k=0$ 时,对该目标不实施攻击;当 $m_k=1$ 时,对该目标发射 1 枚导弹;当 $m_k=2$ 时,对该目标实施双发齐射攻击。攻击的约束条件是

$$\mathrm{kf}=\min(kn,lm) \tag{4-10}$$

$$\sum_{k=1}^{kf} m_k \leqslant \mathrm{lm} \tag{4-11}$$

其中,lm 是导弹余量。某次攻击要分配的导弹数量为

$$\mathrm{ll}=\min(\mathrm{lf},\mathrm{lm}) \tag{4-12}$$

单机多目标攻击逻辑决策的目标是合理地选择攻击目标、分配火力,使毁伤目标的战术价值之和为最大,同时使该次攻击后余留目标对本机的威胁降为最小。用数学式表达如下:

$$\begin{cases} \max\left(\sum_{k=1}^{kf} \mathrm{pt}_k \cdot w_k\right) \\ \max\left(\sum_{k=1}^{kf} \mathrm{pt}_k \cdot T_k\right) \end{cases} \tag{4-13}$$

其中,T_k 为第 k 架敌机对红机的威胁程度,w_k 为第 k 架敌机的战役价值,pt_k 为任一枚发射

后的导弹对第 k 个目标的预期毁伤概率。合并式(4-13)中两个目的函数为单目的决策函数:

$$\max\left(\sum_{k=1}^{kf}(d_1 T_k + d_2 w_k)\mathrm{pt}_k\right) \tag{4-14}$$

其中,d_1 与 d_2 分别是目标威胁程度与目标战役价值大小对我机进行攻击和生存概率大小影响的权重。

逻辑决策的约束条件如下。

(1)欲攻击的目标必须在允许攻击条件集 Ω 之内。

(2)欲攻击目标的数目不能多于本机携带的导弹余量 lm 和最多能同时攻击的目标数目 lf。

(3)给每个目标分配的导弹数量不多于两枚。

敌机采取与之相对抗的策略,表现为它对我机的威胁和影响我机导弹的攻击点发射质量系数。

4.3.3 基于模糊多属性决策方法的威胁评估研究

3.3节研究了非参量法的威胁评估,但是对评估指标的权重系数并未进行深入的研究。本节基于工程模糊集理论知识,应用模糊多属性决策方法研究威胁评估问题。

4.3.3.1 多属性决策模型

3.3节研究了影响目标威胁程度的因素,并选取了空战效能优势、事件优势、态势优势、目标战役价值作为主要影响因素,然后以直接线性加权法构造总体优势函数。而如果将每架敌机看作是一个方案,将空战效能指数 T_M、角度优势指数 T_A、距离优势指数 T_D、能量优势指数 T_E、事件优势指数 T_1 和目标战役价值指数 $W=0.1\times V$ 分别看作各方案的 6 个属性,则威胁程度评估实际就成为一个多属性决策问题,其决策矩阵 $\boldsymbol{A}=(a_{mn})_{M\times N}$。其中,$a_{mn}$ 表示第 m 个方案的第 n 个属性的值,$1\leqslant m\leqslant M$,$1\leqslant n\leqslant N$,M 是敌机数目,$N=6$。

对于这类多属性决策问题,逼近于理想解的排序法(TOPSIS)是一种简单有效的决策方法之一,其基本思想是所选择的满意方案应尽可能地接近相对理想方案,同时又尽可能地远离相对负理想方案。但该方法计算量较大,在很多情况下实时性难以得到保证。本书运用工程模糊集理论的基本知识,将整个威胁评估过程主要分为以下 3 个基本过程:① 评估属性相对优属度计算;② 评估属性权重系数确定;③ 威胁评估排序结果计算。

4.3.3.2 模糊规范化方法计算评估属性相对优属度

将空战效能指数 T_M、角度优势指数 T_A、距离优势指数 T_D、能量优势指数 T_E、事件优势指数 T_1 和目标战役价值指数进行模糊规范化,得到评估属性的相对优属度。相对优属度,即关于优势的相对隶属度,它的计算应根据属性类型、实际问题特点以及决策者的要求进行。

设有优势指数向量 prior $=[p_1,p_2,\cdots,p_j,\cdots,p_n]$,记

$$p_{\max}=\max_{j=1}^{n}\{p_j\} \tag{4-15}$$

$$p_{\min}=\max_{j=1}^{n}\{p_j\} \tag{4-16}$$

（1）对效益型属性，模糊规范化公式为

$$r_j = \left[(p_j - p_{\min}) / (p_{\max} - p_{\min}) \right]^M \tag{4-17}$$

有时为使某些效益型属性的相对优属度分散些，可采用式（4-18）、式（4-19）所示的模糊规范化公式：

$$r_j = \left[p_j / (p_{\max} + p_{\min}) \right]^M \tag{4-18}$$

$$r_j = \left[p_j / p_{\max} \right]^M \tag{4-19}$$

（2）对成本型属性，可选用如下模糊规范化公式：

$$r_j = \left[(p_{\max} - p_j) / (p_{\max} - p_{\min}) \right]^M \tag{4-20}$$

$$r_j = 1 - \left[p_j / (p_{\max} + p_{\min}) \right]^M \tag{4-21}$$

$$p_j = \begin{cases} 1 - (p_j / p_{\max})^M & p_{\min} = 0 \\ (p_{\min} / p_j)^M & p_{\min} \neq 0 \end{cases} \tag{4-22}$$

需要说明的是，使用式（4-18）、式（4-19）、式（4-21）、式（4-22）的前提条件是 $p_j > 0 (j = 1, 2, \cdots, n)$；式（4-17）～式（4-22）中的 M 是由决策者确定的参数，一般可以取 $M = 1$。

利用上述公式对各优势指数进行模糊规范化，即可得到评估属性的相对优属度，最后可以得到我机对敌机的相对优属度矩阵：

$$\boldsymbol{R} = \begin{bmatrix} r_{11} & r_{12} & \cdots & r_{1n} \\ r_{21} & r_{22} & \cdots & r_{2n} \\ \vdots & & & \vdots \\ r_{l1} & r_{l2} & \cdots & r_{ln} \end{bmatrix} = (r_{kj})_{l \times n} \tag{4-23}$$

其中，r_{kj} 为我机对敌机 $(j = 1, 2, \cdots, n)$ 关于评估属性 $k (k = 1, 2, \cdots, l)$ 的相对优属度，$\boldsymbol{R}$ 为我机对敌方全部 n 架战机关于全部 l 个评估属性的相对优属度矩阵，$l = 6$。

4.3.3.3 基于相邻属性相对重要性模糊标度值的评估属性的权重系数确定

权重的确定是解决多属性决策问题的关键。国内外已有不少人对权重的确定方法做了研究。然而，由于权重问题比较复杂，从而使得不少方法都存在着自身的局限性。由 3.3 节可见，不管是直接线性加权法还是逼近于理想解的排序方法，使用的前提条件都是要事先确定空战态势各优势指数、空战能力指数等的权重。然而，在实际问题中，特别是在作战方案的评价与优选中，各因素权重的确定是一个相当困难的问题，因为偏好信息有时很难甚至无法事先完全确知。为此，本书将采用相邻属性相对重要性模糊标度值方法来解决权重系数问题。下面就对此进行详细的讨论。

4.3.3.3.1 基于相邻属性相对优属度确定权重的方法

利用二元对比的方法，对属性集 $O = \{o_1, o_2, \cdots, o_m\}$ 中的所有属性做关于重要性的排序，可得到符合排序一致性原则的 m 个属性关于重要性的排序，不妨设为 $o_1 \succ o_2 \succ, \cdots, \succ o_m$（以下同）。

定义 4.1　基于排序一致性 $o_1 \succ o_2 \succ, \cdots, \succ o_m$，对属性集 O 中的属性做关于重要性程度的二元比较：当 o_k 比 o_l 重要时，$0.5 < \beta_{kl} \leqslant 1$；当 o_l 比 o_k 重要时，$0 \leqslant \beta_{kl} < 0.5$；当 o_k 与 o_l 一样重要时，$\beta_{kl} = 0.5$；$\beta_{kl} = 1 - \beta_{lk}$；则称 β_{kl} 为属性 o_k 对 o_l 的相对重要性模糊标度值。特别地，称 $\beta_{k,k+1}$ 为相邻属性相对重要性模糊标度值。其中，$k = 1, 2, \cdots m; l = 1, 2, \cdots m$。

4.3.3.3.1.1 间接法

基于上述定义及相对隶属度原理,可以推出如下结论:在属性关于重要性的排序 $o_1 > o_2 > , \cdots, > o_m$ 下,由相邻属性相对重要性模糊标度值 $\beta_{k,k+1}(k=1,2,\cdots,m-1)$ 必可求得属性相对重要性模糊标度值 $\beta_{kl}(k=1,2,\cdots,m,l=1,2,\cdots,m)$。

当 $1 \leqslant k \leqslant m-2$ 时,将属性 o_k 与所有属性做关于重要程度的二元比较后应得 $\beta_{k1},\beta_{k2},\cdots,\beta_{kk},\beta_{k,k+1},\cdots,\beta_{km}$。其中,相邻属性相对重要性模糊标度值 $\beta_{k,k+1}$ 已知。由属性相对重要性模糊标度值定义知,$\beta_{kk}=0.5,\beta_{kl}=1-\beta_{lk}$,只需求 $\beta_{k,k+2},\beta_{k,k+3},\cdots,\beta_{km}$,即得上述结论。

由属性排序 $o_1 > o_2 > , \cdots, > o_m$ 可知,$\beta_{k,k+1} \in [0.5,1]$,$\beta_{k,k+2} \in [\beta_{k,k+1},1]$,$\cdots$,$\beta_{km} \in [\beta_{k,m-1},1]$,它们在 $0-\beta_{k,l}$ 数轴上的关系如图 4-2 所示。

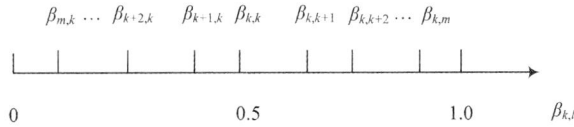

图 4-2 相对于属性的 o_k 的模糊标度值

$\beta_{k,k+2}$ 的求法如下。

考察 $\beta_{k,k+2}$ 与 $\beta_{k,k+1}$ 及 $\beta_{k+1,k+2}$ 之间的关系。在数轴 $0-\beta_{k,l}$ 上,$\beta_{k,k+2} \in [\beta_{k,k+1},1]$;在数轴 $0-\beta_{k+1,l}$ 上,$\beta_{k+1,k+2} \in [\beta_{k+1,k+1},1]=[0.5,1]$(见图 4-3)。记:

$$\beta_{k+1,k+2}^{(k)}=\beta_{k,k+2}-\beta_{k,k+1} \tag{4-24}$$

$$\beta_{k+1,k+2}^{(k+1)}=\beta_{k+1,k+2}-\beta_{k+1,k+1}=\beta_{k+1,k+2}-0.5 \tag{4-25}$$

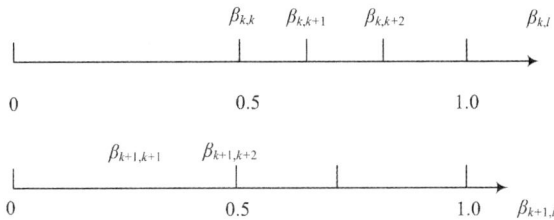

图 4-3 模糊标度值 $\beta_{k,k+2}$ 和 $\beta_{k+1,k+2}$ 之间的投影关系

则 $\beta_{k+1,k+2}^{(k)}$ 和 $\beta_{k+1,k+2}^{(k+1)}$ 分别是以属性 o_k 和 o_{k+1} 为基准做相对重要性程度比较时,$\beta_{k+1,k+2}$ 与 $\beta_{k+1,k+1}$ 之间的差值,是同一问题在不同坐标系(或参照系)的不同表述。

将 $\beta_{k+1,k+2}^{(k+1)}$ 从坐标系 $0-\beta_{k+1,l}$ 的 $[0.5,1]$ 区间投影到坐标系 $0-\beta_{k,l}$ 的 $[\beta_{k,k+1},1]$ 区间上,即将 $\beta_{k+1,k+2}^{(k+1)}$ 转换为 $\beta_{k+1,k+2}^{(k)}$ 有

$$\beta_{k+1,k+2}^{(k)}/(1-\beta_{k,k+1})=\beta_{k+1,k+2}^{(k+1)}/0.5 \tag{4-26}$$

$$\beta_{k+1,k+2}^{(k)}=2\beta_{k+1,k+2}^{(k+1)}(1-\beta_{k,k+1}) \tag{4-27}$$

由式(4-24)和(4-27)可得

$$\beta_{k,k+2}=\beta_{k,k+1}+\beta_{k+1,k+2}^{(k)}=\beta_{k,k+1}+2(1-\beta_{k,k+1})(\beta_{k+1,k+2}-0.5) \tag{4-28}$$

$\beta_{k,k+a+1}(a=2,3,\cdots,m-k-1)$ 的求法如下。

考察 $\beta_{k,k+a+1}$ 与 $\beta_{k,k+a}$ 及 $\beta_{k+a,k+a+1}$ 间的关系,设 $\beta_{k,k+a}$ 已求得。在数轴 $0-\beta_{k,l}$ 上,$\beta_{k,k+a+1} \in [\beta_{k,k+a},1]$;在数轴 $0-\beta_{k+a,l}$ 上,$\beta_{k+a,k+a+1} \in [\beta_{k+a,k+a},l]=0.5$(见图 4-4)。记:

$$\beta_{k+a,k+a+1}^{(k)}=\beta_{k,k+a+1}-\beta_{k,k+a} \tag{4-29}$$

$$\beta_{k+a,k+a+1}^{(k+a)}=\beta_{k+a,k+a+1}-\beta_{k+a,k+a}=\beta_{k+a,k+a+1}-0.5 \tag{4-30}$$

则 $\beta_{k+a,k+a+1}^{(k)}$ 和 $\beta_{k+a,k+a+1}^{(k+a)}$ 分别是以属性 o_k 和 o_{k+a} 为基准做相对重要性程度比较时，$\beta_{k+a,k+a+1}$ 与 $\beta_{k+a,k+a}$ 之间的差值。

将 $\beta_{k+a,k+a+1}^{(k+a)}$ 从坐标系 $0-\beta_{k+1,l}$ 的 $[0.5,1]$ 区间投影到坐标系 $0-\beta_{k,l}$ 的 $[\beta_{k,k+a},1]$ 区间上，即将 $\beta_{k+a,k+a+1}^{(k+a)}$ 转换为 $\beta_{k+a,k+a+1}^{(k)}$ 有

$$\beta_{k+a,k+a+1}^{(k)}/(1-\beta_{k,k+a})=\beta_{k+a,k+a+1}^{(k+a)}/0.5 \tag{4-31}$$

$$\beta_{k+a,k+a+1}^{(k)}=2\beta_{k+a,k+a+1}^{(k+a)}(1-\beta_{k,k+a}) \tag{4-32}$$

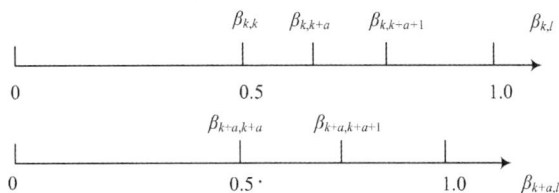

图 4-4　模糊标度值 $\beta_{k,k+a+1}$ 和 $\beta_{k+a,k+a+1}$ 之间的投影关系

由式(4-29)和(4-32)可得：

$$\beta_{k,k+a+1}=\beta_{k,k+a}+2(1-\beta_{k,k+a})(\beta_{k+a,k+a+1}-0.5) \tag{4-33}$$

式(4-33)是一个递推公式，如果令 $a=1,2,3,\cdots,m-k-1$，则式(4-31)变成了一个包含式(4-28)的统一公式：

$$\beta_{k,l}=\beta_{k,l-1}+2(1-\beta_{k,l-1})(\beta_{l-1,l}-0.5) \tag{4-34}$$

对于下三角元素，则可由互补关系 $\beta_{kl}=1-\beta_{lk}$ 求得。从而得到属性关于重要性的有序二元比较矩阵：

$$\boldsymbol{\beta}=\begin{bmatrix}\beta_{11}&\beta_{12}&\cdots&\beta_{1m}\\\beta_{21}&\beta_{22}&\cdots&\beta_{2m}\\\vdots&&&\vdots\\\beta_{m1}&\beta_{m2}&\cdots&\beta_{mm}\end{bmatrix}=(\beta_{kl})\quad k,l=1,2,\cdots,m \tag{4-35}$$

从物理意义上说，显然矩阵 $\boldsymbol{\beta}$ 每行模糊标度值之和(不含自身比较)可以代表属性的相对重要性，也可以看作非归一化的目标权重：

$$\omega'_k=\sum_{i=1}^m\beta_{ij}\quad i=1,2,\cdots,m;i\neq j \tag{4-36}$$

另外，也可以用(4-35)中矩阵的第一行求解：

$$\omega'=(\omega'_1,\omega'_2,\cdots,\omega'_n)=(1,\beta_{21}/\beta_{12},\cdots,\beta_{m1}/\beta_{1m}) \tag{4-37}$$

经归一化后处理：

$$\omega_k=\omega'_k/\sum_{i=1}^m\omega'_i\quad k=1,2,\cdots,m \tag{4-38}$$

从而得到了属性权重向量 $\boldsymbol{\omega}=(\omega_1,\omega_2,\cdots,\omega_m)^T$。

4.3.3.3.1.2　直接法

对于已知的重要性排序 $o_1\succ o_2\succ,\cdots,\succ o_m$ 和相应的相邻属性相对重要性模糊标度值 $\beta_{12},\beta_{23},\cdots,\beta_{k-1,k},\cdots,\beta_{m-1,m}(k=2,\cdots,m)$，根据相对优属度原理，可设属性未归一化的权重为 $\omega'=(\omega'_1,\omega'_2,\cdots,\omega'_k,\cdots,\omega'_m)=(1,\omega'_2,\cdots,\omega'_k,\cdots,\omega'_m)$，且 $\omega'_1\geqslant\omega'_2\geqslant\cdots\geqslant\omega'_k\geqslant\omega'_m$。

根据相对重要性模糊标度值的定义,由于属性 o_k 比 o_{k+1} 重要,$\beta_{k,k+1}$ 是在仅仅考察属性 o_k 和 o_{k+1} 时,o_k 比 o_{k+1} 重要的重要性程度,其比较的基准是二者中的最重要者 o_k,而 o_k 与其自身比较的模糊标度值为 $\beta_{k,k}=0.5$。此时,如果仍然限于 o_k 和 o_{k+1} 考察,则 o_k 属于"重要"的程度为 $\beta_k'=1$,属于"重要"的程度为 $\beta_{k+1}'=1.5-\beta_{k,k+1}$。因此,方案 o_k 和 o_{k+1} 的重要程度之比为

$$\frac{\beta_k'}{\beta_{k+1}'}=\frac{1}{1.5-\beta_{k,k+1}} \tag{4-39}$$

由于权重本身表示的是属性的相对重要性程度,如果考察所有属性,显然

$$\frac{\beta_k'}{\beta_{k+1}'}=\frac{\omega_k'}{\omega_{k+1}'} \tag{4-40}$$

所以

$$\omega_{k+1}'=\omega_k'(1.5-\beta_{k,k-1}) \tag{4-41}$$

由于 $\omega_1'=1$,从而可以解得所有属性的权重。对 ω_k' 做归一化处理:

$$\omega_k=\omega_k'\Big/\sum_{i=1}^m\omega_i' \quad k=1,2,\cdots,m \tag{4-42}$$

从而得到了属性权重向量 $\boldsymbol{\omega}=(\omega_1,\omega_2,\cdots,\omega_m)^\mathrm{T}$。

上述两种方法一方面充分利用了属性排序一致性的前提,符合决策过程的逻辑思路,符合中国人在给出属性排序前提下用两两比较判断重要性的思维习惯,另一方面又减少了决策者给定相对重要性判断的次数,在属性数量较多时,决策方法和过程更为简捷和方便,因而是一种实用方法。

4.3.3.3.2 评估属性权重系数确定

本书运用工程模糊集理论的基本知识,利用相邻属性相对重要性模糊标度值确定评估属性的权重系数。

该方法的具体步骤如下。

首先,对评估属性集 $O=\{o_1,o_2,\cdots,o_k,\cdots,o_l\}$ 中所有属性做关于综合优势重要性的排序,记为

$$o^{(1)}>o^{(2)}>\cdots>o^{(k)}>\cdots>o^{(l)} \tag{4-43}$$

式中,$o^{(k)}\in O(k=1,2,\cdots,l)$ 唯一对应于 O 中的某一个评估属性。

其次,在做式(4-43)排序的基础上,计算评估属性集 O 关于综合优势重要性的二元比较矩阵:

$$\boldsymbol{\beta}=\begin{bmatrix}\beta_{11} & \beta_{12} & \cdots & \beta_{1l}\\ \beta_{21} & \beta_{22} & \cdots & \beta_{2l}\\ \vdots & & & \vdots\\ \beta_{l1} & \beta_{l2} & \cdots & \beta_{ll}\end{bmatrix} \tag{4-44}$$

式中,β_{kj} 为属性 $o^{(k)}$ 和属性 $o^{(j)}$ 关于综合优势重要性做二元比较时属性 $o^{(k)}$ 对属性 $o^{(j)}$ 的重要性模糊标度值,满足 $0\leqslant\beta_{kj}\leqslant1$,$\beta_{kj}+\beta_{jk}=1$;且当 $k=j$ 时,$\beta_{kj}=0.5$。特别地,当 $j=k+1$ 时,β_{kj} 即为相邻属性相对重要性模糊标度值,满足 $0.5\leqslant\beta_{kj}\leqslant1$。

二元比较矩阵 $\boldsymbol{\beta}$ 的计算主要由以下两个基本步骤组成。① 根据专家经验给出相邻属性相对重要性语气算子,依据表 4-1 所示的语气算子与模糊标度值的对应关系确定相邻属

性相对重要性模糊标度值 $\beta_{i,i+1}(i=1,2,\cdots,l-1)$。② 根据式(4-45)由相邻属性相对重要性模糊标度值 $\beta_{i,i+1}$ 计算属性相对重要性模糊标度值 β_{kj}：

$$\beta_{kj}=\begin{cases}0.5 & k=j\\ \beta_{kj} & k=j-1\\ 1-\beta_{jk} & k>j\\ \beta_{k,j-1}+2(1-\beta_{k,j-1})(\beta_{j-1,j}-0.5) & \text{other}\end{cases} \qquad (4-45)$$

记对应于式(4-43)的属性权重向量为 $(\omega^{(1)},\omega^{(2)},\cdots,\omega^{(k)},\cdots,\omega^{(l)})^{\mathrm{T}}$。其中，$\omega^{(k)}(k=1,2,\cdots,l)$ 可由式(4-46)计算得到：

$$\omega^{(k)}=2(\sum_{j=1}^{l}\beta_{kj}-0.5)/l(l-1) \qquad (4-46)$$

最后，将式(4-46)的上标还原，即可得到评估属性集 O 的权重向量：

$$\boldsymbol{\omega}=(\omega_1,\omega_2,\cdots,\omega_k,\cdots,\omega_l)^{\mathrm{T}} \qquad (4-47)$$

如前文所述，本书在计算综合优势评估值时，主要考虑空战效能指数 T_{M}、角度优势指数 T_{A}、距离优势指数 T_{D}、能量优势指数 T_{E}、事件优势指数 T_{I} 和目标战役价值指数 W 这 6 个评估属性。因此在利用上面介绍的方法确定评估属性权重系数时，应首先根据当前空战特点作上述 6 个评估属性关于综合优势重要性的排序，记为 $T_{\mathrm{D}}>T_{\mathrm{A}}>T_{\mathrm{E}}>T_{\mathrm{M}}>T_{\mathrm{I}}>W$。然后根据专家经验给出相邻属性相对重要性语气算子，并依据表 4-1 所示的对应关系确定相邻属性相对重要性模糊标度值 $\beta_{\mathrm{D-A}}$、$\beta_{\mathrm{A-E}}$、$\beta_{\mathrm{E-M}}$、$\beta_{\mathrm{M-I}}$ 及 $\beta_{\mathrm{I-w}}$。在此基础上，根据式(4-43)计算属性集关于综合优势重要性的二元比较矩阵 β。最后根据式(4-44)计算得到评估属性的权重向量 $\boldsymbol{\omega}=(\omega_{\mathrm{D}},\omega_{\mathrm{A}},\omega_{\mathrm{E}},\omega_{\mathrm{M}},\omega_{\mathrm{I}},\omega_{\mathrm{W}})^{\mathrm{T}}$。

4.3.3.4 基于模糊优选模型的威胁评估排序结果计算

在计算得到评估属性的相对优属度 $r_{kj}(j=1,2,\cdots,n;k=1,2,\cdots,l)$ 以及权重系数 ω_k $(k=1,2,\cdots,l)$ 的基础上，应用模糊优选模型计算我机对敌机的综合优势评估值(这里综合优势评估值定义为战机根据机载传感器和空战数据链获得的相关信息计算所得的攻击目标的优势大小)：

$$u_j=\cfrac{1}{1+\left\{\cfrac{\sum\limits_{k=1}^{l}\left[\omega_k(1-r_{kj})\right]^p}{\sum\limits_{k=1}^{l}(\omega_k r_{kj})^p}\right\}^{\frac{2}{p}}} \qquad (4-48)$$

其中，u_j 为我机对敌机 $j(j=1,2,\cdots,n)$ 的综合优势评估值。u_j 越大，表示我机对敌机 j 的综合优势越大，亦即敌机 j 对我机的威胁越小；反之亦然。在此基础上，可以得到敌方 n 架战机的威胁评估排序结果。该方法综合考虑了敌我双方的态势、事件、目标战役价值及空战能力对比，更加全面、客观地反映了空战的真实情况，且计算量小，有较好的实时性。

4.3.4 单机多目标攻击逻辑决策方法

由我机对第 k 个目标分配的导弹数目为 m_k，任一枚导弹发射后对第 k 个目标的预期毁伤概率为 pt_k，则这种攻击策略对第 k 个敌机目标的杀伤概率 p_k 为

$$p_k=1.0-(1.0-\mathrm{pt}_k)^{m_k} \qquad (4-49)$$

其中，pt_k 由概率乘法求得

$$pt_k = pf_k \cdot pr_k \tag{4-50}$$

攻击逻辑分作两个阶段来进行。

第一阶段进行目标分配，在满足攻击条件的目标中挑选出 kf 个威胁和战役价值综合最大的目标予以攻击，挑选出的这 kf 个目标其数学表达式如下：

$$\max \sum_{k=1}^{kf} (d_1 T_k + d_2 w_k) \quad Y_k \in \Omega \tag{4-51}$$

其中，$Y_k \in \Omega$ 为满足攻击条件，T_k 为第 k 架敌机对我机的威胁程度，w_k 为第 k 架敌机的战役价值，d_1 与 d_2 分别是目标威胁程度与目标战役价值大小对我机进行攻击和生存概率大小影响的权重。作战目的首先是给敌机带来最大毁伤，其次是减小对我机的威胁。在具体计算时，先挑出剩下目标中威胁与战役价值综合最大的，再判断是否可攻击，循环直到挑满 kf 个目标。

第二阶段进行火力分配。根据本机一次可攻击的目标数和本机导弹余量，从 kf 个备选目标中选出 ka≤ll 个分配火力，要使毁伤目标的战术价值最大和余留目标的威胁最小，即获得火力分配的最佳策略。则单目标的攻击效果数学表达式为

$$(d_1 T_k + d_2 w_k)[1.0 - (1.0 - pt_k)^{m_k}] \tag{4-52}$$

从而单机多目标决策的数学表达式如下：

$$\begin{cases} \max \sum_{k=1}^{ka} (d_1 T_k + d_2 w_k)[1.0 - (1.0 - pt_k)^{m_k}] \\ 0 \leqslant m_k \leqslant 2 \\ \sum_{k=1}^{ka} m_k \leqslant ll \\ ka \leqslant ll \end{cases} \tag{4-53}$$

若 ll=4，则求最佳攻击效果的火力分配方案的步骤如下。

(1) 求出给各个目标分配一枚和两枚导弹的攻击效果。

(2) 求每个目标分配一枚导弹的最佳攻击方案。

(3) 求每个目标分配两枚导弹的最佳攻击方案。

(4) 求有一个目标分配两枚导弹，其余目标分配一枚导弹的最佳攻击方案。

(5) 比较以上三个方案，取攻击效果最佳的作为决策方案。

飞机之间数据链的传输频率高的在 24 000 bit/s 左右，即每秒能进行 10 次以上的目标分配数据的传输。但对于战斗机来说，频繁地改变攻击目标在操作上是不允许的，这样做也容易贻误战机。所以，在第一次攻击逻辑决策完成并发送之后，战斗机就按照这一分配结果实施攻击，并且在一定的时间内不进行改变。过一段时间之后，需要根据战场情况变化，进行新一轮的攻击逻辑决策。

4.3.5 仿真验证与分析

设当前总体空战形势为单架红机对抗 kt=10 架敌机，其中满足攻击条件的有 8 架，即 kn=8。

考虑我方战机是一架具有多目标攻击能力的 Su-27 歼击机，速度为 578 m/s，其导弹最

大射程 rm＝60 km,雷达最大探测距离 rr＝150 km。最多可挂带 l＝8 枚同型空空导弹,最多能同时攻击 lf＝4 个目标。设某次攻击后导弹余量为 6 枚,即 lm＝6,则 kf＝min(kn,lm)＝6,ll＝min(lf,lm)＝4,则根据本节的威胁评估算法分别计算出各敌机的相关参数、目标属性值,如下表 4-2 所示。

表 4-2 敌机的相关参数及目标属性值

目标	1	2	3	4	5	6	7	8
机型	F-15E	F-15E	幻影 2000-5	幻影 2000-5	F-16C	F-16C	F-16A	F-5E
C	19.8	19.8	17.9	17.9	16.8	16.8	13.5	8.2
T_C	1.000	1.000	0.904	0.904	0.849	0.849	0.682	0.414
T_A	0.197	0.232	0.210	0.224	0.209	0.557	0.118	0.435
W	0.850	0.850	1.000	1.000	0.920	0.920	0.710	0.630
T_D	0.500	0.500	0.500	0.366	0.500	0.500	0.456	0.500
T_E	0.467	0.552	0.434	0.469	0.443	0.410	0.555	0.386
T_I	0.594	0.544	0.461	0.594	0.394	0.492	0.680	0.655

为将战役价值指数作为一个属性,在此不考虑为空空作战,设我机执行要地防空任务,取 $d_1＝0.4, d_2＝0.6$。另外,假设目标空战效能指数的相对优属度权重也是已知的,设为 ω_E ＝0.386 2,其他各威胁指数的相对优属度权重待定。用 4.3.3 节中的方法对上述 8 个目标进行攻击排序,目标排序结果如下表 4-3 所示。

表 4-3 攻击排序

目标	1	2	3	4	5	6	7	8
威胁指数	0.679 3	0.697 1	0.859 6	0.806 8	0.703 7	0.742 9	0.375 7	0.178 0
攻击排序	6	5	1	2	4	3	7	8

表 4-3 中的排序结果与定性分析结果是一致的,这表明基于工程模糊集理论方法的单机多目标攻击排序是有效的,能够达到预期的效果。另外,该方法对各待定威胁指数的权重,采用相邻属性相对重要性模糊标度值,这使得权重的分配更符合预期的要求。

由于 kf＝6,因此我们选择排序最靠前的 6 个目标(目标 3、4、6、5、2、1)予以攻击,此次攻击可分配的导弹数量为 ll＝4。攻击逻辑决策参数 pf_k、pr_k 设定如表 4-4 所示。

表 4-4 攻击逻辑决策参数 pf_k、pr_k

目标	3	4	6	5	2	1
pf_k	0.1	0.8	0.9	0.45	0.3	0.8
pr_k	0.75	0.75	0.75	0.75	0.75	0.75

按照 4.3.4 节的目标火力分配算法,最终得火力分配的最佳策略,分配情况如表 4-5 所示。

表 4-5 火力分配情况

目标	3	4	6	5	2	1
m_k	0	1	1	1	0	1

仿真算例表明了本书的单机多目标攻击决策算法有效,仿真速度较快,可以满足空战的精确性和快速性要求。它也为下文研究多机协同多目标攻击的决策算法提供了基础。

4.4　本章小结

本章研究了多机协同多目标攻击智能决策关键技术之一——单机多目标攻击决策技术。首先,阐述了单机多目标攻击决策的基本思想、单机多目标攻击逻辑决策模型以及多属性决策理论、模糊多属性决策理论、工程模糊集理论概述。其次,基于工程模糊集理论知识,应用模糊多属性决策方法研究了威胁评估问题,该方法分 3 个过程:① 通过对各优势指数模糊规范化得到评估指标的相对优属度;② 利用相邻指标相对重要性模糊标度值确定评估指标的权重系数;③ 应用模糊优选模型计算我机对敌机的综合优势评估值,得到敌方各架战机的威胁评估排序结果。该方法综合考虑了敌我双方的态势、事件、目标战役价值及空战能力对比,更加全面、客观地反映了空战的真实情况,且计算量小,有较好的实时性。再次,研究了单机多目标攻击逻辑决策方法,实现了目标的优化分配,获得了火力分配的最佳策略。最后,进行了仿真验证。

5 多机协同多目标攻击决策技术

5.1 引　言

　　要实施空战多机协同多目标攻击,必须进行多机协同多目标攻击的空战决策,其目的是寻找友机对敌机的合适分配以达到最佳的攻击效果。这对充分发挥我机作战效能、提高我单机和整体编队的生存力、有效地杀伤敌方目标和制空权的夺取具有十分重要的战略和军事意义。因此可以说,空战决策是多机协同多目标攻击空战的精髓,是真正实现多机协同多目标攻击的关键。故而,空战决策问题愈来愈受到各国军事作战和武器研制部门的重视。

　　空战决策问题是军事指挥决策理论中的一个重要研究内容,目前已成为现代战机实施多机协同多目标攻击空战的关键技术之一。由于多机协同多目标攻击空战的对抗性、主动性、不确定性和不确知性,传统的矩模型化方法日益不能适应现代协同空战的要求。驾驶员根据不同的敌我态势,采取不同的空战决策方案,直接影响着目标和火力分配的合理性。仅靠优秀飞行员在空战中总结出来的典型空战决策进行多机空战的协同分配与决策是不能满足日益复杂的空情环境的。近年来,随着人工智能控制技术的日趋成熟,其具备的特有的控制复杂对象的能力,促使许多智能控制技术被大量用来解决协同空战决策问题,如神经网络、遗传算法、蚁群、粒子群算法等。这些算法虽然都很有效,但是对于神经网络算法来说,训练样本获取困难;而遗传算法速度较慢,很难满足空战实时性的要求等问题。现已证明空战决策是一个完全非确定多项式(NP-Complete)问题,至今仍有许多问题尚未解决。而多种算法相互交叉、融合生成新的算法,使得各算法优势互补,取长补短,也是近年来学者们研究的一个热点。在前人工作的基础上,本章基于 LSRBF 神经网络的性能优于 BP 神经网络和 SOFM 神经网络不需要教师监督的特点,提出基于 LSRBF-SOFM 组合神经网络的多机协同多目标攻击空战决策算法。

5.2　多机协同多目标攻击决策的基本思想

早期的空战决策完全取决于飞行员的思维判断和经验。随着科技的不断发展,机载设备不断增加,信息的大量汇聚使得驾驶员很难实时接受和理解这些信息,并迅速做出有效判断。因此提出了辅助战术决策系统的概念。空战决策主要研究空战战术的基本规律以及如何在仿真和实战中应用这些规律生成战术指令。它的主要作用包括:减轻驾驶员的感知负担,提高对环境的了解能力;提高飞行和作战的准确性、快速性;提高飞机的机动性和敏捷性[277]。

协同空战决策研究各个相互协同的战斗机与目标的配对,如何进行下一步攻击战术或防御战术的问题。协同的原则是避免重复、保存我机、消灭敌机、整体优化和均衡分配。各战机和预警机可通过机间数据链和联合战术信息分配系统而达到信息资源共享,实现战术与火力的协调。

空战决策的研究思想可大致分为 3 类。

(1) 一批从事数学研究工作的学者,把空战归结为双边极值问题,采用微分对策方法研究空战,逐渐形成了研究空战决策最有影响力的研究方法——微分对策法。

(2) 一些从事控制理论与应用的学者,则从现代控制理论的思想出发,采用人工智能、模糊控制和鲁棒控制等现代控制方法研究空战决策,到了 20 世纪 80—90 年代,形成了可用于工程实践的成熟方法。例如,美国应用专家系统的概念验证机于 1983 年就已试飞成功。

(3) 有些长期从事战斗机与空空导弹控制工程设计的学者,将飞机与格斗武器(如导弹、航炮)模型化,然后引入不同的反馈机制,使空战双方都构成一个自动的闭环系统,再对系统进行参数优化设计,逐渐形成了近似轨迹优化法。

5.3　基于组合神经网络的多机协同多目标攻击决策研究

5.3.1　多机协同多目标攻击决策模型研究

5.3.1.1　战术优先权的提出

实际多机协同多目标攻击空战中,空中情况复杂、恶劣,双方态势不断变化,作战时机非常宝贵,己方各战斗机对所有敌方目标进行瞄准攻击,并在各自为战的基础上进行多机协同作战,以做出有效的空战决策。

空战中,各战机共同提高己方空战的综合作战效能与每架战机最大限度地保存自己并消灭敌机之间存在着一种协同需求,且各单架战机的机载雷达、光电设备的探测范围有限,但所有战机的探测范围可能会覆盖整个空战作战空域。各战机和预警机可通过机间数据链和联合战术信息分配系统而达到信息资源共享。如某战机在自己尚未发现敌机而该目标却已进入其导弹攻击区时,可利用友机的信息支援发射导弹攻击并进行制导;又如当敌机目标对本机的危险程度达到较高的程度时,尽早采取规避性机动,保存自己以便更好地消灭敌人。因此,多机协同多目标攻击作战在决策上可以说是多机各自为战的继续,是自主优先权到协同优先权的过渡。

自主优先权是指在空战中不与其他友机进行协同、没有友机信息支援的条件下,战机驾驶员依靠自身携带的传感器获得的态势数据并按照优先权准则计算危险大小,独自进行目标跟踪并优先排序攻击[278]。

协同优先权是描述各个相互协同的战斗机对目标的配对要求,主要是指在自主优先权的基础上按照避免重复、保存蓝机、消灭红机、整体优化和均衡分配的原则综合考虑与其他友机的信息资源共享、战术与火力的协调后,所确定的被跟踪各目标的全面分配和攻击排序[278]。

5.3.1.2 自主优先权的数学模型与计算

与综合优势指数[279]类似,本书中自主优先权考虑的主要因素有敌我双方的空战能力、目标与我机态势、相对几何位置关系、目标识别、战机的作战任务、居先投入的武器、敌机的易损性、杀伤评估结果、飞行员的操控等。为计算简化,本书中只考虑敌我双方的空战能力和几何条件,并假设投入战斗的武器是具有多目标攻击能力的主动雷达型复合式空空导弹,目标在远距与近距时的自主优先权函数构造方法是不同的。多机协同多目标攻击空战中,每架战机驾驶员需从中选择若干机载武器来对付多个目标,因而要通过自主优先权的大小来确定出每架协同作战战机与目标之间的相对重要性,以及相对正被考虑的其他被跟踪目标的重要性。

本书针对 $m:n$ 的典型空战进行自主优先权的计算。m 架蓝机协同攻击 n 架红机,每架蓝机 $B_i(i=1,2,\cdots,m)$ 通过信息资源的共享已正确识别敌我,并已知 n 架红机的飞行态势,则蓝机 B_i 相对红机 $R_j(j=1,2,\cdots,n)$ 的作战态势图如图5-1所示。

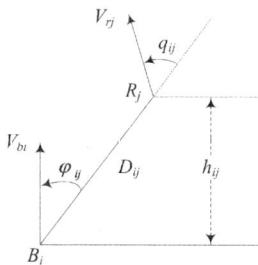

图 5-1 双方作战战机相对态势图

其中,D_{ij} 为双机目标线,即蓝机 B_i 到红机 R_j 的连线;φ_{ij} 为本机位置角,即目标线 D_{ij} 偏离蓝机 B_i 速度 V_{bi} 方向的角度;q_{ij} 为目标进入角,即红机 R_j 速度 V_{rj} 方向偏离目标线 D_{ij} 延长线的角度。本书规定上面两角度右偏为正,左偏为负,固有:$-\pi\leqslant q_{ij}\leqslant\pi$,$-\pi\leqslant\varphi_{ij}\leqslant\pi$,则蓝机 B_i 对红机 R_j 的各优先权如下。

（1）角度优先权 S_{ija}：

$$S_{ija}=(S_{ij\varphi}+S_{ijq})/2=1-(|\varphi_{ij}|+|q_{ij}|)/\pi \tag{5-1}$$

说明:考虑蓝机 B_i 的位置角 $\varphi_{ij}=0$,$q_{ij}=0$ 时,红机 R_j 在蓝机 B_i 正前方,该位置最有利于蓝机 B_i 攻击红机 R_j;$S_{ija}=1$,$\varphi_{ij}=\pi$,$q_{ij}=\pi$ 时,蓝机 B_i 在红机 R_j 正前方,该位置最不利于蓝机 B_i 攻击红机 R_j,$S_{ija}=-1$。红机 R_j 进入角 q_{ij} 可类似考虑。

（2）速度优先权 S_{ijv}：

$$S_{ijv}=\begin{cases}0.1 & v_{bi}<0.6v_{rj}\\ -0.5+v_{bi}/v_{rj} & 0.6v_{bi}\leqslant v_{rj}\leqslant1.5v_{bi}\\ 1.0 & v_{bi}>1.5v_{rj}\end{cases} \quad (5\text{-}2)$$

说明：蓝机 B_i 对红机 R_j 的速度比值越大越有利于蓝机 B_i 展开攻击。

（3）距离优先权 S_{ijr}：

$$S_{ijr}=\begin{cases}0 & r_{ij}<\min\{rm_{bi},rm_{rj}\},r_{ij}>\max\{rr_{bi},rr_{rj}\},\\ & \max\{rm_{bi},rm_{rj}\}<r_{ij}<\min\{rr_{bi},rr_{rj}\}\\ 0.4(r_{ij}-rm_{rj}/rm_{bi}-rm_{rj}) & \min\{rm_{bi},rm_{rj}\}<r_{ij}<\max\{rm_{bi},rm_{rj}\}\\ 0.2(r_{ij}-rr_{rj}/rr_{bi}-rr_{rj}) & \min\{rr_{bi},rr_{rj}\}<r_{ij}<\max\{rr_{bi},rr_{rj}\}\end{cases} \quad (5\text{-}3)$$

其中，r_{ij} 为目标距离，rm_{B_i} 为蓝机 B_i 导弹射程，rr_{B_i} 为蓝机 B_i 雷达最大探测范围，rm_{R_j} 为红机 R_j 导弹射程，rr_{R_j} 为红机 R_j 雷达最大探测范围。

说明：当两机都能进攻对方、都只能探测到但无法进攻对方、或者都无法探测到对方时，取均势 $S_{ijr}=0$；其余情况，无论哪机性能更优，两机相距越远，$|S_{ijr}|$ 值越小，即越接近均势。

（4）高度优先权 S_{ijh}：

$$S_{ijh}=\begin{cases}0.1 & h_{ij}\leqslant-5km\\ 0.5+0.1h_{ij} & -5km<h_{ij}\leqslant5km\\ 1 & h_{ij}>5km\end{cases} \quad (5\text{-}4)$$

其中，高度差 $h_{ij}=$ 第 i 架蓝机高度－第 j 架红机高度。

（5）空战效能优势指数 S_{ijc}：

$$S_{ijc}=\begin{cases}1 & C_i/C_j\geqslant1.5\\ 0.75 & 1.5>C_i/C_j>1\\ 0.5 & C_i/C_j=1\\ 0.25 & 1>C_i/C_j\geqslant0.3\\ 0 & C_i/C_j<0.3\end{cases} \quad (5\text{-}5)$$

其中，C_i、C_j 分别为第 i 架蓝机、第 j 架红机的空战能力指数，其值的计算方法同式（3-2）。

综合考虑以上因素，定义蓝机 B_i 对红机 R_j 的自主优先权为

$$S_{ij}=c_1\cdot S_{ija}+c_2\cdot S_{ijv}+c_3\cdot S_{ijr}+c_4\cdot S_{ijh}+c_5\cdot S_{ijc} \quad (5\text{-}6)$$

其中，c_1、c_2、c_3、c_4、c_5 为权系数，且 $c_1+c_2+c_3+c_4+c_5=1$。

5.3.1.3 大规模群机作战转化为小规模集团作战的分组决策模型

多机协同多目标攻击空战是大规模的群机作战，而现有的一些关于小集团作战的较为成熟的算法，如果直接推广到大规模空战时，会导致计算量显著增大、算法复杂度迅速提高、仿真实现难度增大、决策效果下降等一些问题。因此，需要把大规模的群机作战转化为小规模的集团作战。

假定我方（蓝方）小集团空战的分组规模为 2 架或 3 架飞机为一组，而敌方（红方）飞机的分组情况则要根据我方飞机的组来确定。为了不失一般性，以敌方飞机在三维空间的几何位置为分组的主要依据，位置接近的为一组。假设我方 m 架飞机，敌方 n 架飞机，分组决策流程如图 5-2 所示。

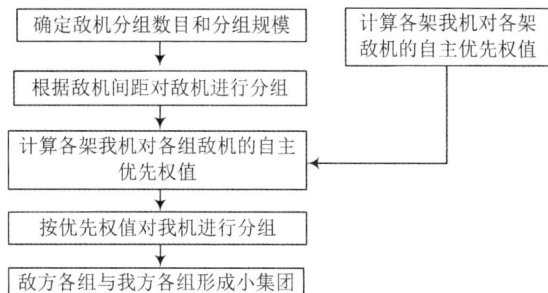

图 5-2　分组决策流程图

具体而言可依照以下步骤进行。

（1）计算 $l=m/2$ 或 $l=m/3$ 为敌方飞机可分组的数目。

（2）$k=n/l$ 为敌方机群分组时每组的数目，若有余数则将它归入对其优先权最大的一组。

（3）以 k 为分组规模，根据敌机间的距离，先找出距离最远的 l 架敌机，再分别以 l 架敌机为中心，找 $k-1$ 个距离该机最近的敌机分成一组。

（4）计算我方 m 架飞机对敌方 n 架飞机的自主优先权值。

（5）求我方每架飞机对敌方各组飞机的优先权值之和矩阵。

（6）按照优先权值的和从大到小，依次将我方飞机分配组敌方的某一组。1 架飞机只能分给敌方的 1 个小组，分给每组的飞机不超过 2 或 3 架。分配完毕。

至此，我们已经把大规模空战划分为 l 个作战小集团。在每个小集团内部，我们可以进一步研究多机协同多目标攻击的空战决策算法。

5.3.2　基于协同优先权的多机协同多目标攻击决策算法

本书以单机多目标空战决策思想为基础，在自主优先权的计算中考虑空战双方几何条件的同时，也考虑了各机的空战能力，并按照协同的原则，同时综合考虑与友机的信息资源共享、战术与火力的协调，研究多机协同多目标攻击的决策。

多机协同多目标攻击空战依据 5.3.1.3 节的方法分组，假设分组后将由我方 m 架蓝机对抗敌方 n 架红机，$m=2$ 或 $m=3$，$n \leqslant 10$。协同决策要进行的就是合理分配 m 架蓝机携带的导弹攻击 n 架红机。

通过自主优先权，得到目标协同分配矩阵。如果双方各战机的目标跟踪和识别情况相同。则分配矩阵的每一行元素即为编队战机对相应目标的自主优先权函数值。则有

$$S = \begin{bmatrix} S_{11} & \cdots & S_{1n} \\ \vdots & & \vdots \\ S_{m1} & \cdots & S_{mn} \end{bmatrix} \tag{5-7}$$

其中，当 $S_{ij}>0$ 时，蓝机态势占优，应设法攻击以抓住战机攻击目标；当 $S_{ij}<0$ 时，蓝机态势处于劣势，应设法规避机动以保存实力。如当 $S_{ij}=0.7$、$S_{ik}=-0.9$ 时，蓝机 B_i 应采取先躲避红机 R_k 再伺机攻击红机 R_j 的策略。

基于协同优先权的多机协同多目标攻击决策算法阐述如下：分组后，在各个小集团内部，计算自主优先权的基础上得到目标协同分配矩阵，比较矩阵 n 列中的每列 m 个优先权

值而得到对应的 n 架红机被分配给 m 架蓝机的情况,再根据某一目标被蓝机确定为攻击对象后该目标相对于蓝机的优势下降的"优势下降准则"和"均衡原则"进行调配,并根据编队战机的单多目标攻击能力分配目标号或目标系列给各单架战机。该方法在各个小集团内根据自主优先权值,按照协同的原则,并综合考虑与其他友机的信息资源共享、战术与火力的协调,确定出蓝方各个相互协同的战斗机与目标的配对,最后根据单机多目标攻击逻辑的决策算法得出了各架战斗机对应分配目标的攻击排序。典型的 2∶4 和 3∶6 多机协同多目标攻击决策算法流程如图 5-3 和图 5-4 所示。

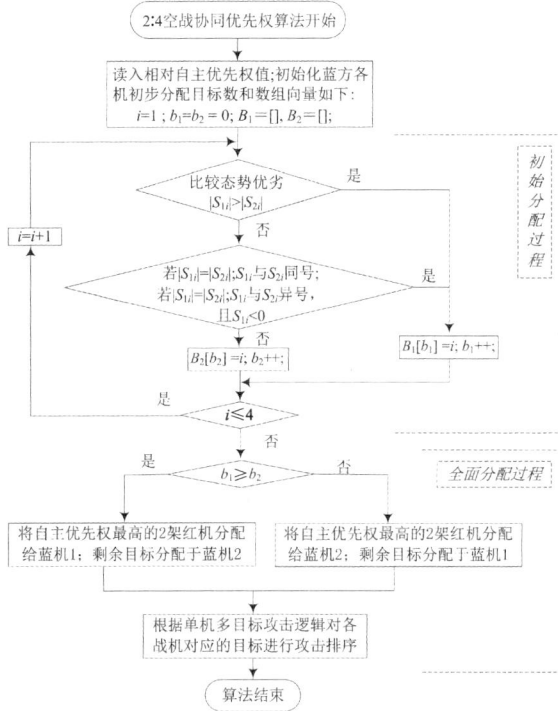

图 5-3 2∶4 多机协同多目标攻击决策算法流程图

初始分配的结果是每架战机得到 1 组互不相容并集合了所有跟踪目标的群集,不同战机的群集将会重复,重复的跟踪可通过全面分配算法过程得到解决。

5.3.3 多机协同多目标攻击决策算法的组合神经网络实现

人工神经网络以非线性大规模并行处理为基础,对非线性函数具有任意逼近和自学习能力,其善于处理不完整和含有噪声的信息,在并行求解时不存在冲突消解等问题,加之其结构上的规则性,有利于未来神经网络芯片的硬件实现,较适合于解决空战决策问题。

5.3.3.1 LSRBF-SOFM 组合神经网络的提出

目前使用的基于神经网络的空战决策方法,主要是采用 BP 神经网络或传统的高斯型 RBF 神经网络。BP 神经网络是一个有效的算法,但这种方法收敛速度慢,随着训练样本维数的增加,网络性能会变差,且在训练的过程中,容易陷入局部最小解。RBF 神经网络训练速度比通常的 BP 方法快 $10^3 \sim 10^4$ 倍,逼近能力和分类能力也优于 BP 神经网络;同时 RBF

3∶6空战协同优先权算法开始

读入相对自主优先值,初始化蓝方各
机初步分配目标数和数组向量如下:
$b_1=b_2=b_3=0$; $i=1$
$B_1=[]$, $B_2=[]$, $B_3=[]$;

调用子函数SortTable比较
$|S_1|$、$|S_i|$、$|S_3|$优先权态势大小

初始分配过程

$i=i+1$

函数返回最大值
为$|S_{ji}|$, $j=1,2,3$ —— 是 ——
$B_j[b_j]=i;b_j++;j=1,2,3;j$仅表示符号

否

$i\leqslant6$ —— 是

否

$b_1=b_2=b_3$ —— 是 —— 目标已初步分配好,按照单机多目标攻击逻辑进行对红机攻击排序

否

全面分配过程

必定有:$b_j>2$;
$j=1,2,3;j$仅表示符号

由上j知:将蓝机j对应的自主优先权最高的2架红机分配好;将剩余目标分配于其余两架蓝机中的初步分配目标数较小者,并调用子函数2∶4攻击算法对蓝方另两架战机进行初步和最终分配

根据单机多目标攻击逻辑对各战机对应的目标进行攻击排序

算法结束

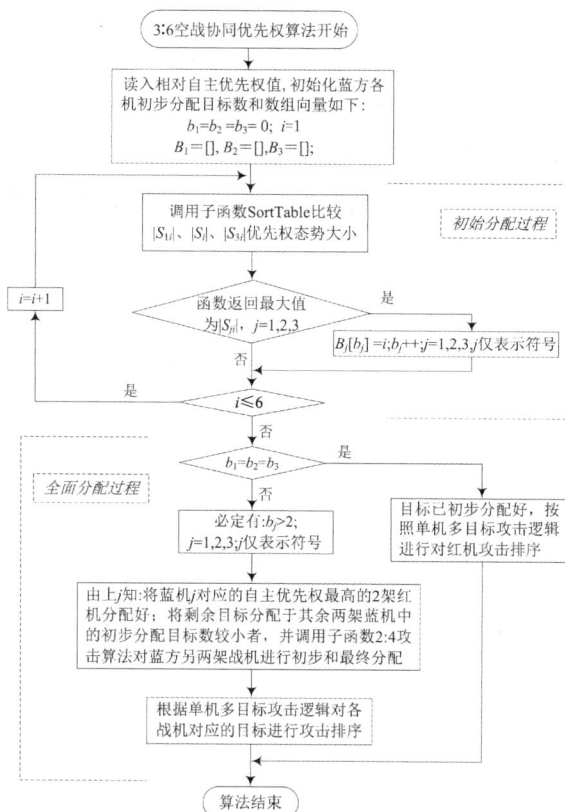

图5-4　3∶6多机协同多目标攻击决策算法流程图

神经网络不存在局部最优问题,还具有良好的可解释性和推广能力。但是传统的高斯型 RBF 神经网络采用标准梯度下降法调整参数,在学习过程中,可能会出现某些非期望的值,如高斯函数的宽度有可能变成负值,这样会给整个网络带来灾难性的影响。Log-Sigmoid 型径向基(简称 LSRBF)神经网络采用 Log-Sigmoid 函数作为基函数,与传统的高斯型 RBF 神经网络相比,避免了学习过程中的不稳定状态,同时具有更好的函数逼近性能力。以 LSRBF 网络作为分类方法时,结果可能是一种模糊的类似于协同空战中态势优劣的相对性特征,将较适合于协同空战中的目标分配问题。

德国著名物理学家、协同论的创始人赫尔曼·哈肯(Herman Haken)指出,一方面,协同的中心任务是组织和自组织,而任务自组织是没有外部命令的相互协作和默契工作;另一方面,虽然 ANN 在协同空战中已得到了一定的应用,但普遍存在的一个问题是难以获得好的学习样本,即教师值。同时,人工神经网络在协同空战中很难获得好的学习和训练样本即教师值,因此,无须教师值的 SOFM 神经网络被考虑用于协同空战中。SOFM 神经网络具有自学习功能,训练过程无须教师监督,学习算法采用自组织竞争式的相近学习律,学习后网络的权是输入样本的记忆。SOFM 的训练结果可使无规则的输入自动排序,它在样本排序、样本分类、样本检测和模式识别等方面应用较广。正是 SOFM 神经网络的这些独特优点,较适合于协同空战决策中的攻击排序问题。

单一神经网络难以满足协同空战分级中的指挥机或协调器完成的战术信息综合、目标分配和攻击排序等功能,即单一的 LSRBF 神经网络或 SOFM 神经网络很难全部完成多机协同多目标

攻击空战决策问题,而仅仅只能完成某种单一的功能。因此,本书将这两个神经网络有机组合起来形成 LSRBF-SOFM 组合神经网络来解决实际空战决策中的目标分配和攻击排序问题。网络结构是由 LSRBF 神经网络、SOFM 神经网络和耦合转换器按一定的规则结合而成的。

5.3.3.2 LSRBF-SOFM 组合神经网络的结构与原理

针对 2∶4 多机协同多目标攻击空战,LSRBF-SOFM 组合神经网络先利用一个 LSRBF 网络来实现 5.3.2 节算法中的目标分配问题,再利用 2 个 SOFM 神经网络来实现算法中每个载机对应目标的攻击排序问题。其整体网络结构图如图 5-5 所示。而 3∶6 多机协同多目标攻击空战,可采用类似于 2∶4 空战的网络结构。不同点主要是 LSRBF 神经网络的结构、设置参数、每层神经元的个数,对应蓝方 3 架载机需用 3 个 SOFM 神经网络来对所有目标进行攻击排序。

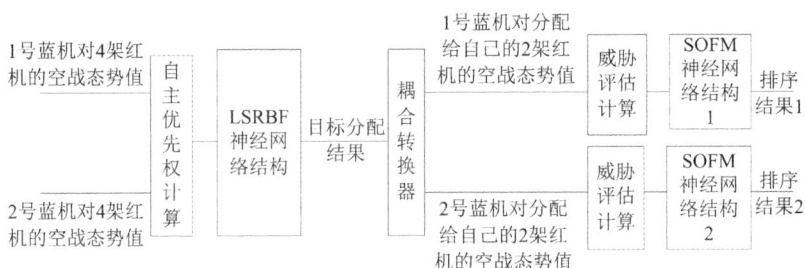

图 5-5   2∶4 多机协同多目标攻击空战决策 LSRBF-SOFM 组合神经网络结构图

其中,LSRBF 神经网络用来实现目标分配,设其输出向量为 $\overrightarrow{y}_1$,SOFM 神经网络用来实现目标的攻击排序,设其输出向量为 $\overrightarrow{y}_{21}$、$\overrightarrow{y}_{22}$,而耦合转换器主要完成这两类网络之间的通信和控制,即 LSRBF 神经网络的输出向量 $\overrightarrow{y}_1$ 给出了每架蓝机对应着的应交战的红机目标,$\overrightarrow{y}_1$ 通过耦合转换器的作用,得到红机 1 被分配到的相应红机编号 j_1、j_2 和蓝机 2 被分配到的相应红机编号 j_3、j_4。如 $\overrightarrow{y}_1 = [1\ 0\ 1\ 0]^T$,则经耦合转换器作用后,得到 $j_1 = 1$、$j_2 = 3$ 和 $j_3 = 2$、$j_4 = 4$,那么将蓝机 1 和红机 1、3 之间的空战态势值输入给 SOFM 神经网络 1,将蓝机 2 和红机 2、4 之间的空战态势值输入给 SOFM 神经网络 2。

5.3.3.3 LSRBF-SOFM 组合神经网络的训练和测试

使用 LSRBF-SOFM 神经网络进行 2∶4 典型空战决策时,必须对此网络按一定规则进行训练和测试,以使之能更好地为空战分析服务。为保证空战决策有足够快的速度,分别独立地对 LSRBF 神经网络和 SOFM 神经网络按相应学习训练规则进行离线形式的学习训练与样本测试,此时耦合器并不起作用而并未被接通;当各个子网都已训练与测试完毕后,耦合器起作用而被接通,整个 LSRBF-SOFM 组合神经网络才可针对不同空战态势而做不同空战决策的正常工作。

LSRBF 神经网络需要教师的监督,由于现代空战态势的复杂多变,想穷尽所有的态势数据作为样本进行训练既不现实也不必要。在理论上训练样本最好采用目前实验室所没有的空战专家经验知识经过 0-1 二值处理后的典型目标分配决策事例。神经网络求解的正确性取决于测试样本和训练样本的相似程度,相似程度越大则测试正确的概率越高,但是因为实验室条件有限,所以本书对 LSRBF 神经网络采用如下方法和规律选择学习训练和测试的样本。

(1)学习训练时,对输入的双方几何态势数据矩阵向量样本,采用先固定一半态势数据样本,而让另一半态势数据样本改变的方法。

(2) 学习训练样本之间的差异尽可能大,从而提高样本测试时的正确率。

(3) 边训练边测试,测试中若发现不正确的样本立即重新进行学习训练。

(4) 教师值主要根据 5.3.2 节的算法得到。网络学习训练前都相应求解出此种空战态势数据样本相对应的教师值,经过 60 个样本的学习训练与测试,达到了较高的正确率。

因 2 个 SOFM 神经网络结构功能相同,故只需针对一个进行学习训练与测试。且通过 4.3.3 节方法获得网络训练样本,即采用模糊规范化方法计算评估属性相对优属度,运用相邻因素相对重要性模糊标度值确定因素的权重系数,在此基础上应用模糊优选模型计算我机对敌机的综合优势评估值,作为网络的初始训练样本。然后根据专家经验对不合理样本进行调整校正,形成最终的网络训练样本。又因 SOFM 神经网络无须教师值监督,故学习训练样本选择尽可能多,以提高最终的测试精度。因此,本书采用如下方法和规律进行学习训练与测试。

(1) 为提高 SOFM 神经网络的分类精度,训练过程中可部分追加一些已知分类结果的学习训练样本,使网络按照有教师示教的方式进行学习。

(2) 当输出神经元中的兴奋者与输入样本的分布能稳定对应时,可认为训练已结束,即 SOFM 算法较好地反映了输入空间矢量的特征。

(3) 对 500 个非常简单的[0,1]范围之内的输入样本进行学习训练与测试,其结果也达到了较高的正确率。

LSRBF 神经网络和 SOFM 神经网络事先离线训练测试好,多机协同多目标攻击空战决策时,只需要获得空战态势数据,根据图 5-5 所示的流程,即可得到所需的空战决策输出结果,这满足了空战的快速性和实时性要求。

5.3.4 仿真验证与分析

5.3.4.1 多机协同多目标攻击决策仿真系统

本节以 4∶8 多机协同多目标攻击空战为例进行仿真。在仿真过程中,4∶8 空战分成 2 个 2∶4 空战小组,其决策仿真系统程序结构图如图 5-6 所示。系统各模块的功能说明如下。

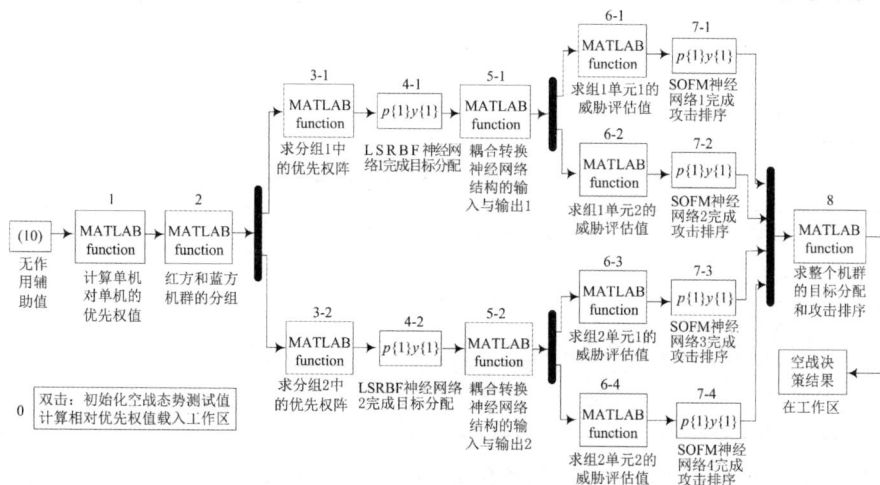

图 5-6　4∶8 多机协同多目标攻击决策仿真系统结构图

模块 0:空战态势初始化,设定双方各机空战效能指数、导弹最大射程、雷达最大探测距离等相关参数,并给出所有单机对单机的态势数据。

模块 1:计算所有单机对单机的优先权值。

模块 2:依据 5.3.1.3 节的方法完成多机协同多目标攻击空战的分组决策。

模块 3-1:依据 5.3.2 节方法求第一组内单机对单机的优先权值。模块 3-2 与之类似。

模块 4-1:LSRBF 神经网络完成第一组内目标分配。模块 4-2 与之类似。

模块 5-1:耦合转换器,根据目标分配结果,将第一组内战机转化为 2 个作战单元。模块 5-2 与之类似。

模块 6-1:依据 4.3.3 节方法求第一组单元一内单机对单机的威胁评估值。模块 6-2、模块 6-3、模块 6-4 与之类似。

模块 7-1:SOFM 神经网络完成第一组第一单元内攻击排序。模块 7-2、模块 7-3、模块 7-4 与之类似。

模块 8:将各机的攻击排序结果汇总,转化成对应的蓝机和红机编号,得到整个战场的决策结果。

红机和蓝机的作战能力等相关参数分别如表 5-1 和表 5-2 所示。表 5-3 是仿真数据,其中,D、h、v_b、v_r、φ、q 分别表示双机间距离、双机高度差、蓝机速度值、红机速度值、蓝机位置角、红机位置角。

表 5-1 红机的作战能力等相关参数

目标	机型	导弹最大射程/km	雷达最大探测距离/km	空战能力指数	战役价值
1	F-15E	70	200	19.8	8.5
2	F-15E	70	200	19.8	8.5
3	幻影 2000-5	55	130	17.9	10.0
4	幻影 2000-5	55	130	17.9	10.0
5	F-16A	50	100	13.5	9.2
6	F-16A	50	100	13.5	9.2
7	F-5E	50	92.6	8.2	6.3
8	F-5E	50	92.6	8.2	6.3

表 5-2 蓝机的作战能力等相关参数

目标	机型	导弹最大射程/km	雷达最大探测距离/km	空战能力指数
1	Su-27	60	150	17.9
2	Su-27	60	150	17.9
3	F-16C	50	120	16.8
4	F-16C	50	120	16.8

依据图 5-6 的决策仿真系统程序结构图及表 5-1、表 5-2、表 5-3 的数据,可以得如下的决策结果。

5.3.4.1.1　分组结果

simu-group＝[4 3 1 6 8 3 2 1 2 4 5 7];其中:1—6项为第一组,其中前两项为蓝机编号,即第一组中包括蓝机4和3,红机1、6、8、3;第二组类似,包括蓝机2和1,红机2、4、5、7。

5.3.4.1.2　每组内目标分配结果

第一组:simu-unit1＝[4 6 8 3 1 3]。其中,第1和4项为蓝机编号,第1项对应的红机为第2和3项,依次类推。所以,红机6和8被分配给蓝机4,红机1和3被分配给蓝机3。

第二组:simu-unit2＝[2 5 7 1 2 4]。即红机5和7被分配给蓝机2,红机2和4被分配给蓝机1。

5.3.4.1.3　整体决策结果

decision-result＝[4 6 8 3 3 1 2 5 7 1 4 2],则蓝机4首攻蓝机6,次攻蓝机8;蓝机3首攻红机3,次攻红机1,蓝机2首攻红机5,次攻红机7;蓝机1首攻红机4,次攻红机2。

表 5-3　蓝机相对于红机的态势值

分组情况	D/m	H/m	v_b/(m/s)	v_r/(m/s)	φ/(°)	q/(°)
蓝1:红1	47 476	−2 000	577.97	611.97	−147.60	−69.16
蓝1:红2	53 835	−1 500	577.97	612.04	−88.09	−16.10
蓝1:红3	58 017	−5 000	577.97	561.04	−93.30	−14.91
蓝1:红4	69 491	−2 000	577.97	561.02	−70.63	−9.41
蓝1:红5	85 147	0	577.97	544.02	−89.55	−10.97
蓝1:红6	35 071	−1 000	577.97	543.96	−132.65	−54.09
蓝1:红7	63 356	−3 000	577.97	510.02	−71.99	−10.35
蓝1:红8	48 726	−2 500	577.97	509.94	−120.37	−48.74
蓝2:红1	58 917	−1 500	578.01	611.97	−139.32	−100.10
蓝2:红2	33 556	−1 000	578.01	612.04	−79.54	−45.71
蓝2:红3	39 576	−4 500	578.01	561.04	−82.16	−40.34
蓝2:红4	41 064	−1 500	578.01	561.02	−42.97	−13.95
蓝2:红5	63 161	500	578.01	544.02	−66.76	−25.78
蓝2:红6	42 524	−500	578.01	543.96	−138.44	−99.00
蓝2:红7	35 472	−2 500	578.01	510.02	−47.10	−20.92
蓝2:红8	46 573	−2 000	578.01	509.94	−117.79	−85.77
蓝3:红1	79 158	−4 000	526.99	611.97	−152.17	−105.72
蓝3:红2	42 524	−3 500	526.99	612.04	−116.20	−75.30
蓝3:红3	48 888	−7 000	526.99	561.04	−114.79	−64.99
蓝3:红4	36 620	−4 000	526.99	561.02	−81.11	−43.37
蓝3:红5	65 223	−2 000	526.99	544.02	−92.60	−44.65
蓝3:红6	62 753	−3 000	526.99	543.96	−152.93	−106.44

续表

分组情况	D/m	H/m	$v_b/(m/s)$	$v_r/(m/s)$	$\varphi/(°)$	$q/(°)$
蓝3：红7	33 615	−5 000	526.99	510.02	−90.09	−55.47
蓝3：红8	63 939	−4 500	526.99	509.94	−138.03	−98.81
蓝4：红1	43 578	−7 000	526.99	611.97	−150.62	−87.01
蓝4：红2	40 227	−6 500	526.99	612.04	−75.44	−22.16
蓝4：红3	44 956	−10 000	526.99	561.04	−81.95	−23.01
蓝4：红4	56 338	−7 000	526.99	561.02	−53.18	15.82
蓝4：红5	71 239	−5 000	526.99	544.02	−76.23	−14.62
蓝4：红6	28 373	−6 000	526.99	543.96	−140.74	−77.89
蓝4：红7	50 289	−8 000	526.99	510.02	−54.68	−16.81
蓝4：红8	38 785	−7 500	526.99	509.94	−118.61	−62.71

上述多机协同多目标攻击的决策仿真系统对5.3节叙述的理论方法进行了全面验证，仿真结果与测试用例的结果一致，证明了书中算法的可行性，它将适用于复杂动态环境下的空战决策，并最终提高武器系统的作战效能。

5.3.4.2 多机协同多目标攻击仿真系统

为进一步验证5.3节决策算法的可行性，同时为简化计算，本书采用表5-4、5-5的数据，设计了结构如图5-7所示的多机协同多目标攻击仿真系统进行仿真验证。仿真过程中采用比例导引的方法解算导弹的攻击弹道曲线，并在程序的设计中，采用变步长 Runge-Kutta-Merson 法计算导弹的攻击区。在此不再阐述导弹攻击区的计算方法以及导弹攻击过程的仿真，可参阅文献[280]。

表 5-4　蓝机原始态势数据表

横坐标/km	纵坐标/km	速度方向/(°)	速度大小/(m/s)
−6.0	−3.3	−109.0	321.0
−3.2	−3.8	−91.0	325.0
4.6	−2.6	−89.0	326.0
7.4	−2.2	−69.0	320.0

表 5-5　红机原始态势数据表

横坐标/km	纵坐标/km	速度方向/(°)	速度大小/(m/s)
−11.7	11.5	160.0	322.0
−9.6	15.4	159.0	320.0
−8.3	31.1	120.0	323.0
−13.0	18.6	154.0	321.0
9.5	37.4	60.0	322.0

续表

横坐标/km	纵坐标/km	速度方向/(°)	速度大小/(m/s)
14.2	19.4	25.0	321.0
10.9	16.4	22.0	323.0
12.6	12.8	20.0	321.0

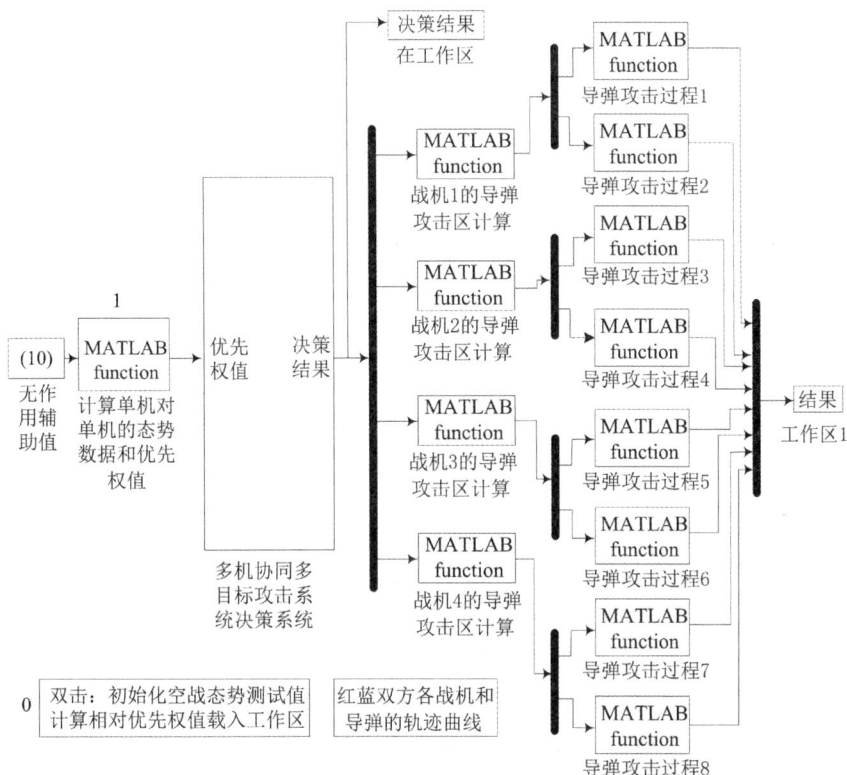

图 5-7　多机协同多目标攻击仿真系统结构图

首先,决策系统根据态势原始数据(表 5-4 和表 5-5)计算出空战决策结果＝[1 1 4 2 2 3 4 8 6 3 7 5]。也就是说,在第一组,蓝机 1 首攻红机 1,次攻红机 4;蓝机 2 首攻红机 2,次攻红机 3;在第二组,蓝机 4 首攻红机 8,次攻红机 6;蓝机 3 首攻红机 7,次攻红机 5。然后将决策结果分成 4 部分并提供给蓝方的 4 个战机,各战机分别判断各自的导弹攻击区。当红机在导弹攻击区内时,蓝机进行攻击,否则,继续跟踪并等待攻击机会。其仿真结果如图 5-8 所示。

图 5-8 中,上面的 8 条直线是红机的轨迹,下面的 4 条直线是蓝机的轨迹,曲线是导弹轨迹。从仿真图中可知,一些目标可被即刻攻击;但对于其他的目标,只有当满足条件时才可被攻击。

上述将基于组合神经网络的多机协同多目标攻击决策算法在多机协同多目标攻击仿真系统中进行了验证。由仿真结果可知,用 LSRBF-SOFM 神经网络实现多机协同多目标攻击决策算法是正确的,它将为复杂动态环境下飞行员的空战决策提供参考,并最终提高武器系统的作战效能,具有较高的理论和实践价值。

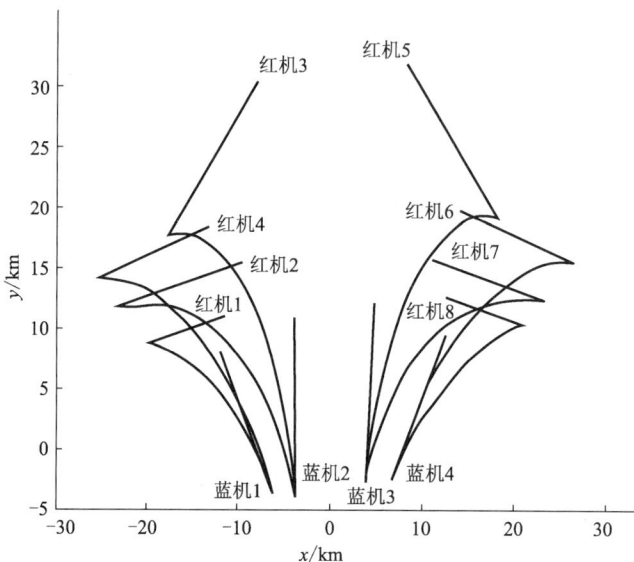

图 5-8 4：8 多机协同多目标攻击系统仿真结果

5.4 本章小结

本章研究了多机协同多目标攻击智能决策关键技术之一——多机协同多目标攻击决策技术。首先,阐述了多机协同多目标攻击决策的基本思想,介绍了自主优先权和协同优先权,并在自主优先权模型与计算中考虑了空战效能优势指数,然后建立了大规模群机作战转化为小规模集团作战的分组决策模型。其次,研究了基于协同优先权的多机协同多目标攻击决策算法。基于 LSRBF 神经网络的性能优于 BP 神经网络和 SOFM 神经网络不需要教师监督的特点,提出了多机协同多目标攻击空战决策算法的 LSRBF-SOFM 组合神经网络实现,依此来解决实际空战决策中的目标分配和攻击排序问题。最后,设计了多机协同多目标攻击决策仿真系统和多机协同多目标攻击仿真系统进行仿真验证。仿真结果证明了书中算法的可行性,它将适用于复杂动态环境下的空战决策,并最终提高武器系统的作战效能。

6 多机协同多目标攻击空战机动决策技术

6.1 引 言

多机协同多目标攻击空战中,由于未来的空战环境,特别是电子战软杀伤环境的变化,超视距空战的作用将遭到抑制。如果在超视距空战阶段不能歼灭对方,则近距格斗空战在所难免[278]。近距格斗是现代空战最基本的形式之一。格斗中,敌方的信息主要依靠机载光电传感器、目视及通信设备等手段获知,飞行员需要根据所获得的信息进行机动决策。机动决策就是模拟战斗机驾驶员在各种空战态势下对飞机操纵的决策,是空战决策中最核心的内容。在空战过程中,机动阶段始终是最为激烈的阶段,作战双方常常通过大过载机动等运动形式,抢占或保持有利作战位置,寻找开火机会,以消灭敌人,保全自己。因此,研究空战机动决策方法有着至关重要的作用。

在空战机动决策的研究中,可以将多机协同多目标攻击空战分为近距空战和中远距空战两种形式。一般来说,近距空战距离为 2~10 km(本书不考虑用航炮攻击),在目视条件下进行。中远距空战范围是 10~100 km。战斗机在中远距空战时不像近距格斗那样猛烈机动,一般的机动飞行即可满足占位要求,但是多目标攻击时的机动方法将会影响到攻击效果和本机生存概率。由于近距空战和中远距空战使用的武器与作战方式不同,机动决策在这两种状态下所要考虑的因素也不同,模型必须分开来考虑。中远距的协同空战中,协同更多考虑到是信息的交互、任务与火力分配,机动决策在战术协同方面用处不大,而在中远距空战中典型的作战方式——多目标攻击,机动决策将起很重要的作用。

多级影响图对策(Multi-Stage Influence Diagram Game, MSIDG)是多级影响图理论与对策论的有机结合。本章应用多级影响图对策理论对多机协同多目标攻击空战机动决策进行了研究,建立了基于多级影响图对策的近距协同空战和中远距空战的机动决策模型。随着 Agent 理论在协同空战指挥系统中的应用发展,本章还尝试将影响图决策方法和多 Agent

系统理论引入多机协同空战决策研究中,针对多机协同空战是一个多 Agent 系统,各战机是单个 Agent,并采用影响图分析多 Agent 的模型,将复杂的多机协同空战机动决策问题分解为若干子问题,以期实现在不确定空战环境下做出结果最佳的决策。

6.2 基于多级影响图对策的多机协同多目标攻击空战机动决策研究

6.2.1 多机协同多目标攻击空战几何与运动方程

6.2.1.1 空战三维相对几何关系模型

在地面坐标系 $Oxyh$ 中,双方飞机的状态向量[281-282] $\boldsymbol{X}^i=(x^i,y^i,h^i,\gamma^i,\chi^i,v^i)$。其中,各个分量分别表示 x 坐标、y 坐标、高度、航迹角、航向角,$i=b$、$i=r$ 分别对应蓝机和红机。空战整体状态向量 $\boldsymbol{C}^i=(\omega^i,\varphi^i,d)$,$\omega^i\in[0,\pi]$,$\varphi^i\in[0,\pi]$。其中,$\omega^i$ 为 i 方观测的滞后角,φ^i 为 i 方观测的超前角,d 为两机距离。如图 6-1 所示。

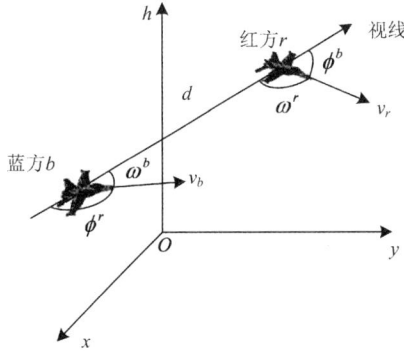

图 6-1 多机协同多目标攻击空战三维相对几何关系

由图 6-1 中可得

$$\omega^b=\arccos\frac{(x_r-x_b)\cos(\gamma_b)\cos(\chi_b)+(y_r-y_b)\cos(\gamma_b)\sin(\chi_b)+(h_r-h_b)\sin(\gamma_b)}{d}$$
(6-1)

$$\varphi^b=\arccos\frac{(x_r-x_b)\cos(\gamma_r)\cos(\chi_r)+(y_r-y_b)\cos(\gamma_r)\sin(\chi_r)+(h_r-h_b)\sin(\gamma_r)}{d}$$
(6-2)

$$d=\sqrt{(x_r-x_b)^2+(y_r-y_b)^2+(h_r-h_b)^2}$$
(6-3)

$$\omega^r=\pi-\varphi^b$$
(6-4)

$$\varphi^r=\pi-\omega^b$$
(6-5)

6.2.1.2 空战运动方程和机动方式

将空战飞机模型看作质点模型,控制向量为 $\boldsymbol{u}=[\theta,\mu,\eta]$。其中,$\theta$ 为攻角,控制法向加速度;μ 为横滚角,产生水平滚转;η 为油门位置,控制切向加速度。各控制变量的限制为 $\theta\in[\theta_{\min},\theta_{\max}]$,$\eta\in[0,1]$,$\mu\in[-\pi,\pi]$。则飞机三自由度质点运动方程为

$$\dot{x}=v\cos\gamma\cos\chi \tag{6-6}$$

$$\dot{y}=v\cos\gamma\sin\chi \tag{6-7}$$

$$\dot{h}=v\sin\gamma \tag{6-8}$$

$$\dot{\gamma}=((L+\eta T_{\max}\sin\theta)\cos\mu-mg\cos\gamma)/mv \tag{6-9}$$

$$\dot{\chi}=((L+\eta T_{\max}\sin\theta)\sin\mu)/mv\cos\gamma \tag{6-10}$$

$$\dot{v}=(\eta T_{\max}\cos\theta-D)/m-g\sin\gamma \tag{6-11}$$

其中，x 和 y 为位置坐标，h 为高度，剩下的变量分别为航迹角 γ、航向角 χ 和速度 v、重力加速度 g、飞机的质量 m、最大推力 $T_{\max}$、升力 L、曳力 D。

实际空战中飞机的机动方式极为复杂，为了便于研究，本书中的机动方案选用美国 NASA 学者提出的 7 种常用机动方式，即最大加速、最大减速、最大过载爬升、最大过载俯冲、最大过载左转、最大过载右转、稳定飞行，各控制量不变。通过在程序的每一步长都进行机动决策选择动作，则由这 7 种机动方式可以组合出很多机动动作来。在影响图模型中，连续控制变量 θ、μ 和 η 用离散的控制变量替代。决策在离散时刻做出，得出的控制在固定时间间隔 Δt 内维持不变，一直持续到下一个决策时刻。由此可得飞机的三维机动变化如下：

$$\boldsymbol{u}_{k+1}^{i}=\boldsymbol{u}_{k}^{i}+\begin{bmatrix}\theta^{i,\Delta}\\0\\0\end{bmatrix}\Delta t \tag{6-12}$$

$$\boldsymbol{u}_{k+1}^{i}=\boldsymbol{u}_{k}^{i}-\begin{bmatrix}\theta^{i,\Delta}\\0\\0\end{bmatrix}\Delta t \tag{6-13}$$

$$\boldsymbol{u}_{k+1}^{i}=\boldsymbol{u}_{k}^{i}+\begin{bmatrix}0\\\mu^{i,\Delta}\\0\end{bmatrix}\Delta t \tag{6-14}$$

$$\boldsymbol{u}_{k+1}^{i}=\boldsymbol{u}_{k}^{i}-\begin{bmatrix}0\\\mu^{i,\Delta}\\0\end{bmatrix}\Delta t \tag{6-15}$$

$$\boldsymbol{u}_{k+1}^{i}=\boldsymbol{u}_{k}^{i}+\begin{bmatrix}0\\0\\\eta^{i,\Delta}\end{bmatrix}\Delta t \tag{6-16}$$

$$\boldsymbol{u}_{k+1}^{i}=\boldsymbol{u}_{k}^{i}-\begin{bmatrix}0\\0\\\eta^{i,\Delta}\end{bmatrix}\Delta t \tag{6-17}$$

$$\boldsymbol{u}_{k+1}^{i}=\boldsymbol{u}_{k}^{i} \tag{6-18}$$

其中，$\boldsymbol{u}_{k}^{i}$ 和 $\boldsymbol{u}_{k+1}^{i}$ 分别表示当前时刻和下一时刻的控制向量，$\theta^{i,\Delta}$、$\mu^{i,\Delta}$、$\eta^{i,\Delta}$ 分别表示各控制变量在固定间隔 Δt 内的变化率。每次控制变化后的飞机预测状态可以由运动方程求出。若该动作超出了状态约束或者控制约束，则取消该动作。

6.2.2 多级影响图对策方法概述

6.2.2.1 基于影响图的决策方法概述

6.2.2.1.1 影响图理论概述

影响图(Influence Diagram,ID)[283-284]是表示决策问题中决策不确定性和价值的图形工具。其定义为:影响图是结点集 N 和弧集 A 组成无回路有向图 $G=\{N,A\}$,$N=\{x_i,i=1,2,\cdots,n\}$,$A=\{(x_i,x_j)\}$,即有向弧 x_i 到 x_j'[285]。影响图的结点分为 3 类:机会结点 $n(c)$ 表示决策问题的不确定事件或随机变量,用圆圈表示;决策结点 $n(d)$ 对应问题中的决策变量,用矩形表示;价值结点 $n(v)$ 表示决策者的期望效用,用菱形表示。弧集 A 也分 4 个子集:机会结点进入机会结点或价值结点的关联弧,指示连接的两个结点之间存在概率相关关系,表示作图者指定箭头连接结点的概率是在已知箭尾连接结点的结局条件下的条件概率;由决策结点进入机会结点或价值结点的影响弧,表示箭头连接的机会结点或价值结点的取值受决策结点的影响,具有较强的因果关系;机会结点进入决策结点的信息弧,表示决策者在做箭头连接的连接结点的决策时,已知箭尾连接结点变量的结局;由决策结点进入决策结点的莫忘弧,表示决策者在做另一决策时,不遗忘已做过的决策。4 种弧如图 6-2 所示。其最大优点是可以直观清晰地表示变量间的概率相关性,描述决策问题灵活。当要添加一个变量时,可在图中增加一个节点和相应的弧线表示相关性,同时影响图算法允许用同一个图表示约束和做决策的时间顺序。

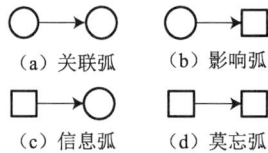

图 6-2 影响图中的四种弧

(a) 关联弧　(b) 影响弧　(c) 信息弧　(d) 莫忘弧

6.2.2.1.2 基于影响图的决策方法

设 $B=\{b_1,b_2,\cdots,b_n\}$ 是一个相互排斥的行为集合,D 是决策性变量,效用函数 $U(B,D)$ 为每个行为变量和决策变量的组合状态产生的效用。这个问题可以通过计算使期望效用最大的行为来实现,即

$$EU(b)=\sum_D U(b,D)\times P(D\mid b) \tag{6-19}$$

其中,$U(b,D)$ 表示值结点 U 中的效用函数的成员;$P(D\mid b)$ 表示给定固定行为 b 时,H 的条件概率。

6.2.2.2 两目标对策理论概述

以往的空战对策分析中,往往是假设目标以某种特定的方式运动,或是一方追一方躲。这样的假设在空战对策的某一时段是可行的,对于整个空战对策过程来说就不合适了。多机协同多目标攻击空战格斗中,敌方不可能不做任何对抗,应该把敌机与我机放到对等的位置。双方的目的都是进入各自攻击区域,同时阻止对方进入攻击区,这样的对策称之为两目标对策(Two-Target Game)[286]。本章中空战被考虑为两目标对策,空战对策双方为红、蓝两方,它们的状态向量为 $\boldsymbol{X}^i\in\boldsymbol{R}^n$,控制向量为 $\boldsymbol{u}^i\in\boldsymbol{R}^m(i=r,b)$。这里 r 表示红方,b 表示蓝方。状态向量满足下面的微分方程：

$$\dot{X}^i = f^i(X^i, u^i) \quad i = r, b \tag{6-20}$$

红蓝双方的空间相对几何关系用向量 $C(t)$ 表示，计算公式如下：

$$C(t) = g(X^r, X^b) \tag{6-21}$$

空战双方都想使向量 $C(t)$ 满足自己的目标集，红、蓝双方的目标集如下：

$$T^i = \{C \mid \psi^i(C) < 0\} \quad i = r, b \tag{6-22}$$

空战结束的时间 t_f 由式(6-23)确定：

$$t_f = \min\{t \mid C(t) \in T^r \bigcup T^b \bigvee t = t_{max}\} \tag{6-23}$$

在空战结束时刻 t_f，对策双方有 4 种结果，如表 6-1 所示。

表 6-1　红蓝双方空战对策结果

对策结果	条件
红方赢	$C(t_f) \in T^r \backslash T^b$
蓝方赢	$C(t_f) \in T^b \backslash T^r$
和局	$C(t_f) \notin T^b \backslash T^r$
相互杀伤	$C(t_f) \notin T^b \bigcap T^r$

6.2.2.3　多级影响图对策方法概述

多级影响图描述某一段时间内的连续决策过程。与单级影响图[287]相比，多级影响图的每一级都是单级影响图的简化形式。文献[286]提出了多级随机机动影响图模型，用机会结点来表示敌机机动，同时考虑连续决策情况，仍然没有考虑敌机飞行员的偏好。现代空战中敌方不可能不做任何对抗，应该把敌机与我机放到对等的位置。本章中空战被考虑为两目标对策，空战对策双方为红、蓝两方，并且认为蓝机飞行员与红机飞行员一样是理性的，二者具有相似的偏好，则两者可以建立相似的影响图。如果把这 2 张多级影响图合成 1 张图，用 1 张多级影响图同时表示红、蓝双方机动决策问题，这就是多级影响图对策。多级影响图对策是多级影响图理论的拓展，是与非协商对策论相结合的理论。在多级影响图对策中，两个决策者地位是平等的，同时获得对方的信息，两者对抗且不存在协商的可能。

6.2.3　1∶1 空战的多级影响图对策模型研究

6.2.3.1　1∶1 空战的多级影响图对策模型

空战非零和对策双方为红、蓝两方，双方的目的是进入各自的目标集合。这里所说的目标集合是指导弹的攻击区。实际的空战过程是由连续的机动决策序列组成[288]，其多级影图对策图如图 6-3 所示。它是动态环境下的连续机动决策，同时考虑了交战双方对抗决策、动力学质点模型、飞行员的偏好以及不确定性，表示了在时刻 $t_k = k\Delta t, (k = 0, \cdots, n-1)$ 的 n 个连续机动决策过程。Δt 是前后两个决策的时间间隔，称为决策间隔。图的右半部分表示空战对策中蓝方的各变量，左半部分表示红方的各变量。$i = b, i = r$，分别对应蓝方和红方。

在第 k 阶段，红蓝双方的状态由机会结点 $X_k^i = [x_k^i, y_k^i, h_k^i, \gamma_k^i, \chi_k^i, v_k^i]^T$ 表示，向量中各变量分别是 x 坐标、y 坐标、高度、航迹角、航向角和速度，$i = b, i = r$ 分别对应蓝机和红机。

状态向量的递推公式如下：

$$\boldsymbol{X}_{k+1}^{i} = \boldsymbol{X}_{k}^{i} + \int_{t_k}^{t_{k+1}} f^{i}(\boldsymbol{X}_{k}^{i}, \boldsymbol{u}_{k}^{i}) \mathrm{d}t \tag{6-24}$$

这里的控制向量 $\boldsymbol{u}_{k}^{i} = [\theta_{k}^{i}, \mu_{k}^{i}, \eta_{k}^{i}]^{\mathrm{T}}$ 由决策结点来描述。决策结点用于产生机动决策，由于对空战态势估计在一定程度上反映了决策者的偏好，不同的决策者面对威胁的态度不同，或偏向冒险，或偏向保守，即采取不同的机动方式。

"位置感知"机会结点表示红蓝双方的空间相对几何关系，即 $\boldsymbol{C}^{i}$，离散化后计算公式为

$$\boldsymbol{C}_{k}^{i} = g^{i}(X_{k}^{r}, X_{k}^{b}) = [\omega_{k}^{i}, \varphi_{k}^{i}, d_{k}^{i}]^{\mathrm{T}} \tag{6-25}$$

其中，$\omega_{k}^{i} \in [0, \pi]$ 为是 i 方观测的滞后角，$\varphi_{k}^{i} \in [0, \pi]$ 为 i 方观测的超前角，$d_{k}^{i} > 0$ 为两者在第 k 阶段的距离，$i = b$、$i = r$ 分别对应蓝机和红机。

空战中，红蓝双方都想操纵飞机进入各自的目标集，同时阻止对方进入目标集，根据式 (6-22)，目标集数学表达式为

$$T^{i} = \{C_{k}^{i} \mid \psi^{i}(C_{k}^{i}) \leqslant 0\}, \psi^{i}(C_{k}^{i}) = [\omega_{k}^{i} - \omega_{f}^{i}, \varphi_{k}^{i} - \varphi_{f}^{i}, d_{k}^{i} - d_{f}^{i}]^{\mathrm{T}} \tag{6-26}$$

其中，ω_{f}^{i}、φ_{f}^{i} 和 d_{f}^{i} 为预先设定的终止目标值。

空战结束条件由 (6-23) 离散化后，可得

$$n = \min\{k \mid C_{k}^{r} \in T^{r} \quad \text{or} \quad C_{k}^{b} \in T^{b} \text{ or } k = n_{\max}\} \tag{6-27}$$

空战红、蓝双方对策最后的结果如表 6-2 所示。

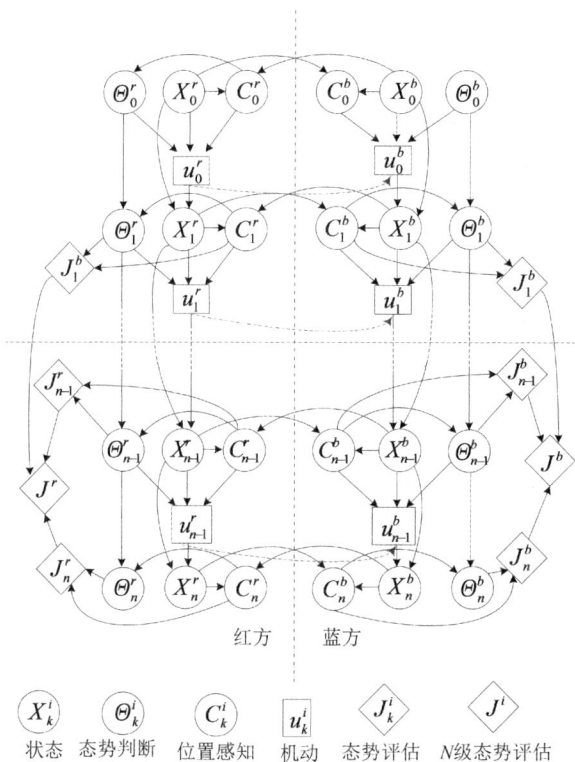

图 6-3 基于多级影响图对策的红、蓝双方 n 步连续机动决策模型

表 6-2　红蓝双方空战对策结果

对策结果	条件
红方赢	$C_n^r \in T^r$　and　$C_n^b \notin T^b$
蓝方赢	$C_n^b \in T^b$　and　$C_n^r \notin T^r$
和局	$C_n^r \notin T^r$　and　$C_n^b \notin T^b$
相互杀伤	$C_n^b \in T^b$　and　$C_n^r \in T^r$

"态势判断"机会结点 Θ_k^i 表示在第 k 阶段 C_k^i 满足目标集 T^i 的条件的情况,有优势、均势、劣势、双方均不利 4 种输出结果,设 i 对各结果的验前概率为 $P(\Theta_k^i) = j; j = 1,2,3,4$,且 $\sum_{j=1}^{4} P(\Theta_k^i = j) = 1$。根据贝叶斯定理,$i$ 对各结果的验后概率为

$$
\begin{aligned}
P(\Theta_{k+1}^i = j \mid C_{k+1}^i) &= \frac{P(\Theta_{k+1}^i = j) P^i(C_{k+1}^i \mid \Theta_{k+1}^i = j)}{\sum_{m=1}^{4} P(\Theta_{k+1}^i = m) P^i(C_{k+1}^i \mid \Theta_{k+1}^i = m)} \\
&= \frac{P(\Theta_k^i = j \mid C_k^i) P^i(C_{k+1}^i \mid \Theta_{k+1}^i = j)}{\sum_{m=1}^{4} P(\Theta_{k+1}^i = m) P^i(C_{k+1}^i \mid \Theta_{k+1}^i = m)}
\end{aligned}
\tag{6-28}
$$

这里态势判断在第 k 阶段的验后概率等于第 $k+1$ 阶段的验前概率,即 $P(\Theta_{k+1}^i = j) = P(\Theta_k^i = j \mid C_k^i)$。假设 ω_k^i、φ_k^i 和 d_k^i 为独立随机变量,则

$$
P^i(C_k^i \mid \Theta_k^i = j) = P^{\omega,i}(\omega_k^i \mid \Theta_k^i = j) P^{\varphi,i}(\varphi_k^i \mid \Theta_k^i = j) P^{d,i}(d_k^i \mid \Theta_k^i = j) \tag{6-29}
$$

其中,似然函数 $P^{\omega,i}(\cdot)$、$P^{\varphi,i}(\cdot)$ 和 $P^{d,i}(\cdot)$ 表示状态变量在态势判断下的条件概率。

态势判断需要通过效用函数来进行评估,这里通过"态势评估"价值结点来表示。效用函数反映了决策者对两机的各种空间几何关系的偏好。每一个效用判断的结果都与效用函数相联系,公式如下

$$
U^i(j, C_k^i) = w_j^{\omega,i} u_j^{\omega,i}(\omega_k^i) + w_j^{\varphi,i} u_j^{\varphi,i}(\varphi_k^i) + w_j^{d,i} u_j^{d,i}(d_k^i) \quad j = 1, \cdots, 4 \tag{6-30}
$$

其中,$w_j^{\omega,i}$、$w_j^{\varphi,i}$、$w_j^{d,i}$ 为权值,且 $w_j^{\omega,i} \mid w_j^{\varphi,i} \mid w_j^{d,i} - 1$。

红、蓝双方都选择期望效用最大的最优控制向量,则在第 k 阶段,J_k^i 用下面的式(6-31)计算:

$$
J_k^i(u_k^r, u_k^b) = \sum_{j=1}^{4} P(\Theta_k^i = j \mid C_k^i) U^i(j, C_k^i) \tag{6-31}
$$

n 个阶段的效用函数等于每个阶段的效用函数之和为

$$
J^i(u_0^r, \cdots, u_{n-2}^r, u_{n-1}^r, u_0^b, \cdots, u_{n-2}^b, u_{n-1}^b) = \sum_{k=1}^{n} \sum_{j=1}^{4} P(\Theta_k^i = j \mid C_k^i) U^i(j, C_k^i) \tag{6-32}
$$

红、蓝双方都想在时间间隔 $[0, n]$ 使效用函数最大,即

$$
\max\{J^i(u_0^r, \cdots, u_{n-2}^r, u_{n-1}^r, u_0^b, \cdots, u_{n-2}^b, u_{n-1}^b)\} = \max\left\{\sum_{k=1}^{n} \sum_{j=1}^{4} P_{k,j}^i U^i(j, C_k^i)\right\} \tag{6-33}
$$

其中,$u_k^i \in U_k^i = \{u_k^i \mid G(X_k^i, u_k^i) \leq 0, H(X_k^i) \leq 0\}, k = 0, \cdots, n-1$。函数 $G(\cdot)$ 和 $H(\cdot)$ 是状态向量的最低高度、最小速度约束函数[289]:

$$
G(X_k^i, u_k^i) \leq 0, H(X_k^i) \leq 0 \tag{6-34}
$$

图 6-3 中虚线表示决策模型具有不对称的信息结构,也就是双方做决策是有时间先后

顺序的,这类形式的对策叫作 Stackelberg 对策[282]。该弧线起始于主导决策方,终止于随从决策方。主导决策方是决策双方中的优先方,而随从决策方只能根据观测到的状态结果来做出决策。如果没有这一条弧,则信息结构是对称,对策双方都知道对方的各种对策要素信息。

6.2.3.2 1∶1空战的多级影响图对策模型求解

空战对策的双方是不能合作的,且双方同时获得相关信息,则对策的平衡解为 Nash 平衡解。本书采用移动平均控制法[290],每个阶段的控制向量的计算仅仅考虑前面决策的几个阶段,计算过程一直重复到对策结束。

假设一个受两个相互独立的决策者(红和蓝)控制的离散系统,它的状态向量可以表示为

$$\boldsymbol{Z}_k = [\boldsymbol{X}_k^{r\mathrm{T}} \quad \boldsymbol{X}_k^{b\mathrm{T}} \quad \boldsymbol{P}_k^{r\mathrm{T}} \quad \boldsymbol{P}_k^{b\mathrm{T}}]^{\mathrm{T}} \tag{6-35}$$

其中,$\boldsymbol{X}_k^r$ 与 $\boldsymbol{X}_k^b$ 是红蓝双方的状态向量,而概率向量 P_k^r 和 P_k^b 的元素为在第 k 阶段态势估计各结果的概率。即

$$P_k^i = [P(\Theta_k^i=1|C_k^i) \quad P(\Theta_k^i=2|C_k^i) \quad P(\Theta_k^i=3|C_k^i) \quad P(\Theta_k^i=4|C_k^i)] \tag{6-36}$$

则系统状态的递推公式为

$$Z_{k+1} = [\boldsymbol{X}_k^{r\mathrm{T}} + f(\boldsymbol{X}_k^r, \boldsymbol{u}_k^r)^{\mathrm{T}}\Delta t \quad X_k^{b\mathrm{T}} + f(X_k^b, u_k^b)^{\mathrm{T}}\Delta t \quad P(P_{k,j}^r, C_{k+1}^r) \cdots P(P_{k,j}^r, C_{k+1}^r)] \tag{6-37}$$

其中,$k=0,\cdots,n-1$;状态向量 $\boldsymbol{X}_k^r$ 与 $\boldsymbol{X}_k^b$ 的递推是根据式(6-24)变化得到;而函数 $P(\cdot)$ 是根据式(6-29)计算得到,$P_{k,j}^i$ 是公式(6-35)的第 j 个元素。

在 $k+1$ 阶段的离散控制向量可以通过如下的公式得到

$$u_{k+1}^i = u_k^{i*} + \Delta u_e^i \Delta t \quad i=r,b \tag{6-38}$$

其中,$\Delta u_e^i, e=1,\cdots,7$ 为下面矩阵的第 e 列:

$$\begin{bmatrix} 0 & \Delta\theta^i & -\Delta\theta^i & 0 & 0 & 0 & 0 \\ 0 & 0 & 0 & \Delta\mu^i & -\Delta\mu^i & 0 & 0 \\ 0 & 0 & 0 & 0 & 0 & \Delta\eta^i & -\Delta\eta^i \end{bmatrix} \tag{6-39}$$

在第 k 阶段,在 1SL(One-step Look-ahead)策略下对策者的支付为

$$J_{k,k+1}^i(u_k^r, u_k^b) = \sum_{j=1}^{4} P_{k+1,j}^i U^i(j, C_{k+1}^i) \tag{6-40}$$

系统的状态向量 $\boldsymbol{Z}_k$ 可以根据式(6-37)得到,描述对策者之间的几何关系的向量 C_k^i 可根据式(6-25)计算,控制向量受限于式(6-34)。在 1SL 策略下的平衡解 u_k^{r*} 和 u_k^{b*} 必须满足如下不等式:

$$\begin{cases} J_{k,k+1}^r(u_k^{r*}, u_k^{b*}) \geqslant J_{k,k+1}^r(u_k^r, u_k^{b*}) & \forall u_k^r \in U_k^r \\ J_{k,k+1}^b(u_k^{r*}, u_k^{b*}) \geqslant J_{k,k+1}^b(u_k^{r*}, u_k^b) & \forall u_k^b \in U_k^b \end{cases} \tag{6-41}$$

与此类推,在 2SL 策略下,决策者的支付为

$$J_{k,k+2}^i(u_k^r, u_{k+1}^r, u_k^b, u_{k+1}^b) = \sum_{l=k+1}^{k+2} \sum_{j=1}^{4} P_{l,j}^i U^i(j, C_l^i) \tag{6-42}$$

而 2SL 策略下的控制向量 u_k^{r*}、u_{k+1}^{r*}、u_k^{b*}、u_{k+1}^{b*} 必须满足如下的不等式。

$k+2$ 阶段:

$$\begin{cases} J_{k,k+2}^r(u_k^{r*}, u_k^{b*}, u_{k+1}^{r*}, u_{k+1}^{b*}) \geqslant J_{k,k+2}^r(u_k^r, u_{k+1}^{r*}, u_k^{b*}, u_{k+1}^{b*}) & \forall u_k^r \in U_k^r \\ J_{k,k+2}^b(u_k^{r*}, u_k^{b*}, u_{k+1}^{r*}, u_{k+1}^{b*}) \geqslant J_{k,k+2}^b(u_k^{r*}, u_{k+1}^{r*}, u_k^b, u_{k+1}^{b*}) & \forall u_k^b \in U_k^b \end{cases} \tag{6-43}$$

$k+1$ 阶段：

$$\begin{cases} J^r_{k,k+2}(u^r_k, u^b_k, u^{r*}_{k+1}, u^{b*}_{k+1}) \geqslant J^r_{k,k+2}(u^{r*}_k, u^{r*}_{k+1}, u^{b*}_k, u^{b*}_{k+1}) & \forall u^r_k \in U^r_k \\ J^b_{k,k+2}(u^r_k, u^b_k, u^{r*}_{k+1}, u^{b*}_{k+1}) \geqslant J^b_{k,k+2}(u^{r*}_k, u^{r*}_{k+1}, u^{b*}_k, u^{b*}_{k+1}) & \forall u^b_k \in U^b_k \end{cases} \qquad (6\text{-}44)$$

如果 KSL 策略下，则控制量必须考虑 K 个阶段，但求解过程和控制量所满足不等式与此相似，流程图见图 6-4。

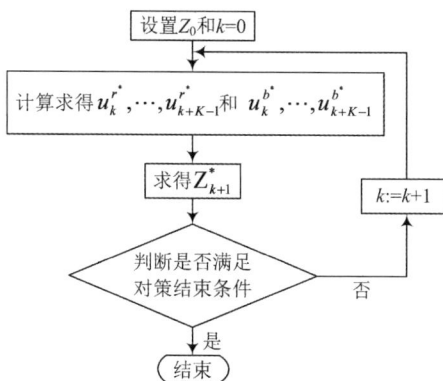

图 6-4　KSL 策略下的移动平均控制法流程图

步骤如下。

（1）设置初始条件 Z_0 和 $k=0$。

（2）通过从红方和蓝方的状态向量 $\boldsymbol{Z}^*_k$ 中求解 KSL（K-step Look-ahead）策略，从而确定控制向量 $u^{r*}_k, \cdots, u^{r*}_{k+K+1}$ 和 $u^{b*}_k, \cdots, u^{b*}_{k+K+1}$。

（3）通过式（6-37）计算 $\boldsymbol{Z}^*_{k+1}$。

（4）如果红、蓝双方有一方进入目标集，或者 $k=n_{\max}$，则停止计算；否则，设置 $k:=k+1$，同时跳转到（2）。

6.2.4　多级影响图对策在近距协同空战机动决策中的应用

6.2.4.1　群机近距协同空战化为小规模分组协同作战模型

多机协同多目标攻击空战多表现为大规模多机集群式空战，具体的群机在近距战斗中常常会自然地划分为小集团作战，因此需要研究把大规模的多机空战转化为小规模的分组作战。近距协同空战的分组决策模型类似 5.3.1.3 的模型，但分组的依据不再是自主优先权，而是期望态势值。

假设红方小集团可分为 2 或 3 架为一组作战，蓝方飞机的分组数目可根据红方的组数来确定。不失一般性，以蓝方飞机在三维空间的几何位置为分组主要依据：位置接近的即可分为一组。具体来讲，可分为以下步骤（假设红机 m 架，蓝机 s 架）。

（1）计算 $t=m/2$ 或 $t=m/3-1$（减 1 的目的是防止红方分组时可能不能整除而有余，余数即可用这一组来组成一组；若整除，则此组飞机可攻击或规避根据自己期望态势确定的目标）。

（2）$k=s/t$ 为蓝方飞机每组的飞机架数，不能整除的余数为一组。

（3）以 k 为分组规模,根据蓝机间的距离,先找出距离最远的 l 架蓝机。每架蓝机再找 $k-1$ 架距离最近的蓝机分成一组。

（4）计算红方 m 架飞机对蓝方 s 架飞机的期望态势值。

（5）对蓝方第 1 组,从 m 架红机中选择对这 k 架飞机(最后一组可能小于 k)期望态势最优的和次优的飞机组成红方相对蓝方第 1 组的分组。对蓝方第 2 组,可从剩余红机中同上法组成相对蓝方第 2 组的分组,依次类推可得红方分组。

至此,我们就已经把红、蓝两方机群划分为 $t+1$ 或 t 个作战小集团,小集团内部为 2 或 3 对 k(或小于 k)的空战。在红方的每个集团内部,我们主要根据飞机的期望态势进行协同决策,期望态势占优,则角色为攻击方,否则为规避方。

6.2.4.2　小集团空战到 1∶1 空战的协同决策模型

根据文献[287,289],红方通过传感器可以得到蓝方飞机的位置坐标 x 和 y、高度和速度信息,它们都服从正态分布。以位置坐标 x 为例,假设红方第 j 架位置坐标 x_j 服从 $N(\mu_j, \alpha_j^2)$ 正态分布,则 k 架蓝机的矩心位置坐标 x_0 的均值 μ_0 和方差 σ_0 如下:

$$\mu_0 = \frac{1}{k} \sum_{j=1}^{k} \mu_j \qquad (6-45)$$

$$\sigma_0^2 = \frac{1}{k} \sum_{j=1}^{k} \alpha_j^2 \qquad (6-46)$$

红方期望态势之和较大的飞机应和该矩心虚拟飞机组成一对一空战模型,而红方其余的飞机则分别确定对态势期望最占优的蓝机为攻击目标。当然,当自己处于劣势,则选择对自己威胁最大的飞机为规避对象,也构成一对一的空战模型。由此,在小集团内部完成了空战模型的分解。

综上所述,近距协同空战机动决策的研究主要分为以下 3 个方面:① 群机近距协同空战化为小规模分组协同作战模型(详见 6.2.4.1 节);② 按照协同的原则,在小集团内部把 2 或 3 对 k 多机空战模型转化为多个 1∶1 空战模型(详见 6.2.4.2 节);③ 1∶1 空战的多级影响图对策模型(详见 6.2.3 节)。

6.2.5　多级影响图对策在中远距协同空战机动决策的应用

在多机协同多目标攻击中远距空战中,每一个决策者同时所参与的不同策略数量将大于 1,反映在数学模型上为向量的性能指标。多级影响图对策理论是不确定环境下分析空战对抗性问题的一种有效的数学工具,但它所处理的问题在性能指标上均是单一的。多目标规划理论作为多目标优化的数学工具已经广泛应用,在此将两者有机结合,解决中远距协同空战中多目标攻击机动决策问题。

6.2.5.1　多目标多级影响图对策

具有 n 个决策变量、m 个约束、p 个目标的多目标规划问题数学描述如下:

$$(vop) \min_{x} F(x) = \min[f_1(x), f_2(x), \cdots, f_p(x)]^T$$
$$s.t. \quad g_i(x) \leqslant 0 \quad i = 1, 2, \cdots, m \quad x \in R^m \qquad (6-47)$$

则多目标规划理论与多级影响图对策理论结合,其数学描述为:设 r、b 为对策双方,r 方有一个对策者,b 方有 N 个对策者,则 r 与 b 中第 $i(i=1,2,\cdots,n)$ 个对策的性能指标为 $J_i(x,u^r,u^b)$。其中,x 为状态向量,u^r 为 r 方控制向量,$u^r\in R^3$,u^b 为 b 方控制向量,$u^b=\{u_1^b,u_2^b,\cdots,u_n^b\}$,$u_i^b\in R^3$。则总对策的性能指标为

$$\operatorname*{minmax}_{u^r\ \ u^b}=\operatorname*{minmax}_{u^r\ \ u^b}[J_1(x,u^r,u^b),\cdots,J_n(x,u^r,u^b)] \tag{6-48}$$

$$s.t.\quad \dot{x}=F(x,u^r,u^b)\quad G(x,u^r,u^b)\leqslant0\quad x(0)=x_0$$

至此,将多级影响图对策理论融入了多目标规划理论中,称其为多目标多级影响图对策。

6.2.5.2　基于多目标多级影响图对策的多目标攻击机动决策过程分析

以 1:2 空战为例,基于多目标多级影响图对策的多目标攻击机动决策模型分为 3 部分:第一部分用来描述未攻击目标前的机动决策;第二部分表现攻击第一个目标后到攻击第二个目标前的机动决策情况;第三部分用来描述攻击第二个目标后至规避退出战斗的机动决策。

设红方为一架飞机 r,蓝方为同型的两架飞机(b_1,b_2),则红方与蓝方 $i(i=1,2)$ 对策的性能指标为 J^{rbi},总的性能指标为 $J=W^{rb1}J^{rb1}+W^{rb2}J^{rb2}$。其中,$W^{(\cdot)}$ 为正权值,且 $\sum W^{(\cdot)}=1$。

第一部分的数学描述如下:

$$\operatorname*{minmax}_{u^r\ \ u^b}J(u^r,u^b)=\operatorname*{minmax}_{u^r\ \ u^b}[W^{rb1}J^{rb1}+W^{rb2}J^{rb2}] \tag{6-49}$$

其中,$u^r=[u_0^r,u_1^r,\cdots,u_{N-1}^r]^T$,$u^b=[u_0^{b1},u_1^{b1},\cdots,u_{N-1}^{b1},u_0^{b2},u_1^{b2},\cdots,u_{N-1}^{b2}]^T$,$W^{rb1}=W^{rb2}=0.5$,而控制变量必须满足 $u_k^i\in U_k^i=\{u_k^i|G(X_k^i,u_k^i)\leqslant0,H(X_k^i)\leqslant0\}$,$k=0,\cdots,N-1$,$i=r,b_1,b_2$。这里函数 $G(\cdot)$、$H(\cdot)$ 是最低高度和最小速度约束条件,X_k^i 是状态向量。第二部分的数学描述基本与第一阶段相同,但是红方发射一枚中距弹攻击蓝方一架飞机(这里假设为 b_1)后。由于导弹未进入主动段前,还需要无线电指令修正,则红机的机动受到限制,模型中需要增加一条约束条件 $S(u_k^r,X_k^{b1},X_k^r)\leqslant0$(若进入导弹主动段则取消这条约束),同时考虑到 b_1 受到导弹攻击,对于红机重要度下降,所以 $W^{rb1}<W^{rb2}(W^{rb1}+W^{rb2}=1)$。第三部分的数学描述只是在第二阶段增加一条约束 $S(u_k^r,X_k^{b2},X_k^r)\leqslant0$,同时 $W^{rb1}=W^{rb2}=0.5$。

6.2.6　仿真验证与分析

6.2.6.1　基于多级影响图对策的近距协同空战机动决策仿真

在仿真过程中,假设红、蓝双方是同一型号的飞机,仿真规模是 2:2,决策间隔为 Δt,具体流程如图 6-5 所示。仿真开始于给定的初始条件,包括采用较有代表性的初始状态、威胁分布和双方的控制;终止于双方中至少有一方位于另一方的火力范围内,或者已经到了时间限制 $t_f=N\Delta t$,N 为最大迭代次数。这里红机采用信息结构对称的多级影响图对策决策模型,蓝机采用文献[291]提出的协商微分对策。初始条件如表 6-3 所示。$P(\Theta_0^i=\delta_s)=0.25$;$s=1,2,3,4$;$i=r_1,r_2,b_1,b_2$;$\Delta t=0.5$ s。初始控制变量值:$\theta=1,\mu=0.5,\eta=0.6$。

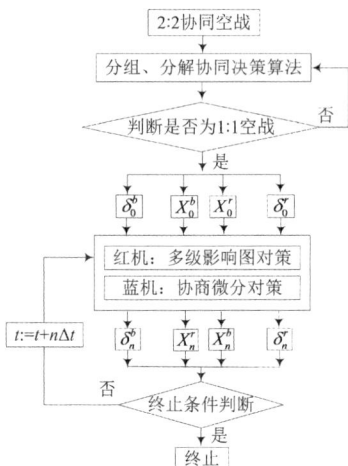

图 6-5 2∶2 近距协同空战仿真流程图

表 6-3 2∶2 近距协同空战仿真初始条件

飞机	x_0/m	y_0/m	h_0/m	γ_0/rad	χ_0/rad	v_0/(m/s)
红机 1	5600	−2500	6000	0	0.79	320
红机 2	4200	−2500	6000	0	0.79	320
蓝机 1	1000	1600	3200	0	3.14	320
蓝机 2	−1000	1600	3200	0	3.14	320

空战仿真过程见图 6-6。图中实线是红机的轨迹,虚线是蓝机的迹轨。仿真开始后,红方发现蓝方并立即机动转向蓝方;蓝方发现红方的追击后,采取机动试图占据红方优势。在空战过程中,交战双方都意图规避对手的追击并争取占领优势位置,但由于采取决策模型不同,红方采用具有优势的多级影响图对策决策模型,逐渐占据了战场优势并最终获胜。最终红机 1、红机 2、蓝机 1 和蓝机 2 的生存概率分别为 0.27、0.23、0.12、0.19。由此可知,空战中,红方两机的生存概率大于蓝方两机的。因此,本书的多级影响图对策模型在不确定环境下优于文献[291]提出的协商微分对策模型。

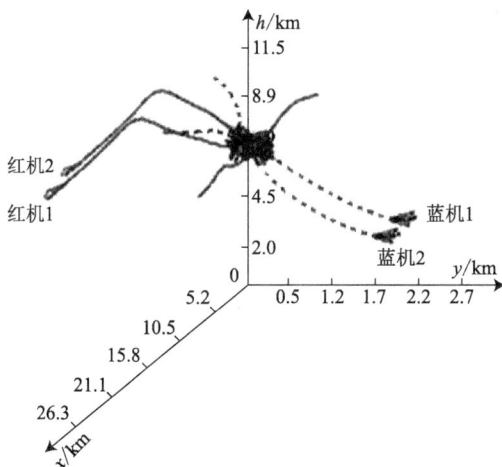

图 6-6 2∶2 近距协同空战仿真机动轨迹

6.2.6.2 基于多目标多级影响图对策的多目标攻击机动决策仿真

假设红蓝双方是同一型号的飞机,仿真规模是1∶2,初始条件如表6-4所示。态势估计 $P(\Theta_0^i = \delta_s) = 0.25, s = 1,2,3,4, i = r, b_1, b_2$。空战仿真过程如图6-7所示。图6-7中,实线是红机的轨迹,虚线是蓝机的迹轨,空战结果如表6-5所示。在同等初始条件下,红机分别采用多目标多级影响图对策和多目标微分对策两种机动决策模型。其两种模型仿真结果的损失比分别为0.94、1.09。由此,多目标微分对策机动决策模型在不确定环境下的决策损失比大于1,故而本书的基于多目标多级影响图的多目标攻击机动决策模型在不确定环境下明显优于多目标微分对策机动决策模型。

表6-4 1∶2多目标攻击空战仿真初始条件

飞机	x_0/m	y_0/m	h_0/m	$\gamma_0/(°)$	$\chi_0/(°)$	$v_0/(m/s)$
红机	5000	−16000	2100	0	0	325
蓝机1	−1000	16000	3000	0	160	300
蓝机2	1000	16000	3000	0	160	300

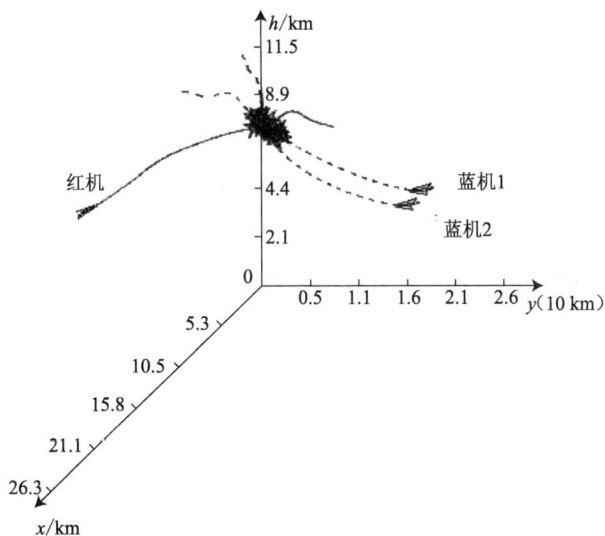

图6-7 1∶2多目标攻击空战仿真机动轨迹

表6-5 多目标攻击的仿真结果

飞机	导弹杀伤概率		生存概率	损失比
	1号弹	2号弹		
红机	0.57	0.50	0.27	
蓝机1	0.50		0.44	0.94
蓝机2	0.47		0.87	

6.3 基于多 Agent 影响图的多机协同多目标 攻击空战机动决策研究

6.3.1 多 Agent 影响图概述

Agent 技术与理论最早源于分布式人工智能(Distributed Artificial Intelligence,DAI)。20 世纪 80 年代后,Agent 技术与许多领域相互借鉴和融合并得到应用。对 Agent 技术的研究主要包括智能 Agent、多 Agent 系统(MAS)等。Agent 理论在航空领域主要应用于无人机的驾驶与航路规划和协同空战指挥系统等。

影响图是对贝叶斯网络的扩展,除了具有贝叶斯网络所固有的优势外,还具有处理动态环境中不确定性问题的能力。多机协同空战是一个典型的多 Agent 系统[292],各战机都可以看成是 Agent。影响图已成为处理单个 Agent 决策问题的一种重要工具[293-294]。为了使影响图能处理多 Agent 决策问题,D. Koller 对影响图进行扩展提出多 Agent 影响图模型(Multi-Agent Influence Diagam,MAID)[295-296]。MAID 可以有效表示多 Agent 之间非合作的结构依赖关系,用于处理 Agent 的对策问题。

基于影响图的 Agent 结构图如图 6-8 所示。它由传感器、信念、优先、能力和行动 5 层组成。Agent 的信念在影响图中被表示为机会节点和这些机会节点之间存在的概率依赖关系,即贝叶斯网络(C_E)。能力由决策结点以及决策结点与机会结点的连接关系来描述。决策结点表示 Agent 可以选择的行为集合。在影响图中,用分配给 Agent 的决策结点的可能值的集合表示。优先由效用结点以及它与它的父类结点的连接关系表示。

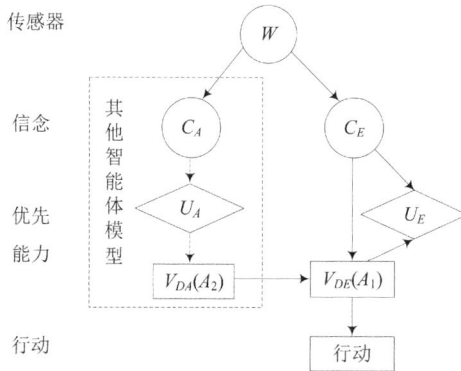

图 6-8 基于影响图的 Agent 结构图

建立影响图和效用函数后,Agent 可以根据效用期望最大的原则从行动集 A_1 中选择最优行动方案,计算公式如下:

$$\max_{a_{1i}} U_E = \max_{a_{1i}} f(C_E, A_1, A_2) \tag{6-50}$$

其中,$A_1 = \{a_{11}, a_{12}, \cdots, a_{1k}\}$ 表示 Agent 可以选择的行为集合,$C_E = \{c_1, c_2, \cdots, c_n\}$ 表示贝叶斯网络 C_E 所包含的机会结点,A_2 为其他 Agent 期望的行为。

6.3.2 基于多 Agent 影响图的多机协同多目标攻击空战机动决策模型

多机协同空战机动决策的依据是根据各战机在空战中所处的具体的空战态势决定的。态势判断清楚,决策就容易确定。制约空战的因素很多,本书选取战机与目标的空间几何参数、目标的空战能力、友邻战机受威胁情况、战机导弹剩余量和战机受敌方导弹攻击情况作为决策的依据。根据以上参数的取值选用战术决策。战机可选择的战术决策为:① 接敌,对最易攻击的目标实施跟踪攻击;② 释放箔条或红外诱饵弹,同时机动规避脱离敌机攻击范围;③ 对威胁战机和友邻战机的敌方目标实施协同攻击,进行火力支援。

6.3.2.1 单个 Agent 机动决策影响图模型

单架战机机动决策的影响图如图 6-9 所示。图 6-9 中,既包括是否开火的判据,又包括占位和规避敌方攻击进行战术决策的判据。

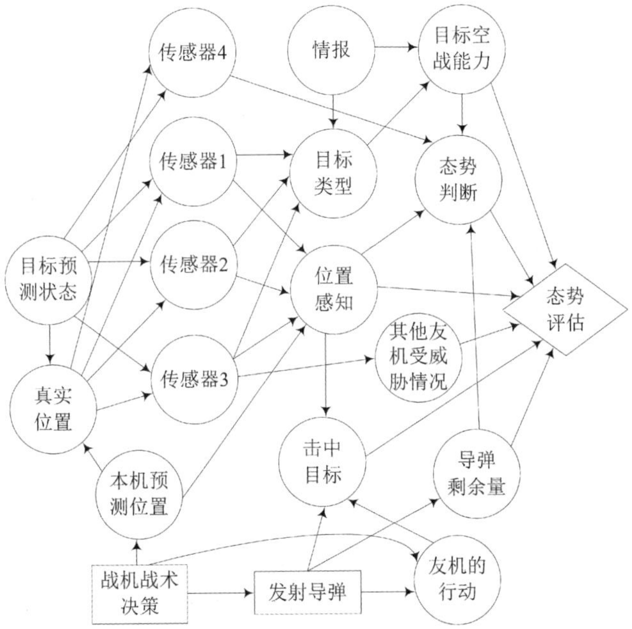

图 6-9 单个 Agent 空战机动决策影响图模型

控制决策通过决策结点"战术决策"结点表示。武器的运用通过决策结点"发射导弹"表示。该结点有两种决策结果:不发射导弹、发射导弹。机会结点"传感器 1""传感器 2""传感器 3"分别表示对敌机的 3 种探测方式:目视、本机机载雷达探测和无线电指令。"传感器 4"表示雷达告警系统。每种方式(传感器)按一定精度提供对敌机的探测概率。

机会结点"位置感知"体现了我机对当前空战态势中与敌机相对位置的认识。每架敌机与我机的相对位置主要由滞后(ω^j)、超前角(φ^j)以及它们之间的距离(d^i)来决定。机会结点"空战能力"体现了我机与敌机的相对性能差别,从机会结点"传感器 4"可得到我机受敌方导弹攻击信息,以上 3 个结点再加上机会结点"其他友机受威胁情况"一起描述了空战中态势判断的不确定性。

"态势判断"结点表示了当前我机所受到的威胁级别,该结点有 5 种输出结果:Θ_1=最大威胁,$\Theta_2 =$ 次大威胁,$\Theta_3 =$ 较大威胁,$\Theta_4 =$ 一般威胁,$\Theta_5 =$ 极轻威胁。我机给出各结果的验后概率 $P(\Theta_1)$、$P(\Theta_2)$、$P(\Theta_3)$、$P(\Theta_4)$、($P(\Theta_5)$,且 $\sum_{i=1}^{5} P(\Theta_i) = 1$。这种概率特征在某一特定的时间内有效。在我机观测到敌机对我机威胁参数 $T_h = [T_{h1}, \cdots, T_{hn}]$(其中 $T_{hi} = f(\omega^i, \varphi^i, d^i, C_i)$,$C_i$ 为第 i 架敌机的空战能力)和我机受导弹威胁情况 T 后,可以根据贝叶斯定理,我机对空战态势的认识变为

$$P(\Theta_i \mid T_h, T) = \frac{P(\Theta_i) P(T_h, T \mid \Theta_i)}{P(T_h, T)} \tag{6-51}$$

其中,$i = 1, 2, 3, 4, 5$。假设 T_{hi} 和 T 皆为独立随机向量,则

$$P(T_h, T \mid \Theta_i) = P(T \mid \Theta_i) \prod_{j=1}^{n} P(T_{hj} \mid \Theta_i) \tag{6-52}$$

其中,$P(T \mid \Theta_i)$,$P(T_{hj} \mid \Theta_i)$ 可由飞行员根据空战经验得到,则

$$P(T_h, T) = \sum_{i=1}^{5} P(\Theta_i) P(T_h, T \mid \Theta_i) \tag{6-53}$$

"友机的行动"结点表示友机可能采用的战术决策。发射的导弹是否击中目标由机会结点"击中目标"表示,结果有未击中目标(ζ_1)和击中目标(ζ_2)。验前概 $P(\zeta_i)$ 需要事前确定,验后概率可以根据贝叶斯公式求得,并且基于机会结点"位置感知"的结果。

空战中,战机的战术决策基于敌机给予我机的威胁级别,"态势判断"的结果(Θ_i)以及"击中目标"的结果可以构成不同的结果组合,每种组合都与效用函数相联系:

$$u_i(T_h, T, v, L, S) = w_\omega^j \sum_{i=1}^{n} u_\omega^j(\omega_i) + w_\varphi^j \sum_{i=1}^{n} u_\varphi^j(\varphi_i) + w_d^j \sum_{i=1}^{n} u_d^j(d_i) + w_C^j \sum_{i=1}^{n} u_C^r(C_i)$$
$$+ w_S^j u_S^j(S) + w_T^j u_T^j(T) + w_v^j u_v^j(v) + w_L^j u_L^j(L) + w_m^j u_m^j(m) \tag{6-54}$$

其中,v 为我机速度,L 为我机是否发射导弹,S 为我机所受导弹攻击数目,m 为我机剩余导弹数目,w^j 为权值。

6.3.2.2 多 Agent 机动决策影响图模型

由 6.2.4.1 节可知,多机协同多目标攻击空战多表现为大规模多机集群式空战,具体的群机在近距战斗中常常会自然地划分为小集团,小集团内部为 2 或 3 对 k(或小于 k)的空战。由此,多 Agent 机动决策模型可由 2 或 3 个单 Agent 模型组成,效用函数等于 2 或 3 个效用函数之和,如图 6-10(以 2∶k 协同空战为例)所示。2∶2 协同空战战机 1 的基于 Agent 机动决策影响图模型如图 6-11 所示。

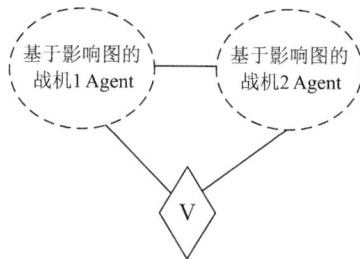

图 6-10　2∶k 协同空战多 Agent 决策模型

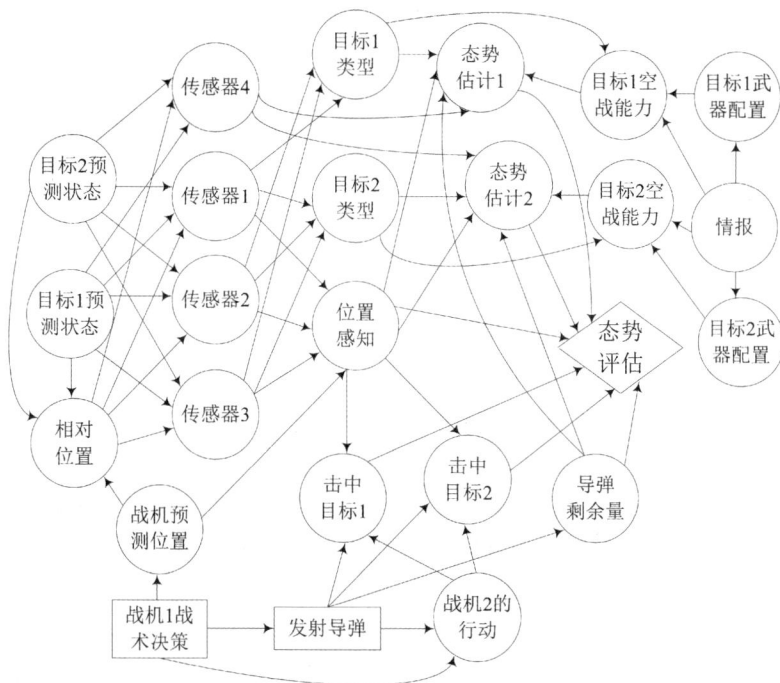

图 6-11　2∶2 协同空战战机 1 的基于 Agent 影响图机动决策模型

6.3.3　仿真算例及分析

以 2∶4 协同空战为例进行仿真,初始条件如表 6-6 所示。

表 6-6　仿真初始条件

飞机	位置/km	速度/(m/s)	航迹角/(°)	航向角/(°)
战机 1	$(-13.6, 4.5, 1.5)$	340	0	0
战机 2	$(-13.6, 4.5, -1.5)$	340	0	0
敌机 1	$(13.6, 3.0, 2.0)$	320	0	160
敌机 2	$(17.6, 6.0, 0.15)$	320	0	140
敌机 3	$(13.6, 3.0, 0.0)$	300	0	160
敌机 4	$(17.6, 6.0, -0.5)$	300	0	140

敌机有 A、B 两种型号:1、3 为 A 型的概率为 0.6;2、4 为 B 型的概率为 0.4。设我机能准确得到敌机位置。战机 1:$P(\Theta_1)=0.12$,$P(\Theta_2)=0.17$,$P(\Theta_3)=0.33$,$P(\Theta_4)=0.28$,$P(\Theta_5)=0.10$,$P(\zeta_1)=0.34$,$P(\zeta_2)=0.56$。战机 2:$P(\Theta_1)=0.09$,$P(\Theta_2)=0.20$,$P(\Theta_3)=0.30$,$P(\Theta_4)=0.34$,$P(\Theta_5)=0.07$,$P(\zeta_1)=0.32$,$P(\zeta_2)=0.68$。

采用"效用期望值最大"为决策准则,计算得到最大期望值为:$\max(EU)=1.88$。战机 1 做出的决策是"接敌,对最易攻击的目标实施跟踪攻击",并"发射导弹";战机 2 做出的决策是"对威胁战机和友邻战机的敌方目标实施协同攻击,进行火力支援",并"发射导弹"。

6.4 本章小结

  本章研究了多机协同多目标攻击智能决策关键技术之———机动决策技术。首先,研究了基于多级影响图对策的多机协同多目标攻击空战机动决策。给出了多机协同多目标攻击空战几何与运动方程,介绍了多级影响图对策方法,包括基于影响图的决策方法和两目标对策理论。其次,研究了 $1:1$ 空战的多级影响图对策连续机动决策模型,并采用移动平均控制法对该模型求解,该模型是动态环境下的连续机动决策,同时考虑了交战双方对抗决策、动力学质点模型、飞行员的偏好以及不确定性。由于多机协同多目标攻击空战中近距空战和中远距空战的机动决策模型不同,分别基于多级影响图对策进行了研究,并进行了仿真验证与分析。近距协同空战机动决策的研究主要分为以下 3 个方面:① 群机近距协同空战化为小规模分组协同作战模型;② 按照协同的原则,在小集团内部把 2 或 3 对 k 多机空战模型转化为多个 $1:1$ 空战模型;③ 多级影响图对策模型应用于 $1:1$ 空战中。中远距协同空战机动决策中,把多级影响图对策与多目标规划理论进行结合,形成多目标多级影响图对策理论,并运用多目标多级影响图对策理论建立了不确定环境下多目标攻击机动决策模型。最后,本章还尝试将影响图决策方法和多 Agent 系统理论引入多机协同空战机动决策研究中,并给出了仿真算例,以期实现在不确定空战环境下做出结果最佳的决策。

总结与展望

7.1　工作总结

多机协同多目标攻击空战是现代及未来空战的主要形式。多机协同多目标攻击智能决策是实现多机协同多目标攻击的关键，是武器系统与运用工程领域的一项新课题。本书对多机协同多目标攻击智能决策的关键技术展开了深入研究，主要完成了以下几方面的工作。

7.1.1　态势评估技术

战场环境下所获得的战场信息具有高度的不确定性，态势估计必须能处理这种不确定性，进行有效推理。贝叶斯网络能够有效地将人类专家的知识与领域内真实数据结合起来，应用于多机协同多目标攻击态势评估是一个值得注意的研究方向；D-S证据理论能满足比概率论更弱的公理系统，在区分不确定和不知道及精确反映证据收集过程等方面显示了很大的灵活性，因而用于多机协同多目标攻击态势评估也是一个值得注意的方向。模糊逻辑是处理模糊域知识的有力工具，可以对不精确的语义信息进行处理，因而可用于解决多机协同多目标攻击态势评估问题。基于模糊逻辑和贝叶斯网络、D-S证据理论在知识表示和推理上的优点，将模糊理论分别与动态贝叶斯网络和D-S证据理论结合，形成离散模糊动态贝叶斯网络和模糊D-S证据理论；并用离散模糊动态贝叶斯网络和模糊D-S证据理论分别对多机协同多目标攻击态势评估问题进行了建模和仿真。仿真证实这是两种解决多机协同多目标攻击态势评估问题有前景的应用模型和方法。

7.1.2　威胁评估技术

科学进行目标的威胁评估，是多机协同多目标攻击空战中避免重复攻击、提高作战效能的关键因素。目前的威胁评估算法主要有参量法和非参量法两种。针对现有的空战威胁评估非参量模型的缺点,威胁评估的主要威胁因素中增加考虑了对双方做出威胁行为的事件和目标战役价值的影响,使之更加全面合理;并且从超视距空战的角度出发构造空战优势函数,更符合多机协同多目标攻击空战的实际。提出了基于离散模糊动态贝叶斯网络的威胁评估方法:首先把得到的不确定性数据进行模糊推理,获取威胁评估模型的训练和测试数据;量化等级后,运用动态贝叶斯网络的推理算法得出正确的结果;最后进行了仿真验证。从两种威胁评估模型的计算和排序结果可以看出,两种模型可以满足不同的计算要求,并都可以得到比较满意的结论。

7.1.3 单机多目标攻击决策技术

单机多目标攻击决策的研究中,根据目标威胁程度或我方相对综合优势信息,对攻击区内的多个目标进行超视距攻击排序是单机多目标攻击决策的关键环节。本书以多属性决策理论和工程模糊集理论为基础,利用模糊多属性决策的方法研究超视距空战条件下的单机多目标攻击排序问题,通过对各优势指数模糊规范化得到评估指标的相对优属度。基于偏好信息有时很难甚至无法事先完全确知,在模糊多属性决策方法作战方案的评价与优选中,利用相邻指标相对重要性模糊标度值确定评估指标的权重系数,应用模糊优选模型计算我机对敌机的综合优势评估值,得到敌方各架战机的威胁评估排序结果。该方法综合考虑了敌我双方的态势、事件、目标战役价值及空战能力对比,更加全面、客观地反映了空战的真实情况,且计算量小,有较好的实时性。研究了单机多目标攻击逻辑决策的模型与方法,实现了欲攻击的敌机目标与载机导弹火力之间的优化分配。

7.1.4 多机协同多目标攻击决策技术

随着典型空战决策方法不能满足日益复杂的空情环境以及人工智能控制技术的日趋成熟,许多智能控制技术被大量用来解决协同空战决策问题。针对单一神经网络解决决策问题存在的缺陷,多种算法相互交叉、融合生成新的算法,使得各算法优势互补、取长补短,也是近年来研究的一个热点。在前人工作的基础上,在自主优先权模型与计算中考虑了空战效能优势指数,建立了大规模群机作战转化为小规模集团作战的分组决策模型,研究了基于协同优先权的多机协同多目标攻击决策算法,基于 LSRBF 神经网络优于 BP 网络性能和 SOFM 网络的不需要教师监督,提出基于 LSRBF-SOFM 组合神经网络的多机协同多目标攻击空战决策算法,并设计了多机协同多目标攻击决策仿真系统和多机协同多目标攻击仿真系统进行仿真验证。

7.1.5 机动决策技术

机动决策是空战决策中最核心的内容。在单级影响图和敌机与我机放到对等的位置基础上,研究了 1∶1 空战的多级影响图对策连续机动决策模型,并采用移动平均控制法对该模型求解;针对多机协同多目标攻击空战中近距空战和中远距空战的机动决策模型不同,建立了近距协同空战的多级影响图对策连续机动决策模型,并进行了仿真验证;在中远距空战的机动决策建模过程中,把多级影响图对策与多目标规划理论进行结合,形成多目标多级影响图对策理论,并运用多目标多级影响图对策理论建立了不确定环境下多目标攻击机动决策模型,给出了仿真算例。另外,尝试将影响图决策方法和多 Agent 系统理论引入多机协同空战机动决策研究中,并给出了仿真算例,以期实现在不确定空战环境下做出结果最佳的决策。

7.2　进一步工作展望

本书从态势评估技术、威胁评估技术、单机多目标攻击决策技术、多机协同多目标攻击决策技术和机动决策技术 5 个方面对多机协同多目标攻击智能决策的关键技术展开了深入研究,取得了一定的成果,但在某些方面还有待进一步深入。

7.2.1　态势评估技术

由于 D-S 证据理论和贝叶斯网络推理方法应用在态势评估中谁更具优势存在着争论,本书分别采用这两种方法对态势评估进行研究,并证实这两种方法均是解决态势评估问题有前景的应用模型和方法,但本书的建模和仿真过程也并未说明谁优谁劣,而且模糊 D-S 证据理论的建模和仿真还相对粗糙,有待进一步研究。

7.2.2　威胁评估技术

在非参量法威胁评估模型中,没有考虑态势评估的结果;并且对事件优势的计算过于简单,考虑得还不够全面,需要进一步深入的研究。

基于离散模糊动态贝叶斯网络的威胁评估方法,从动态的角度为多机协同多目标攻击空战威胁评估提供了一个新思路。但是本书所建构的模型对威胁因素的考虑、目标类型的划分等显得有些粗糙,特别是如空战能力等对威胁程度影响较大因素,本书没做考虑,有待进一步研究。

7.2.3　单机多目标攻击决策技术

本书在单机多目标攻击决策技术的研究中,主要侧重于空战威胁评估、火力分配等方面的研究,并未对作战效能评估进行研究。在实际空战中,还有必要在做出决策结论或武器攻击后对作战效能进行评估,并作为反馈来进行系统设计,以便决定是否需要重新进行决策、是否进行二次攻击或者退出攻击等。

7.2.4　多机协同多目标攻击决策技术

本书对多机协同多目标攻击决策技术的研究是在笔者读博士的初期进行的。最近,国内同人从不同视角又有了新的研究进展。故而,对该部分的研究还有待进一步深入,并且也未对作战效能评估进行研究。

7.2.5 机动决策技术

在中远距空战的机动决策建模过程中,运用多目标多级影响图对策理论建立的多目标攻击机动决策模型有些粗糙,还待进一步细化研究。

基于多 Agent 影响图的多机协同多目标攻击空战机动决策模型研究,是在单级影响图基础上,并未涉及时间问题。而实际空战是连续过程,故而,下一步要进行利用多级影响图对多 Agent 建模的研究。

参考文献

[1] 陆彦. 航空火力控制技术[M]. 北京:国防工业出版社,1994.

[2] 张安,周志刚. 航空综合火力控制原理[M]. 西安:西北工业大学出版社,1997.

[3] 孙隆和. 21 世纪初航空武器火力控制系统发展的关键技术[J]. 火力与指挥控制,2000,25(3):1-2.

[4] YANG L,WANG P,ZHANG Y. Coordinated Path Planning for UAVs Based on Sheep Optimization[J]. Transactions of Nanjing University of Aeronautics and Astronautics,2020,37(5):158-172.

[5] 奚之飞,徐安,寇英信,等. 多机协同空战机动决策流程[J]. 系统工程与电子技术,2020,42(2):381-389.

[6] LUO D,YANG Z,DUAN H,et al. Heuristic Particle Swarm Optimization Algorithm for Air Combat Decision-making on CMTA[J]. Transactions of Nanjing University of Aeronautics & Astronautics. 2006,23(1):20-26.

[7] 李战武,常一哲,孙源源,等. 中远距协同空战多目标攻击决策[J]. 火力与指挥控制,2016,41(2):36-40,46.

[8] 经彤. 空一空多目标攻击火控计算机系统设计[J]. 电光与控制,1993(3):12-17.

[9] LYTRAS M D,VISVIZI A. Artificial Intelligence and Cognitive Computing:Methods,Technologies,Systems,Applications and Policy Making[J]. Sustainability,2021,13(7):1-3.

[10] 史忠植. 高级人工智能[M]. 2 版. 北京:科学出版社,2006.

[11] TAN J R,CHEONG E H T,CHAN L P,et al. Implementation of an Artificial Intelligence-Based Double Read System in Capturing Pulmonary Nodule Discrepancy in CT Studies[J]. Current Problems in Diagnostic Radiology,2021,50(2):119-122.

[12] Shung D L. Advancing Care for Acute Gastrointestinal Bleeding Using Artificial Intelligence[J]. Journal of Gastroenterology and Hepatology,2021,36(2):273-278.

[13] WANG S,ZHANG L H,ZHANG J,et al. Research on Information System Risk Analysis and Security Situation Assessment Method[J]. Journal of Physics:Conference Series,2021,1792:012047.

[14] YANG H,ZENG R,XU G,et al. A Network Security Situation Assessment Method Based on Adversarial Deep Learning[J]. Applied Soft Computing,2021,102:107096.

[15] 李银通,韩统,孙楚,等. 基于逆强化学习的空战态势评估函数优化方法[J]. 火力与指挥控制,2019,44(8):101-106.

[16] ZHANG Y,LÜ R,CAI Y. Missile-Target Situation Assessment Model Based on Reinforcement Learning[J]. Journal of Shanghai Jiaotong University(Science),2020,25(5):561-568

[17]　LIU X,LIANHG J,XU B. A Deep Learning Method for Lane Changing Situation Assessment and Decision Making[J]. IEEE Access,2019,7:133749-133759.

[18]　HE L,WAN T,ZHANG C,et al. Network Situation Assessment of Host Node Based on Improved D-S Evidence Theory[J]. Journal of Physics:Conference Series, 2021,1738:012091.

[19]　LI R,LI F,ZHANG J. Vehicle Network Security Situation Assessment Method Based on Attack Tree[J]. IOP Conference Series:Earth and Environmental Science, 2020,428:012021.

[20]　赵克新,黄长强,魏政磊,等. 改进决策树的无人机空战态势估计[J]. 哈尔滨工业大学学报,2019,51(4):66-73.

[21]　ZHAO K,HUANG C. Air Combat Situation Assessment for UAV Based on Improved Decision Tree[C]// 东北大学,中国自动化学会信息物理系统控制与决策专业委员会. 第30届中国控制与决策会议论文集(2),沈阳:东北大学,2018:1772-1776.

[22]　LI S,WU Q,CHEN M,et al. Air Combat Situation Assessment of Multiple UCAVs with Incomplete Information[C]// JIA Y,ZHANG W,FU Y. Proceedings of 2020 Chinese Intelligent Systems Conference:Volume Ⅰ,Singapore:Springer Nature Singapore Pte Ltd,2020:18-26.

[23]　CASTELLINI A,BICEGO M,BLOISI D,et al. Subspace Clustering for Situation Assessment in Aquatic Drones:A Sensitivity Analysis for State-Model Improvement [J]. Cybernetics and Systems,2019,50(8):658-671.

[24]　XIE L,YAN L,ZHANG X,et al. MIMEC Based Information System Security Situation Assessment Model[C]// WANG D,MENG W,HAN J. Security and Privacy in New Computing Environments:Third EAI International Conference,SPNCE 2020 Lyngby,Denmark,August 6-7,2020 Proceedings. Cham:Springer Nature Switzerland AG2020.

[25]　YU Y T,Ding Y. Application of Improved Intuitionistic Fuzzy for Sea-Battlefield Situation Assessment[J]. Advanced Materials Research,2014,989-994:1751-1755.

[26]　YU Y T,Ding Y,DING Z X. Application of Bayesian for the Situation Assessment of Sea-Battlefield[J]. Applied Mechanics and Materials,2013,346(692):135-139.

[27]　YU Y T,Ding Y. Improved Dynamic Bayesian Networks in Sea-Battlefield Situation Assessment[J]. Advanced Materials Research,2014,936:2149-2154.

[28]　郭圣明,贺筱媛,吴琳,等. 基于强制稀疏自编码神经网络的作战态势评估方法研究[J]. 系统仿真学报,2018,30(3):772-784,800.

[29]　姜龙亭,寇雅楠,王栋,等. 基于空战环境认知的态势评估[J]. 电子测量与仪器学报,2019,33(10):66-72.

[30]　NI J,HAN J,LIU Z Q,et al. Situation Assessment for Lane-Changing Risk Based on Driver's Perception of Adjacent Rear Vehicles[J]. International Journal of Automotive Technology,2020,21(2):427-439.

[31]　YOU H H,YU M J,HAN Q S. Air Combat Command and Guidance Situation As-

sessment Based on Attack Area[J]. Journal of Physics:Conference Series,2019, 1302(2):022040.

[32] JI H M,HAN Q S,YU M J,et al. Air Combat Situation Assessment Based on Improved RS Theory[J]. Journal of Physics:Conference Series,2019,1302(4):042020.

[33] NIIH P. Blackboard Systems:The Blackboard Model of Problem solving and the evolution of Blackboard Architectures[M]//LUGER G F. Computation & Intelligence:Collected Readings. Menlo Park,California:American Association for Artificial Intelligence,1995:447-474.

[34] AMARIS,WU S. Improving Support Vector Machine Classifiers by Modifying Kernel Functions[J]. Neural Networks,1999,12(6):783-789.

[35] KEERTHI S S,SHEVADE S K,BHATTACHARYYA C,et al. Improvements to Platt's SMO Algorithm for SVM Classifier Design[J]. Neural Computation,2001, 13(3):637-649.

[36] LU J,YANG X W,ZHANG G Q,Support Vector Machine-Based Multi-Source Multi-Attribute Information Integration for Situation Assessment[J]. Expert Systems with Applications,2008,34(2):1333-1340.

[37] RAŚ Z W,DARDZIŃSKA A. Ontology-Based Distributed Autonomous Knowledge Systems[J]. Information Systems,2004,29(1):47-58.

[38] LIN P W,CHEN Y H. Network Security Situation Assessment Based on Text Sim-Hash in Big Data Environment[J]. International Journal of Network Security,2019, 21(4):699-708.

[39] 刘浩,刘建华,惠馨雅. 基于云模型和马尔科夫链的网络安全态势评估[J]. 计算机与数字工程,2019,47(6):1432-1436.

[40] WANG L,YANG H Y,ZHANG S W,et al. Intuitionistic Fuzzy Dynamic Bayesian Network and its Application to Terminating Situation Assessment[J]. Procedia Computer Science,2019,154:238-248.

[41] SMITH P J,MCCOY C E,LAYTON C. Brittleness in the Design of Cooperative Problem-solving Systems:the Effects on User Performance[J]. IEEE Transactions on Systems,Man and Cybernetics-Part A:Systems and Humans,1997,27(3):360-371.

[42] HALLD L,LLINAS J. Handbook of Multisensor Data Fusion[M]. Boca Raton,California:CRC Press,2001.

[43] VAKAS D,PRINCE J,BLACKSTEN H R,et al. Commander Behavior and Course of Action Selection in JWARS[C]// Proceeding of the 2001 Winter Simulation Conference,Arlington,Virginia:IEEE 2001 Winter Simulation Conference,2001:697-705。

[44] BEN-BASSAT M,FREEDY A. Knowledge Requirement and Management in Expert Decision Support Systems for (Military) Situation Assessment[J]. IEEE Transactions on Systems,Man,and Cybernetics,1982,12(4):479-490.

[45] AZAREWICZ J，FALA G，HEITHECKER C. Template-based Multi-agent Plan Recognition for Tactical Situation Assessment[C] // Proceedings of 5th conference on Artificial Intelligence Applications：Volume：1，Miami：The Fifth Conference on Artificial Intelligence Applications，1989：247-254.

[46] KIRILLOV V P. Constructive Stochastic Temporal Reasoning in Situation Assessment[J]. IEEE Transactions on Systems，Man，and Cybernetics，1994，21(7)：1099-1113.

[47] PETERSON G，AXELSSON L，JENSEN T，et al. Multi-Source Integration and Temporal Situation Assessment in Air Combat[C] // Proceedings of Information Decision and Control. Adelaide：IEEE，1999：371-375

[48] HALL M E，MAREN A J，AKITA D. Modeling Situation Assessment to Improve Pilot Safety[C] // IEEE International Conferenc on Systems Man and Cybernetics：Computational Cybernetics and Simulation. Orlando：IEEE，1997：4163-4164

[49] 陈斌. 面向空中战场的态势评估关键技术研究[D]. 西安：西安电子科技大学，2020.

[50] 姜龙亭，寇雅楠，王栋，等. 动态变权重的近距空战态势评估方法[J]. 电光与控制，2019，26(4)：1-5.

[51] 孙庆鹏，李战武，常一哲. 三维威力场在空战态势评估模型中的应用[J]. 空军工程大学学报(自然科学版)，2018，19(1)：37-42.

[52] 徐安，陈星，李战武，等. 基于战术攻击区的超视距空战态势评估方法[J]. 火力与指挥控制，2020，45(9)：97-102.

[53] 胡涛，王栋，姜龙亭，等. 基于改进 MGM(1，N)轨迹预测的空战态势评估[J]. 电光与控制，2020，27(11)：39-44，96.

[54] 曹慧敏，黄安祥，雷祥. 空战临战态势评估方法研究[J]. 系统仿真学报，2019，31(2)：257-262，274.

[55] ZHOU Y，TANG Y C，Zhao X Z. A Novel Uncertainty Management Approach for Air Combat Situation Assessment Based on Improved Belief Entropy[J]. Entropy，2019，21(5)：495.

[56] 安超，李战武，常一哲，等. 信息支援条件下协同空战态势评估研究[J]. 火力与指挥控制，2016，41(12)：9-14，19.

[57] 嵇慧明，于昊，宋帅，等. 基于改进粗糙集-云模型理论的空战态势评估[J]. 战术导弹技术，2019(4)：20-27.

[58] XU X M，YANG R N，FU Y. Situation Assessment for Air Combat Based on Novel Semi-Supervised Naive Bayes[J]. Journal of Systems Engineering and Electronics，2018，29(4)：768-779.

[59] YANG H Y，ZHANG S W，LI X Y. Modeling of Situation Assessment in Regional Air Defense Combat[J]. The Journal of Defense Modeling and Simulation，2019，16(2)：91-101.

[60] 顾佼佼，赵建军，徐海峰，等. 基 SPA 及 PSO 的超视距空战态势评估[J]. 系统工程与电子技术. 2014，36(4)：691-696.

[61] 方伟,方君,徐涛,等.超视距空战仿真中的态势评估方法[J].计算机仿真,2019,36(10):29-33,74.

[62] Smith J,Hodge D R. Assessment of the Threat[M]// BUDOWLE B,SCHUTZER S,MORSE S. Microbial Forensics. 3ʳᵈ. Pittsburgh:Academic Press,2020:325-337.

[63] NIE X Q,YAN P,WANG B B,et al. A Target Threat Assessment Method for Low-Altitude Aircraft[J]. Journal of Physics:Conference Series,2020,1549:052067.

[64] 董彦非.飞机作战效能评估与机动决策[D].西安:空军工程大学,2002.

[65] 孟光磊,周铭哲,朴海音,等.基于协同战术识别的双机编队威胁评估方法[J].系统工程与电子技术,2020,42(10):2285-2293.

[66] 高晓光,杨宇.基于贝叶斯网的舰艇防空威胁评估[J].战术导弹技术,2020(4):47-57,70.

[67] 陈龙,马亚平.航母编队反潜目标识别和威胁评估仿真简[J].火力与指挥控制,2019,44(3):153-158,164.

[68] ROGOVA G L,ILIN R. Multi-Agent System for Threat Assessment and Action Selection under Uncertainty and Ambiguity[C]// 22th International Conference on Information Fusion,Ottawa:IEEE,2019:1-8.

[69] 孙庆鹏,李战武,常一哲.基于威力势场的多机种威胁评估方法[J].系统工程与电子技术,2018,40(09):1993-1999.

[70] 孔德鹏,常天庆,郝娜,等.地面作战目标威胁评估多属性指标处理方法[J].自动化学报,2021,47(1):161-172.

[71] 杨宏宇,王峰岩,吕伟力.基于无监督生成推理的网络安全威胁态势评估方法[J].清华大学学报(自然科学版),2020,60(6):474-484.

[72] 杨宏宇,王峰岩.基于无监督多源数据特征解析的网络威胁态势评估[J].通信学报,2020,41(2):143-154.

[73] 彭涛.基于电火一体防空的目标威胁评估模型构建[J].火力与指挥控制,2020,45(3):100-104.

[74] 王思远,王刚,岳韶华,等.基于多层多级天际线选择方法的威胁评估[J].航空学报,2020,41(5):323494.

[75] 胡朝晖,吕跃,徐安.基于态势预测的超视距目标威胁评估方法[J].电光与控制,2020,27(3):8-12,26.

[76] Qu S,YANG Z C,XU T X,et al. Improved TOPSIS Based on IAHP and Entropy for Threat Assessment[J]. Journal of Physics:Conference Series,2020,1624:032015.

[77] 奚之飞,徐安,寇英信,等.基于改进GRA-TOPSIS的空战威胁评估[J].北京航空航天大学学报,2020,46(2):388-397.

[78] 奚之飞,徐安,寇英信,等.基于前景理论的空战目标威胁评估[J].兵工学报,2020,41(6):1236-1248.

[79] 杨罗章,胡生亮,冯士民.基于Entropy-TOPSIS方法的目标威胁动态评估与仿真[J].兵工自动化,2020,39(3):53-56,60.

[80] 杨璐,刘付显,张涛,等. 基于组合赋权 TOPSIS 法的舰艇编队空中目标威胁评估模型 [J]. 电光与控制,2019,26(8):6-11.

[81] SUN H W,XIE X F. Threat Evaluation Method of Warships Formation Air Defense Based on AR(p)-DITOPSIS[J]. Journal of Systems Engineering and Electronics, 2019,30(2):297-307.

[82] GAO Yang,LI DS,ZHONG H. A Novel Target Threat Assessment Method Based on Three-Way Decisions under Intuitionistic Fuzzy Multi-Attribute Decision Making Environment[J]. Engineering Applications of Artificial Intelligence,2020,87: 103276.

[83] 徐宇恒,程嗣怡,庞梦洋. 基于 CRITIC-TOPSIS 的动态辐射源威胁评估[J]. 北京航空航天大学学报,2020,46(11):2168-2175.

[84] 董鹏宇,王红卫,陈游. 基于博弈论的 GRA-TOPSIS 辐射源威胁评估方法[J]. 北京航空航天大学学报,2020 46(10):1973-1981.

[85] 陈德江,王君,张浩为. 基于直觉模糊多属性决策的动态威胁评估模型[J]. 计算机科学,2019,46(4):183-188.

[86] 韩其松,余敏建,高阳阳,等. 云模型和距离熵的 TOPSIS 法空战多目标威胁评估[J]. 火力与指挥控制,2019,44(4):136-141.

[87] 陈德江,王君. 基于直觉模糊集的防空作战目标威胁评估[J]. 探测与控制学报,2019, 41(4):46-51.

[88] 侯思尧,李永光,陈思静,等. 利用主客观集成赋权法的多目标威胁评估[J]. 电讯技术,2019,59(8):956-961.

[89] 王思远,王刚,张家瑞. 基于变权 TOPSIS 法的防空目标威胁评估方法[J]. 弹箭与制导学报,2019,39(6):171-176.

[90] 张浩为,谢军伟,葛佳昂,等. 改进 TOPSIS 的多时刻融合直觉模糊威胁评估[J]. 控制与决策,2019,34(4):811-815.

[91] 孟伟,池姗姗,鲍拯,等. 一种"低慢小目标"的威胁评估方法:CN201911371159.3[P]. 2020-04-28.

[92] 张明双,徐克虎. 基于改进 PCA 法的合成分队目标威胁评估[J]. 兵工自动化,2020, 39(1):51-55.

[93] 奚之飞,徐安,寇英信,等. 基于灰主成分的空战目标威胁评估[J]. 系统工程与电子技术,2021,43(1):147-155.

[94] 奚之飞,徐安,寇英信,等. 基于 PCA-MPSO-ELM 的空战目标威胁评估[J]. 航空学报,2020,41(9):323895.

[95] 孙云柯,方志耕,陈顶. 基于动态灰色主成分分析的多时刻威胁评估[J]. 系统工程与电子技术,2021,43(3):740-746.

[96] 王慕鸿,徐瑜,陈国生. 两栖攻击舰对空自防御作战目标威胁评估研究[J]. 现代防御技术,2020,48(6):67-73,95.

[97] 张延风,刘建书,张士峰. 基于层次分析法和熵值法的目标多属性威胁评估[J]. 弹箭与制导学报,2019,39(2):163-165.

[98]　肖力铭,齐海生,屈济坤,等. 基于直觉模糊层次分析法的空中目标威胁评估[J]. 探测与控制学报,2019,41(3):108-111.

[99]　方诚喆,寇英信,徐安,等. 基于AHP-CRITIC组合赋权的VIKOR空战威胁评估[J]. 电光与控制,2021,28(2):24-28.

[100]　辛振芳,黄魁华,何晶晶,等. 基于贝叶斯网络的"低慢小"目标威胁评估方法[J]. 指挥与控制学报. 2019,5(4):288-294.

[101]　邱少明,王健,杜秀丽,等. 基于对偶犹豫模糊贝叶斯网络的威胁评估[J]. 电光与控制,2020,27(11):33-38.

[102]　杨海燕,韩城,张帅文. 基于FDBN的空中目标威胁评估方法[J]. 火力与指挥控制,2019,44(1):29-33.

[103]　孙海文,谢晓方,孙涛,等. 小样本数据缺失状态下DBN舰艇编队防空目标威胁评估方法[J]. 系统工程与电子技术,2019,41(6):1300-1308.

[104]　高天祥,王刚,岳韶华,等. 基于贝叶斯决策理论的NSHV分段建模威胁评估[J]. 空军工程大学学报(自然科学版),2019,20(1):60-66.

[105]　罗艺,谭贤四,王红,等. 高超声速跳跃滑翔飞行器威胁评估方法[J]. 战术导弹技术,2019(6):54-59,66.

[106]　张昀普,单甘霖. 面向空中目标威胁评估的多传感器管理方法[J]. 航空学报,2019,40(11):323218.

[107]　张永利,潘哲,刘楠楠. 基于离散Hopfield神经网络的辐射源目标威胁估计[J]. 指挥信息系统与技术,2020,11(2):39-43,48.

[108]　傅蔚阳,刘以安,薛松. 基于灰狼算法与小波神经网络的目标威胁评估[J]. 浙江大学学报(工学版),2018,52(4):680-686.

[109]　白玉,李筱琳. 基于自回归小波神经网络的空中目标威胁评估[J]. 数字技术与应用,2020,38(3):84-85,87.

[110]　陈侠,刘子龙,梁红利. 基于GA-SLFRWNN的空中目标威胁评估[J]. 西北工业大学学报,2019,37(2):424-432.

[111]　陈侠,刘子龙. 基于粒子群优化模糊小波网络的目标威胁评估[J]. 电光与控制,2019,26(3):30-34,111.

[112]　李卫忠,李志鹏,江洋,等. 混沌海豚群优化灰色神经网络的空中目标威胁评估[J]. 控制与决策,2018,33(11):1997-2003.

[113]　翟翔宇,杨风暴,吉琳娜,等. 标准化全连接残差网络空战目标威胁评估[J]. 火力与指挥控制,2020,45(6):39-44.

[114]　吉琳娜,杨风暴,翟翔宇,等. 一种基于标准化全连接残差网络的空战目标威胁评估方法:CN201910662593.0[P]. 2019-11-19.

[115]　孟光磊,赵润南,王鹤,等. 一种超视距空战中空中目标的威胁评估方法:CN202010771815.5[P]. 2020-10-27.

[116]　徐西蒙,杨任农,符颖,等. 基于ELM_AdaBoost强预测器的空战目标威胁评估[J]. 系统工程与电子技术,2018,40(8):1760-1768.

[117]　温卓漫,游屈波,刘湘德,等. 一种基于改进灰靶理论的目标威胁评估方法及介质:

CN201910998505.4[P]. 2020-02-28.

[118] 胡涛,王栋,黄震宇,等. 基于前景理论和 VIKOR 法的空战威胁评估[J]. 空军工程大学学报(自然科学版),2020,21(5):62-68.

[119] FENG J F,ZHANG Qg,HU J H,et al. Dynamic Assessment Method of Air Target Threat Based on Improved GIFSS[J]. Journal of Systems Engineering and Electronics,2019,30(3):525-534.

[120] 杨爱武,李战武,徐安,等. 基于 RS-CRITIC 的空战目标威胁评估[J]. 北京航空航天大学学报,2020,46(12):2357-2365.

[121] 杨远志,周中良,刘宏强,等. 基于信息熵和粗糙集的空中目标威胁评估方法[J]. 北京航空航天大学学报,2018,44(10):2071-2077.

[122] 李宏伟,陈亮,白景波. 基于 CMFO 算法的投影寻踪威胁目标评估模型[J]. 计算机工程与应用,2020,56(2):152-157.

[123] 许锡锴,徐磊,陈辉. 预警机引导单机多目标攻击方案决策研究[J]. 电光与控制,2019,26(7):46-50.

[124] 冯璐,高晓光. 层次分析法在多目标攻击逻辑与决策中的应用[J]. 西北工业大学学报,1999,17(4):515-519.

[125] 黎明,姜长生,朱荣刚,等. 现代空战单机多目标攻击火控计算与决策实现[J]. 南京航空航天大学学报,2003,35(2):173-178.

[126] 谢希权,李伟仁. 单机多目标攻击逻辑的对策型决策[J]. 系统工程与电子技术,2000,22(7):28-31.

[127] AUSTIN F,CARBONE G,FALCO M L,et al. Automated Maneuvering Decision for Air-to-Air Combat[C] // LAM V C. Guidance,Navigation and control conference. Monterey,California:AIAA,1987:659-669.

[128] HAGUE D S. Multiple-Tactical Aircraft Combat Performance Evaluation System [J]. Journal of Aircraft,18(7):513-520.

[129] COLEMAN N,PAPANA G,LIN C F,et al. Advanced Mine-to-Target Assignment Algorithms and Simulation[C] // ATKINS S,HANSMAN R. Guidance,Navigation,and Control Conference and Exhibit. Portland,Oregon:AIAA,1999:349-353.

[130] 李永宾,张凤鸣,李俊涛. 基于组合赋权方法的多目标攻击排序[J]. 火力与指挥控制,2006,31(9):37-39,42.

[131] 黄树彩,李为民. 超视距多目标攻击排序问题的蚁群算法[J]. 计算机工程. 2008,34(10):158-160.

[132] 李波,高晓光. 单机多目标火力/电子战攻击综合决策[J]. 系统工程与电子技术,2008,30(5):872-875.

[133] 黄威,任洋. 基于自适应步长的空空导弹攻击区解算方法[J]. 电光与控制,2019,26(5):55-58.

[134] 胡东愿,杨任农,闫孟达,等. 基于自编码网络的导弹攻击区实时计算方法[J]. 航空学报,2020,41(4):323571.

[135] 方学毅,刘俊贤,周德云. 基于背景插值的空空导弹攻击区在线模拟方法[J]. 系统工

程与电子技术,2019,41(6):1286-1293.

[136] 史振庆,梁晓龙,张佳强,等.基于GWO-BP神经网络的攻击区解算方法[J].飞行力学,2019,37(3):64-67,92.

[137] 史振庆,梁晓龙,张佳强,等.目标做规避机动条件下的三维空空导弹攻击区建模与仿真[J].弹箭与制导学报,2019,39(3):97-100,106.

[138] 葛鲁亲,孙旺,南英.对空导弹射后动态可攻击区的快速高精度拟合方法研究[J].航空兵器,2019,26(5):41-47.

[139] 徐国训,梁晓龙,张佳强,等.双机空空导弹协同攻击区仿真研究[J].火力与指挥控制,2019,44(1):34-39.

[140] 邓健,王星,曾艳丽,等.基于数据建模的空空导弹攻击区仿真[J].弹箭与制导学报,2016,36(4):33-35,74.

[141] 孟亚楠.空空导弹攻击区剖面显示模型研究[D].西安:西安科技大学,2020.

[142] 李爱国,何宗康,孟亚楠,等.双机空空导弹攻击区仿真研究[J].计算机仿真,2020,37(12):31-34,89.

[143] 张安柯,孔繁峨.空空导弹射后动态攻击区的计算及信息提示[J].电光与控制,2016,23(1):75-79.

[144] 闫孟达,杨任农,左家亮,等.基于深度学习的空空导弹多类攻击区实时解算[J].兵工学报,2020,41(12):2466-2477.

[145] 陈俊涛,易华,谢希权.单机多目标攻击的最佳发射点选择算法研究[J].电光与控制,2001,9(4):51-53,58.

[146] 蓝伟华.空对空多目标攻击载机攻击航线求解逻辑[J].电光与控制,2007,14(3):16-18.

[147] 周同乐,陈谋,朱荣刚,等.基于狼群算法的多无人机协同多目标攻防满意决策方法[J].指挥与控制学报,2020,6(3):251-256.

[148] WANG J F,JIA G W,LIN J C,et al. Cooperative Task Allocation for Heterogeneous Multi-UAV using Multi-Objective Optimization Algorithm[J]. Journal of Central South University,2020,27(2):432-448.

[149] 周文卿,朱纪洪,匡敏驰.一种基于群体智能的无人空战系统[J].中国科学:信息科学,2020,50(3):363-374.

[150] LI S Y,CHEN M,WANG Y,et al. Air Combat Decision-Making of Multiple UCAVs Based on Constraint Strategy Games[J/OL]. Defence Technology. [2021-02-05]. https://doi.org/10.1016/j.dt.2021.01.005.

[151] 宋遐淦,江驹,徐海燕.基于区间灰数-模拟退火遗传算法的协同空战决策[J].哈尔滨工程大学学报,2017,38(11):1762-1768.

[152] 冯超,景小宁,李秋妮,等.基于隐马尔可夫模型的空战决策点理论研究[J].北京航空航天大学学报,2017,43(3):615-626.

[153] 左家亮,杨任农,张滢,等.基于模糊聚类的近距空战决策过程重构与评估[J].航空学报,2015,36(5):1650-1660.

[154] 左家亮,张滢,杨任农,等.中距协同空战决策过程二次聚类重构与评估[J].系统工

程与电子技术,2020,42(1):108-117.

[155] 徐超,王玉惠,吴庆宪,等.基于模糊遗传算法的先进战机协同攻防决策[J].火力与指挥控制,2020,45(3):14-21.

[156] 刘振,徐学文,刘勇.协同制导空战决策建模及求解算法[J].弹道学报,2018,30(2):12-18.

[157] 张源原,吴文海,汪节.区间值直觉模糊 Petri 网及其在空战决策的应用[J].系统工程与电子技术,2017,39(5):1051-1057.

[158] 徐康发,吴庆宪,邵书义.基于云模型的闭环空战决策评估[J].吉林大学学报(信息科学版),2020,38(4):410-418.

[159] 付跃文,王元诚,陈珍,等.基于多智能体粒子群的协同空战目标决策研究[J].系统仿真学报,2018,30(11):4151-4157.

[160] 周思羽,肖刘.基于 HMDPSO 的协同空战攻击决策算法[J].飞机设计,2016,36(2):1-5,9.

[161] 顾佼佼,周旦建,付鹏飞.基于改进组合拍卖算法的分布式空战攻击决策[J].兵工自动化,2019,38(5):67-69,96.

[162] 孙庆鹏,李战武,徐安.基于九宫格与威力场的态势显示与辅助决策方法[J].电光与控制,2018,25(11):93-97.

[163] 何磊.基于 DSM 的空战效能仿真决策行为建模方法研究[D].长沙:国防科学技术大学,2014.

[164] 张戈,寇雅楠,张彬超,等.航空飞行员直觉模糊空战战术决策研究[J].仿真,2016,33(9):142-146.

[165] 谢俊洁,罗鹏程,穆富岭,等.ABMS 中基于 Q 学习算法的空战目标分配方法[J].系统工程与电子技术,2017,39(3):557-561.

[166] 余敏建,嵇慧明,韩其松,等.基于合作协同进化的多机空战目标分配[J].系统工程与电子技术,2020,42(6):1290-1300.

[167] 欧建军,张安.不确定环境下协同空战目标分配模型[J].火力与指挥控制,2020,45(5):115-118,124.

[168] 周思羽,王庆超,王子健,等.基于 Copeland 集结算法的协同空战机动决策方法[J].航空计算技术,2020,50(6):43-46.

[169] 周颖.一种基于智能学习的空战对抗自主决策方法及系统:CN111523177A[P].2020-08-11.

[170] 马文,李辉,王壮,等.基于深度随机博弈的近距空战机动决策[J].系统工程与电子技术,2021,43(2):443-451.

[171] 左家亮,杨任农,张滢,等.基于启发式强化学习的空战机动智能决策[J].航空学报,2017,38(10):321168.

[172] 张强,杨任农,俞利新,等.基于 Q-network 强化学习的超视距空战机动决策[J].空军工程大学学报(自然科学版),2018,19(6):8-14.

[173] 嵇慧明,余敏建,乔新航,等.改进 BAS-TIMS 算法在空战机动决策中的应用[J].国防科技大学学报,2020,42(4):123-133.

[174] 顾佼佼,赵建军,刘卫华. 基于博弈论及 Memetic 算法求解的空战机动决策框架[J]. 电光与控制,2015,22(1):20-23.

[175] 寇雅楠,姜龙亭,王栋. 近距空战机动决策过程的高阶重构[J]. 系统仿真学报,2019,31(10):2085-2092.

[176] 任卫,张安,胡正. 机载软硬杀伤武器协同作战决策研究[J]. 火力与指挥控制,2018,43(4):94-98.

[177] 徐安,高春庆,寇英信,等. 基于 BFM 方法的 1vs1 近距自主空战决策[J]. 系统工程与电子技术,2020,42(11):2513-2519.

[178] YANG Q M,ZHANG J D,SHI G Q,et al. Maneuver Decision of UAV in Short-Range Air Combat Based on Deep Reinforcement Learning[J]. IEEE Access,2019,8:363-378.

[179] ENDSLEY R M,GARLAND J D. Situation Awareness Analysis and Measurement [M]. Mahawah,New Jersey:Lawrence Erlbaum Associates,2000.

[180] ENDSLEY R M. Toward a Theory of Situation Awareness in Dynamic Systems [J]. Human Factors,1995,37(1):32-64.

[181] ENDSLEY R M. Situation Awareness Global Assessment Technique (SAGAT) [C]//Proceedings of the IEEE 1988 National Aerospace and Electronics Conference. Dayton,Ohio:IEEE,1988:789-795.

[182] ENDSLEY R M. Supporting situation awareness in aviation systems[C]// IEEE International Conference on Systems,Man,and Cybernetics:Computational Cybernetics and Simulation. Orlando:IEEE,1997:4177-4181.

[183] ENDSLEY R M,HOFFMAN R R. The Sacagawea Principle[J]. IEEE Intelligent Systems,2002,17(6):80-85.

[184] LLINAS J,HALL D L. An Introduction to Multi-Sensor Data Fusion[C]//IEEE International Symposium on Circuits and Systems. Monterey,California:IEEE,1998:537-540.

[185] 姚春燕. 战术态势估计中时空推理理论与技术研究[D]. 长沙:国防科学技术大学,1999.

[186] 孙兆林. 基于贝叶斯网络的态势估计方法研究[D]. 长沙:国防科学技术大学,2005.

[187] 何友,王国宏,陆大淦,等. 多传感器信息融合及其应用[M]. 北京:电子工业出版社,2000.

[188] ZADEH L A. Fuzzy Sets[J]. Information and Control,1965(8):338-351.

[189] 申屠晓锋. 数据融合中态势估计技术研究[D]. 西安:西安电子科技大学,2004.

[190] 林晓强,常国岑,杨凡,等. 模糊算法在态势评估中的应用[J]. 电光与控制,2008,15(2):36-38.

[191] 马云. 数据融合中态势评估技术研究与实现[D]. 西安:西安电子科技大学,2003.

[192] 李正明. 多源数据融合中态势估计技术研究[D]. 西安:西安电子科技大学,2006.

[193] 刘奇志,王芹. 武器系统的模糊聚类方法[J]. 系统工程理论与实践,1998,18(11):61-65.

[194] SUN Z L,YANG H W,HU W D,et al. A Method to Construct Hierarchical Bayesian Networks for Situation Assessment[C]. The 1st International computer Engineering Conference:New Technologies for the Information Society,Cario:Cairo University,2004:27-30.

[195] 曹可劲,江汉,赵宗贵. 一种基于变权理论的空中目标威胁估计方法[J]. 解放军理工大学学报(自然科学版),2006,7(1):32-35.

[196] 何新贵. 模糊知识处理的理论与技术[M]. 北京:国防工业出版社,1998.

[197] 蔡自兴,刘丽钰,蔡竞峰,等. 人工智能及其应用[M]. 6版. 北京:清华大学出版社,2020.

[198] YAMADA K. Probability-Possibility Transformation Based On Evidence Theory [J]. Proceeding of the IEEE IFSA World Congress. Vancouver:IEEE,2001:70-75.

[199] MURPHY K P. Dynamic Bayesian Networks:Representation,Inference and Learning[D]. Berkeley:University of California,Berkeley,2002.

[200] LIU M,LIU Z Z,CHU F,et al. A New Robust Dynamic Bayesian Network Approach for Disruption Risk Assessment under the Supply Chain Ripple Effect[J]. International Journal of Production Research,2021,59(1):265-285.

[201] DENG Y J,LIU H R,WANG H Y,et al. Learning Dynamic Bayesian Networks Structure Based on a New Hybrid K2-bat Learning Algorithm[J]. Journal of the Chinese Institute of Engineers,2021,44(1):41-52.

[202] ZHAO Y F,TONG J J,ZHANG L G. Rapid Source Term Prediction in Nuclear Power Plant Accidents Based on Dynamic Bayesian Networks and Probabilistic Risk Assessment[J]. Annals of Nuclear Energy,2021,158:108217.

[203] RUIZ-PEREZ D,LUGO-MARTINEZ J,BOURGUIGNON N,et al. Dynamic Bayesian Networks for Integrating Multi-Omics Time Series Microbiome Data[J/OL]. mSystems,2021,6(2),[2021-03-20]. https://journals.asm.org/doi/10.1128/mSystems.01105-20.

[204] IVANSSON J. Situation Assessment in a Stochastic EnvironmentUsing Bayesian Networks[D]. Linköping,Sweden:Linköping University,2002.

[205] 边肇祺,张学工. 模式识别[M]. 2版. 北京:清华大学出版社. 2000.

[206] 史建国,高晓光. 离散动态贝叶斯网络的直接计算推理算法[J]. 系统工程与电子技术,2005,27(9):1627-1630.

[207] 徐晓辉,刘作良. 基于D-S证据理论的态势评估方法[J]. 电光与控制,2005,12(5):36-37,65.

[208] 贾则,宋敬利,金辉,等 . D-S证据理论在战术态势估计技术中的应用[J]. 计算机测量与控制,2009,17(8):1571-1573.

[209] MCCLEAN S I,SCOTNEY B. Using Evidence Theory for the Integration of Distributed Database[J]. International Journal of Intelligent Systems,1997(12):763-776.

[210] RESCONI G,MURAI T,SHIMBO M. Uncertainty and the Semantic Field[C].

Fourth International Conference on knowledge-Based Intelligent Engineering Systems 6 Allied Technologies,Brighton,UK:IEEE,2000:581-584.

[211] DEMPSTER A P. Upper and Lower Probabilities Induced by a Multivalued Mapping[J]. Annals of Mathematical Statistics,1967,38(2):325-339.

[212] SHAFER G. A Mathematical Theory of Evidence[M]. Princeton:Princeton University Press,1976.

[213] SMETS P. The Combination of Evidence in Transferable Belief Model[J]. IEEE Transactions on Pattern Analysis and Machine Intelligence,1990,12(5):447-458.

[214] ISHIZUKA M,FU K S,YAO J T P. Inference Procedure under Uncertainty for Problem Reduction-Method[J]. Information Sciences,1982,28(3):179-206.

[215] YEN J. Generalizing the Dempster-Shafer Theory to Fuzzy Sets[J]. IEEE Transactions on Systems,Man and Cybernetics,1990,20(3):559-570.

[216] YANG M S,CHEN T C,WU K L. Generalized Belief Function,Plausibility Function and Dempster's Combinational Rule to Fuzzy Sets[J]. International Journal of Intelligent Systems,2003,18(8):925-937.

[217] R R YAGER. Generalized Probabilities of Fuzzy Events from Fuzzy Belief Structures[J]. Information Sciences,1982,28(1):45-62.

[218] OGAWAK H,FU K S,YAO J T P. An Inexact Inference for Damage Assessment of Existing Structures[J]. International Journal of Man-Machine Studies,1985,22 (3):295-306.

[219] SMETS P. The Degree of Belief in a Fuzzy Event[J]. Information Science. 1981,25 (1):1-19.

[220] MAHLER R P S. Combining Ambiguous Evidence with Respect to Ambiguous a Priori Knowledge,Part Ⅱ:Fuzzy Logic[J]. Fuzzy Sets and Systems,1995,75(3): 319-354.

[221] RÖMER C,KANDEL A. Constraints on Belief Function Imposed by Fuzzy Random Variables[J]. IEEE Transactions on Systems,Man and Cybernetics,1995,25 (1):86-99.

[222] 刘大有,李岳峰. 广义证据理论的解释[J]. 计算机学报,1997,20(2):158-164.

[223] SMETS P,KENNES R. The Transferable Belief Model[J]. Artificial Intelligence, 1994,66(2):191-234.

[224] 张倩生,周作领,贾保国. 关于模糊证据理论的一个新解释[J]. 中山大学学报(自然科学版),2003,42(2):1-4.

[225] 汪永东,陈颖. 模糊证据理论及其在信息融合中的应用[J]. 工矿自动化,2006(5): 32-34.

[226] 刘玲艳,吴晓平,宋业新. 基于模糊证据理论的船舶安全评估[J]. 海军工程大学学报,2006,18(4):30-33.

[227] 吴根秀. 模糊证据理论[J]. 计算机与现代化,1998(2):1-4.

[228] 蓝金辉,马宝华,蓝天,等. D-S证据理论数据融合方法在目标识别中的应用. 清华大

学学报(自然科学版),2001,41(2):53-55.

[229] CARBERRY S. Incorporating Default Inferences into Plan Recognition[C]. Proceedings of the Eighth National Conference on Artificial Intelligence,Boston,1990: 471-478.

[230] CHARNIAK E,GOLDMAN R P. A Bayesian Model of Plan Recognition[J]. Artificial Intelligence,1993,64(1):53-79.

[231] 罗艳春,郭立红,康长青,等.用粗集-模糊神经网络评定空袭目标威胁程度[J].光电工程,2008,35,(3):10-15.

[232] 洪卫,李长军,李卓.基于贝叶斯网络的 UUV 威胁评估[J].四川兵工学报,2009,30(3):89-91,102.

[233] 么洪飞,王宏健,王莹,等.基于遗传算法 DDBN 参数学习的 UUV 威胁评估[J].哈尔滨工程大学学报,2018,39(12):1972-1978.

[234] 余舟毅,陈宗基,周锐.基于贝叶斯网络的威胁等级评估算法研究[J].系统仿真学报.2005,17(3):555-558.

[235] 韩博文,姚佩阳,钟赟,等.基于 QABC-IFMADM 算法的有人/无人机编队作战威胁评估[J].电子学报,2018,46(7):1584-1592.

[236] 杨宗华,韩磊.基于区间对偶犹豫模糊熵的反辐射无人机目标威胁评估[J].兵工自动化,2020,39(12):36-37,61.

[237] 高永,向锦武.一种新的超视距空战威胁估计非参量法模型[J].系统仿真学报,2006,18(9):2570-2572,2792.

[238] 朱宝鎏,朱荣昌,熊笑非.作战飞机效能评估[M].2 版.北京:航空工业出版社.2006.

[239] 李新社,郭建邦.机载电子对抗系统效能评估方法研究[J].北京航空航天大学学报,1997,23(3):287-291.

[240] JONES J M. Air Defense Concepts and Effectiveness[D]. Monterey,California: Naval Postgraduate School,1984.

[241] SHAGUE D. Multiple-Tactical Aircraft Combat Performance System[J]. Journal of Aircraft,1981,18(7):513-520.

[242] 陈晓东.面向空战威胁估计技术研究[D].长沙:国防科技大学,2005.

[243] 蓝伟华,林南粤.单机对单机交战几何态势分析[J].电光与控制,2004,11(4):14-16.

[244] 方洋旺.随机系统最优控制[M].北京:清华大学出版社,2005.

[245] 姜长生,丁全心,王建刚,等.多机协同空战中的威胁评估与目标分配[J].火力与指挥控制,2008,33(11):8-12,21.

[246] 刘纪文,史建国.一种实用的多机空战威胁计算算法[J].海军航空工程学院学报,2005,20(5):533-535.

[247] 霍霄华,朱华勇,沈林成.群机协同空战中的多目标攻击决策模型研究[J].系统仿真学报,2006,18(9):2573-2576,2619.

[248] 刘行伟,朱荣昌,向锦武.空对空导弹对战斗机空战效能影响的仿真[J].北京航空航

天大学学报,2005,31(9):963-965.

[249] 欧爱辉,朱自谦.基于多属性决策和态势估计结果的空战威胁评估方法[J].火控雷达技术,2006,35(2):64-67,89.

[250] 白永强,杨风暴,吉琳娜,等.基于直觉模糊证据合成的动态威胁评估[J].探测与控制学报,2020,42(5):113-118.

[251] 陈谋.不确定非线性综合火力/飞行/推进系统鲁棒控制方法研究[D].南京:南京航空航天大学,2004.

[252] FANDEL G,GAL T. Multiple Criteria Decision Making Theory and Applications:Proceedings,Hagen/Königswinter,West Germany,1979[C]. Berlin:Springer-Verlag,1980.

[253] CHANJONG V,HAIMES Y Y. Multiobjective Decision Making:Theory and Methodology[M]. New York:North Holland,1983.

[254] 方国华,黄显锋.多目标决策理论、方法及其应用[M].2版.北京:科学出版社.2019.

[255] CHEN S J,HWANG C L. Fuzzy Multiple Attribute Decision Making:Methods and Applications[M]. Berlin:Springer-Verlag,1992.

[256] HWANG C L,YOON K S. Multiple Attribute Decision Making:Methods and Applications,A State-of-Art Survey[M]. Berlin:Springer-Verlag,1981.

[257] 罗承昆,陈云翔,顾天一,等.基于前景理论和证据推理的混合型多属性决策方法[J].国防科技大学学报,2019,41(5):49-55.

[258] 臧誉琪.区间犹豫模糊环境下的多属性决策方法及应用研究[D].秦皇岛:燕山大学,2018.

[259] 霍华德,阿巴斯.决策分析基础[M].毕功兵,宋文,译.北京:机械工业出版社,2019.

[260] LUCE R D. Semiorder and a Theory of Utility Discrimination[J]. Econometrica,1956,24(2):178-191.

[261] BEMARDO J J,BLIN J M. A Programming Model of Consumer Choice Among Multi-Attributed Brands[J]. Journal of Consumer Research,1977,4(2):111-118.

[262] ROYB. Problems and Methods with Multiple Objective Function[J]. Mathematical Programming. 1971,1:239-265.

[263] ROYB. How Outranking Relation Helps Multiple Criteria Decision Making[M]//COCHRANE J L,ZELENY M. Multiple Criteria Decision Making. Columbia,South Carolina:University of South Carolina Press,1973.

[264] SRINIVASAN V,SHOCKER A D. Linear Programming Techniques for Multidimensional Analysis of Preference[J]. Psychometrica,1973,38(3):337-369.

[265] BRANS J P,VINCKE P.A Preference Ranking Organisation Method:PROMETHEE Method for Multiple Criteria Decision-Making[J]. Management Science,1985,31(6):647-656.

[266] BRANS J P,VINCKE P,MARESCHAL B. How to Select and How to Rank Projects:The PROMETHEE Method[J]. European Journal of Operational Research,

1986,24(2):228-238.

[267] BRANS J P, MARESCHAL B, Mareschal, VINCKE P. PROMETHEE: A New Family of Outranking Methods in Multicriteria Nanlysis[C]. Proceedings of the Tenth IFORS International Conference on Operational Research. Washington D. C., 1984:477-490.

[268] LI D F, CHEN S Y. A Fuzzy Programming Approach to Fuzzy Linear Fractional Programming with Fuzzy Coefficients[J]. The Jouenal of Fuzzy Mathematics, 1996,4(4):829-833.

[269] BELLMAN R, ZADEH L A. Decision-Making in a fuzzy environment[J]. Management Science. 1970,17(4):141-164.

[270] R R YAGER. Fuzzy Decision-making Includeing Unequal Objectives[J]. Fuzzy Sets and Systems. 1978,1(2):87-95.

[271] BASS S M, KWAKERNAAK H. Rating and Ranking of Multiple Aspect Alternatives Using Fuzzy Sets[J]. Automatica,1977,13(1):47-58.

[272] KWAKERNAAK H. An Algorithm for Rating Multiple Aspect Alternatives Using Fuzzy Sets[J]. Automatica,1979,15(5):615-616.

[273] DUBOIS D, PRADE H. The Use of Fuzzy Numbers in Decision Analysis[C]// GUPTA M M, SANCHEZ E. Fuzzy Information and Decision Process. New York: North sunHolland,1982:309-321.

[274] LAARHOVEN P J M, PEDRYCZ W. A Fuzzy Extension of Satty's Priority Theory[J]. Fuzzy Sets and Systems,1983,11(3):229-241.

[275] BUCKLEY J J. Fuzzy Hierarchical Analysis[J]. Fuzzy Sets and Systems,1985,17(3):233-247.

[276] 陈守煜,赵瑛琪. 系统层次分析模糊优选模型[J]. 水利学报,1988(10):1-10.

[277] 李锋,孙隆和,佟明安. 基于模糊神经网络的超视距空战战术决策研究[J]. 西北工业大学学报,2001,19(2):317-322.

[278] 吴柢. 多机协同多目标攻击关键技术研究[D]. 南京:南京航空航天大学,2004.

[279] 高坚. 编队协同空战的决策优化与武器控制[D]. 西安:西北工业大学,2004.

[280] RAJASEKHAR V, SREENATHA A G. Fuzzy Logic Implementation of Proportional Navigation Guidance[J]. Acta Astronautica,2000,46(1):17-24.

[281] LIN C F. Modern Navigation, Guidance, and Control Processing[M]. Englewood Cliffs, New Jersey: Prentic-Hall Inc,1991.

[282] HAMALAINWN V P. A Decision Analytic Simulation Approach to a One-on-one Air Combat Game[D]. Helsinki: Helsinki University of Technology,2002.

[283] KHAKZAD N. Optimal Firefighting to Prevent Domino Effects: Methodologies Based on Dynamic Influence Diagram and Mathematical Programming[J]. Reliability Engineering & System Safety,2021,212(2):107577.

[284] XIA J Y, PI Z Y, Fang W G. Predicting War Outcomes Based on a Fuzzy Influence Diagram[J]. International Journal of Fuzzy Systems,2021,23(4):984-1002.

[285] LIU Y Q, SHEN Y P, CHEN Y W, et al. The Integrated Process of Project Risk

Management Based on Influence Diagrams[C]// International Engineering Management Conference 2004:746-750.

[286] 钟麟,佟明安,钟卫,等. 基于影响图的空战机动决策模型[J]. 系统仿真学报,2007,19(8):1796-1798,1818.

[287] VIRTANEN K,RAIVIO T,HAMALAINEN R P. Modeling Pilot Decision Making by an Influence Diagram[C]// AIAA Modeling and Simulation Technologies Conference and Exhibit,Boston,1998,3:447-457.

[288] VIRTANEN K,RAIVIO T,HAMALAINEN R P. Modeling Pilot's Sequential Maneuvering Decisions by a Multistage Influence Diagram [J]. Journal of Guidance,Control,and Dynamic,2004,27(4):665-677.

[289] VIRTANEN K,EHTAMO H,RAIVIO T Raivio T,et al. VIATO-Visual Interactive Aircraft Trajectory Optimization[J]. IEEE Transaction on Systems,Man,and Cybernetics,Part C:Applications and Reviews,1999,29(3):409-429.

[290] CRUZ J B,SIMAAN M A,GACIC A,et al. Moving Horizon Nash Strategies for a Military Air Operation[J]. IEEE Transactions on Aerospace and Electronic Systems,2002,38(3):978-999.

[291] 李建勋,佟明安,金德琨. 协商微分对策理论及其在多机空战分析中的应用[J]. 系统工程理论与实践,1997,17(6):68-72.

[292] CHEN J X,LI J M,YANG N N . Globally Repetitive Learning Consensus Control of Unknown Nonlinear Multi-Agent Systems with Uncertain Time-Varying Parameters[J]. Applied Mathematical Modelling,2021,89:348-362.

[293] HOWARD R A,MATHESON J E. Influence Diagrams[J]. Readings on the Principles and Applications of Decision Analysis,1984,11(2):719-762.

[294] ZHANG W H,JI Q. A Factorization Approach to Evaluating Simultaneous Influence Diagrams[J]. IEEE Transactions on Systems,Man and Cybernetics-Part A:Systems and Humans,2006,36(4):746-757.

[295] KOLLER D,MILCH B. Multi-Agent Influence Diagrams for Representing and Solving Games[J]. Games and Economic Behavior,2003,45(1):181-221.

[296] DENNIS J L,MARGOLA D. Priming the Self As an Agent Influences Causal,Spatial,and Temporal Events:Implications for Animacy,Cultural Differences,and Clinical Settings[J/OL]. Psychological Research,2021:1-12[2021-04-28]. https://link. springer. com/content/pdf/10. 1007/s00426-021-01521-6. pdf.